難民問題と国際法制度の動態

川村真理

難民問題と国際法制度の動態

信山社

　　　　　　　　は し が き

　今日，脆弱な立場に置かれ，人としての尊厳をおびやかされている難民と移民の移動は，地球規模の課題となっている。こうした人々も等しく人権を有しており，国際法の下で，尊厳の確保のため，より一層の国際協力が求められている。他方で，各国家は主権の下で，出入国管理，庇護の付与権の行使，難民と移民に関連する政策を決定するのであり，主権国家併存の国際社会にあって地球規模課題の解決をいかに導き出すのかが問われている。

　本書は，前著『難民の国際的保護』（現代人文社 2003年）を出版した後，現在に至るまでの15年余りの間に書いたものの中から7本の論稿，2本の判例紹介を集め，さらに書き下ろしの4本の論稿を加えたものである。既に公表したものについては，加筆修正を行っているが，基本的に旧稿を活かし収録している。前著は，1995年の阪神淡路大震災の被災地，神戸で人々の暮らしに寄り添いながら，世界に目を転じれば，同時期には旧ユーゴスラビアやルワンダの紛争に影響を受けた人々の苦境が報じられており，脆弱な立場に置かれる人々のセーフティーネットとなるような法制度が，日本のみならず国際社会全体で脆弱であることに思い至ったことに端を発し，国際的保護に関する重層的な国際法構造について論じたものである。本書は，その後の国際社会の変容に伴う，難民問題に関連した国際法制度の動態に着目してまとめたものである。

　筆者は，2003年，国連難民高等弁務官事務所（UNHCR）国際保護局にヒューマンライツ・リエゾンオフィスが開設されるのを機に，人権委員会（当時），各人権条約委員会にUNHCRオブザーバーとして出席するというインターンの仕事を受けて，ジュネーブに渡った。同年の人権委員会開催直前にアメリカがイラク空爆を開始し，人権委員会ではイラク問題が重要議題となるなど，世界的な人権課題への国際社会の対応の一端を垣間見ることができた。その他，拷問禁止委員会等各条約体が，UNHCRの保護対象者をどのように扱っているかを学んだ。また，UNHCRでは「難民保護への課題」が取りまとめられ，負担分担，連帯を掲げ，国際的保護の強化に加え，第三国定住を含め包括的な恒久的解決の推進が行われていた。当時，国連事務総長であったコフィ・アナン氏のリーダーシップに

はしがき

よる「人権の主流化」を受け，各国際機関で人権を扱っていくこととなっていく初期の頃であった。

ジュネーブ国際問題高等研究所では，研究員として，ベラ・ゴーランド先生に大変お世話になった。拷問等禁止条約第3条の送還禁止等人権条約に基づく補完的保護について議論をさせていただき，ゴーランド先生の講義にも出席させていただいた。本書の第4章および第5章は，その影響によるところが大きい。

こうしたジュネーブでの経験をふまえて，その後の研究は，人権規範を基盤とした国際機関の組織化や統合・調整機能，人権条約のノン・ルフールマン原則および国際法の国内適用に関する課題を中心に据えたものとなった。本書では，第1部，非拘束的文書による保護活動の統合・調整，第2部，人権法の解釈適用による保護範囲の拡張，第3部，欧州および日本における近年の動向という構成でこれまでの研究成果をまとめた。

国際社会において，長年，難民問題の解決策が模索されてきたが，強制移住者は増加の一途をたどり，現在，史上最大の人道危機といわれる状況にある。また，世界の格差・不平等の問題も深刻であり，本国での貧困等による生活の苦境から脱却するため他国へ移住する人々等，様々な事情による人の移住にどのように対応するのかも問われている。しかしながら，これまで人権・人道分野でリーダーシップをとってきた欧米諸国においても，難民・移民の受け入れに反対する動きもある。そのような中，2016年のニューヨーク宣言を受けて，2018年12月，国連総会において難民，移住それぞれのグローバルコンパクトが採択され，新たな取組みが期待されている。また，日本は，移民政策をとらず，難民受け入れに消極的であると言われてきたが，2019年4月に改正入管法が施行され，新体制のもとで，外国人の受け入れがどのように変化していくのか注目されている。今後，当該分野の法制度を考えるために，これまでの人権を基盤とした取組みをまとめて世に問うておくのも，いくばくかの貢献につながるのではないかと考えた次第である。

この研究の過程においては，多くの方々からご指導，ご支援をいただいた。世界的にも日本国内においても，難民・移民の法制度の見直しが迫られるターニングポイントの時期だからこそ，これまでの論稿を世に問うことを強く勧めてくださった，芹田健太郎先生にまず心から感謝申し上げたい。芹田先生には，研究，教育のほか様々な局面で貴重なご助言をいただき，非才ながらここに至っており，

はしがき

　重ねて御礼申し上げたい。また，本書で対象としている，人権法，難民法に加え国際機構法，世界法の視点での研究は，神戸大学大学院時代にご指導いただいた中村道先生，藤田久一先生，そして酒井啓亘先生によるところが大きく，また，京都大学国際法研究会の先生方のご指導をいただいてきたことにあらためて御礼を申し上げたい。東京に拠点を移してからは，岩沢雄司先生，佐藤哲夫先生に大変お世話になり，ここに記して感謝申し上げる。

　最後になってしまったが，本書の出版については，信山社の袖山貴氏，稲葉文子氏，今井守氏に大変お世話になり，特に今井氏には刊行に向けての日々のやりとり等大変なご面倒をおかけした。心から御礼申し上げる。

　また，ここにお名前を記してお礼を申し上げることができなかった，多くの方々のお支えにより，今があることに感謝し，学恩を次の世代へと引き継いでいけるように，さらに研鑽を積んでいきたい。

　2019年6月

井の頭キャンパスにて

川　村　真　理

〈目　次〉

はしがき (v)

序　章　難民問題と国際法制度の重層性 …………………………………… 3
 Ⅰ　問題の所在 ……… (3)
 Ⅱ　国際法制度の重層性 ……… (7)

第1部　非拘束的文書による保護活動の統合・調整 …………………… 13

第1章　国連人道問題調整事務所の機能と組織化
  　　　──統合・調整機能とその正当性── ……………………………… 15
 Ⅰ　はじめに ……… (15)
 Ⅱ　権限と組織構造 ……… (17)
  1．歴史的展開 (17)
  2．権　限 (20)
  3．組織構造 (21)
 Ⅲ　機　能 ……… (23)
  1．情報管理 (23)
  2．資金調達 (24)
  3．フォーラム機能 (25)
  4．規範生成 (27)
  5．規範遵守の確保 (30)
  6．オペレーション統合・調整 (31)
   (1) クラスター (31)
   (2) 緊急援助調整活動 (32)
   (3) 課　題 (34)
 Ⅳ　統合・調整の正当性とアカウンタビリティー ……… (36)
  1．アカウンタビリティーの概念 (37)

目　次

　　　　2．事務局のアカウンタビリティーシステム（39）
　　　　　（1）アカウンタビリティー構造（39）
　　　　　（2）加盟国との規約：戦略枠組みおよび予算（40）
　　　　　（3）成果および業績（40）
　　　　　（4）内部システムと管理（41）
　　　　　（5）監　査　機　能（42）
　　　　　（6）倫理基準と統合（42）
　　　　　（7）OCHA の機能と位置づけ（43）
　　　　3．多様な主体間関係の規律（43）
　　　　　（1）国際機関間関係の規律（43）
　　　　　（2）国との関係の規律（44）
　　　　　（3）NGO との関係の規律（46）
　　　　　（4）私人との関係の規律（49）
　　Ⅴ　お わ り に ……… （52）

◆第 2 章　国連難民高等弁務官事務所の国際的保護機能の変容……… 57

　　Ⅰ　は じ め に ……… （57）
　　Ⅱ　UNHCR の権限 ……… （57）
　　　　1．UNHCR 規程（57）
　　　　2．難民保護に関する条約との関係（58）
　　　　3．総会決議により付与される権限（60）
　　　　4．国連システムにおける UNHCR の位置づけ（62）
　　　　5．執行委員会の役割（64）
　　　　6．小　括（65）
　　Ⅲ　難民法の発展と UNHCR の役割 ……… （66）
　　　　1．庇　護　権（66）
　　　　2．ノン・ルフールマン原則（68）
　　　　　（1）慣習法としてのノン・ルフールマン原則（68）
　　　　　（2）追放又は送還（69）
　　　　　（3）対　象　者（71）
　　　　3．小　括（72）
　　Ⅳ　人権法の発展と UNHCR の役割 ……… （73）

1．難民法と人権法の補完性 (73)
　　　2．人権条約実施制度と UNHCR の役割 (75)
　　Ⅴ　お わ り に ……… (77)

◆第 3 章　災害サイクルに関連する国際法規範の新展開 ……… 79

　　Ⅰ　は じ め に ……… (79)
　　Ⅱ　世界の災害の現状 ……… (80)
　　Ⅲ　災害対応に関する国際法規範の特徴 ……… (83)
　　　1．防　災 (84)
　　　2．災害時の緊急対応 (85)
　　　3．復　興 (86)
　　Ⅳ　2015年の新たな取組み
　　　——防災・開発・気候変動を中心に—— ……… (87)
　　　1．仙台防災枠組2015-2030 (87)
　　　2．持続可能な開発目標（SDGs）(89)
　　　3．パリ協定 (91)
　　　4．小　括 (92)
　　Ⅴ　お わ り に ……… (93)

◆第 2 部　人権法の解釈適用による保護範囲の拡張 ……… 95

◆第 4 章　拷問等禁止条約第 3 条における送還禁止基準 ……… 97

　　Ⅰ　は じ め に ……… (97)
　　Ⅱ　拷問等禁止条約第 3 条と難民条約 ……… (99)
　　　1．保護機能の相異 (99)
　　　2．追放及び送還禁止の範囲の相異 (100)
　　　3．拷問等禁止条約の解釈に UNHCR が与える影響 (102)
　　　4．UNHCR による人権基準の考慮 (103)
　　Ⅲ　個人通報事例における第 3 条の解釈 ……… (104)
　　　1．公務員又はその他の公的資格で行動する者による侵害 (104)
　　　2．送還禁止対象国 (106)

3．安　全　確　保 (106)
　　　4．予 見 可 能 性 (108)
　　　5．危険の現存性 (108)
　　　6．個人に対する危険 (109)
　　　7．蓋　然　性 (110)
　Ⅳ　お わ り に ……… (112)

第5章　アメリカの「対テロ戦争」と拷問禁止規範……………115

　Ⅰ　は じ め に ……… (115)
　Ⅱ　拷問禁止の法的性格 ……… (116)
　Ⅲ　「対テロ戦争」と拷問禁止委員会アメリカ報告審査 ……… (119)
　　　1．戦闘時の条約適用 (119)
　　　2．管轄権の範囲 (123)
　　　3．不正規移送 (126)
　　　4．外交的保証 (129)
　　　5．被拘禁者の申立権 (132)
　Ⅳ　お わ り に ……… (135)

第6章　外国における人権侵害とノン・ルフールマン原則
　　　　── 難民法・人権法の適用範囲と実効性 ── ……………137

　Ⅰ　は じ め に ……… (137)
　Ⅱ　ノン・ルフールマン原則と外国における人権侵害からの保護 ……… (138)
　　　1．難民条約第33条の適用範囲と保護機能 (138)
　　　2．拷問等禁止条約第3条の適用範囲と拷問防止機能 (142)
　　　3．自由権規約第6条・第7条の適用範囲と人権侵害防止機能 (144)
　Ⅲ　ノン・ルフールマン原則の実効性と課題 ……… (149)
　　　1．難民法・人権法の相互作用と解釈適用の変容 (149)
　　　2．履行確保の課題── 実効性との関連で ── (151)
　　　　(1) 解釈適用に関する国家間の実行のギャップ (151)
　　　　(2) 間接的ルフールマンの禁止および安全な第三国 (153)
　　　　(3) 大 量 流 入 (157)
　　　　(4) 域 外 適 用 (158)

Ⅳ　お わ り に ………（159）

〈判例紹介〉　退去強制における送還先の違法
　　　　　　　——退去強制令書発付処分取消請求控訴事件——
　　　　　　（大阪高裁平成27年11月27日判決）（161）
　　　1．事実の概要 ………（161）
　　　2．判　　旨 ………（161）
　　　3．解　　説 ………（163）
　　　　（1）退去強制とノン・ルフールマン原則（163）
　　　　（2）入管法53条2項の「送還することができないとき」
　　　　　　の解釈とB規約（164）
　　　　（3）蓋然性の評価（165）

◆第7章　出入国管理における家族統合と子どもの最善の利益
　　　　——庭護申請に関連する事案を中心に—— ……………… 167

　　Ⅰ　は じ め に ………（167）
　　Ⅱ　難民条約における家族統合と子ども ………（168）
　　Ⅲ　自由権規約第17条の解釈基準 ………（171）
　　Ⅳ　子どもの権利条約第3条の解釈基準 ………（174）
　　Ⅴ　欧州人権条約第8条の解釈基準 ………（178）
　　Ⅵ　お わ り に ………（182）

〈判例紹介〉　付き添いのない未成年者の収容・退去強制と家族再結合
　　　　　　——マイエカ対ベルギー事件——（ヨーロッパ人権裁判所
　　　　　　2006年10月12日判決）（183）
　　　1．事　　実 ………（183）
　　　2．判 決 要 旨 ………（184）
　　　3．解　　説 ………（186）
　　　　（1）第3条の非人道的取扱いおよび苛酷さの基準（186）
　　　　（2）第8条下の正当な目的との比例性判断と子どもの
　　　　　　権利条約（187）

目　次

◆第3部　欧州および日本における近年の動向……………………191

◆第8章　難民・移民の大規模移動とEU法制の課題……………193

　　Ⅰ　はじめに………(193)
　　Ⅱ　EUの出入国管理政策の変遷………(195)
　　Ⅲ　高い人権基準と安全な第三国——EU域内外のギャップ——………(197)
　　Ⅳ　シェンゲン・ダブリン体制と連帯・負担分担の揺らぎ——EU域内のギャップ——………(202)
　　Ⅴ　おわりに——統合と分断のはざまで——………(204)

◆第9章　日本の難民認定制度における保護対象と判断要素………207

　　Ⅰ　はじめに………(207)
　　Ⅱ　難民認定制度の運用の見直し………(209)
　　Ⅲ　保護対象および認定の判断要素………(215)
　　　1．難民該当性判断および人道配慮による在留許可の判断プロセス(215)
　　　2．保護対象および認定判断要素(217)
　　　　(1) 難民認定(217)
　　　　(2) 難民不認定(221)
　　　　(3) 人道配慮による在留許可(231)
　　Ⅳ　おわりに………(238)

◆終　章　国連が志向する難民・移民の国際法制度………………241

　　Ⅰ　はじめに………(241)
　　Ⅱ　ニューヨーク宣言およびグローバルコンパクト………(244)
　　　1．ニューヨーク宣言(244)
　　　2．難民グローバルコンパクト(249)
　　　3．移住グローバルコンパクト(251)
　　Ⅲ　国連が志向する難民・移民の国際法制度………(254)

目　次

　　　1．難民・移民に関するグローバルガバナンス（255）
　　　2．包括的アプローチ（257）
　　　3．課　題（258）
　Ⅳ　お わ り に ………（259）

　・初出・原題一覧（263）
　・事 項 索 引（265）
　・判 例 索 引（268）

難民問題と国際法制度の動態

序章
難民問題と国際法制度の重層性

◆ I　問題の所在

　難民とはだれなのかという問いに，様々な答えが返ってくる。難民条約上の難民の定義に該当する者であるとしても，1951年難民条約および1967年議定書の難民の定義を，各国が解釈適用する場合にギャップが生じる。難民条約には，難民認定手続の規定はなく，各国の国内法で制定された難民認定手続において，申請の信憑性評価（事実認定）とともに難民該当性判断を行う。申請者が「迫害を受けるおそれ」を有しているかが判断の鍵となるが，その判断プロセスや解釈は各国の制度においてなされる。アフリカ難民条約，カルタヘナ宣言および国連難民高等弁務官事務所（以下，UNHCR）マンデート難民なども考慮すれば，本国を逃れた理由はさらに広がりをみせる。例えば，アフリカ難民条約の難民の定義によれば，「公の秩序を著しく乱す出来事」といった，難民条約の迫害理由にはない，本国の一般情勢も難民該当性判断の要件の1つとなっている[1]。アフリカ，中南米およびUNHCRが本国政府からの要請を受け難民認定を行っている国では，難民認定されても，他の地域では難民とは認定されず，避難民等として区別されるといったことが生じうる。また，難民条約の難民ではないが，国際的保護が必要だとして「補完的保護[2]」の対象者として扱われる人々もいる。この「補完

---

(1) Andreas Zimmermann ed., *The 1951 Convention Relating to The Status of Refugees and Its 1967 Protocol A Commentary* (Oxford University Press, 2011), pp.313-321.

(2) See, EXCOM, Standing Committee 18th Meeting, "Complementary Forms of Protection: Their Nature and Relationship to the International Refugee Protection Regime", EC/50/SC/CRP. 18 (2000); EXCOM Conclusion 103 (LVI) (2005); Jane McAdam, *Complementary Protection in International Refugee Law* (Oxford University Press, 2007).

的保護」も各国の定めによるため対応は一様ではない。

　本国を離れることを余儀なくされたか，自発的に出国したかといった点に着目し，「強制移住者」を保護対象者とみなす視点もある。しかし，この区別も判然とせず，危機予防のため自発的に移住する，あるいは，自発的に移住したが後に戻ることができない状況に陥ったりする場合もある。強制移住か自発的移住かに関連し，「難民」と「移民」の区別を問われることもあろう。日本で一般に語られる「移民」とは"immigrants"を指していると思われるが，本書で「移民」と表しているのは，"migrants"である。「国際的移民（international migrants）」の公式の法的定義は存在しないが，移住の理由や法的地位に関わらず，常居国を変更する者を指すと考えられており[3]，難民等を含みうる広い概念である。さらに，国境を越えたか越えなかったかの区別で，難民同様，苦境にあえぐ「国内避難民」といったカテゴリーで扱われる人々もいる。このように，様々な呼称が生まれるのは，受け入れ，又は，援助する側の視点によるものである。人はだれでも，よりよく，安全に，尊厳ある暮らしを望んでおり，その実現のために移住するといったことは，人類史上，常になされてきたことである。難民・移民が混在移動（mixed migration）する場合もあり，特に，大規模移動の場合，移住先においてこうしたカテゴリー別の対応は難しい。

　歴史的にみても，難民の大規模移動の事象は繰り返されてきた。国際的保護の制度は，国際連盟期にロシア革命の影響を受けた難民の救済活動を皮切りに，特定の事件等に影響を受けた人々に関する取極に基づき，制定されてきた。第二次世界大戦の影響で，欧州各地において，移動を余儀なくされた人々に対応する国際避難民機関（IRO）の任務終了時になっても，帰還も再定住もできない，いわゆる「ハードコア」の人々等，1951年以前に生じた事件の結果，難民となった人々への対応のため，難民条約が制定されたという経緯がある[4]。1967年議定書により，時間的，地理的制限が除かれたとはいえ，難民条約の適用範囲には限界がある。問題は，社会の変容にあわせて，脆弱な立場におかれる人々の尊厳のため，法や制度をいかに有効に機能させるかという点である。国境を越える移住

---

[3]　See, UN Refugees and Migrants, "Definition"（https://refugeemigrants.un.org as of 19 April 2019）.
[4]　川村真理『難民の国際的保護』（現代人文社，2003年）10-13頁参照。

の場合，だれを入国させ，どのような地位で滞在させるかは，国家が判断する権限を有している。移住先でマイノリティとなる場合，特別の配慮や支援のための法制度が必要となるが，社会統合のための総合的な政策が必要となる。国内避難民への支援についても，他国又は国際機関が活動する正当性の確保等の問題が生じる。国内法秩序において，国際法秩序の要請をいかに実現するかという点も問われている。友好関係宣言において，国は，国連憲章に従い，相互に協力する義務を有し，すべての者のための人権および基本的自由の普遍的な尊重および遵守の促進のため協力しなければならないことを確認している。他方，すべての国は，完全な主権に固有の諸権利を享受することも確認しており，いかなる国の国内管轄権内にある事項にも干渉しない義務に関する原則および主権平等の原則に従わなければならない[5]。人の移動の増加が世界的現象となっているが，主権国家の併存構造には変わりがない。

　難民問題への対応について，人の移動の根本原因へのアプローチの必要性にだれしも思い至るであろう。現代社会において，人々が逃れざるを得ない状況に陥った要因とはいかなるものであろうか。個別具体的な検証が必要ではあるが，一般論として，第一に，長期に及ぶ紛争，暴力等の蔓延が挙げられよう。それぞれの紛争や劣悪な治安状況の原因は，多岐にわたり，特殊事情が存在するものの，新国家の樹立，独裁政権から民主化への移行過程における対立組織間の戦闘激化，国家統治の破たん，統治の機能不全，軍事行動による文民への無差別攻撃，テロリストの横行などがみられ，一国内での非国家主体による武力行使や暴力行為も問題となっている。また，多国籍軍による武力行使の影響から避難する場合も見受けられ，長期に及ぶ内戦の引き金となる要因としては，大国による政治的経済的関与，民主化への移行の失敗等，国際社会が及ぼす影響も看過することはできない。第二に，国家政策による弾圧，差別，残虐行為といった人権侵害等，ガバナンスの問題が挙げられる。第三に，市場経済のグローバル化の負の影響による格差の拡大，貧困の蔓延，雇用の機会の喪失等，経済的問題が挙げられる。その他，洪水，干ばつ等の自然災害等が挙げられるが，特に開発途上国における自然災害の発生は，紛争，貧困，社会基盤の脆弱さにより，防災対策が取りえなかったことに起因しうることから，人為災害の側面も併せ持つ。これらの要因は，

---

(5) See, GA/RES/2625（XXV）(1970).

例えば，内戦が宗教や民族対立の様相を呈していても，資源開発の利権争いや格差が根底にあるなど，政治的，社会的，経済的，文化的な様々な要因が複雑に関連しており，また，それらは，一国内の問題のみならず国際政治・経済，環境など地球規模課題とも関連してくる[6]。今日の難民危機の多くは，アフリカ，中東，南西アジアで発生しており，いずれも開発途上国であることが特徴であることからすれば[7]，人の移住の問題の最も根本的な問題は，不平等，貧困等の「脆弱性」であり非植民地化以降の国際社会システム全般の問題ともいえる。芹田教授は，「国家の異質性認識が重要であり，状況に対応する法制度の重要性は何度繰り返しても足りないほどである[8]」と述べている。根本原因に対処するには，長期的かつ複合的な取組みが必要であり，こうした取組みを行っている間にも，人は置かれた場所で生活し，社会での営みを続けていくのであり，やはり，これに対応する法制度も問われているのである。

難民問題とは，一般に，難民条約に定義される難民の問題に限定するのではなく，「危険をのがれるために住んでいた土地から逃れざるを得なかった人[9]」の問題と認識されており，難民の文言の通常の意味には，黙示的に，援助を受け，必要な場合には逃避の原因と結果から保護されるにふさわしい，そうされるべきだ，という仮定が存在する[10]。単に移住問題というだけでなく，本国に保護の意思および能力が欠如している状況下で，本国に代わって他国および国際機関が，いかに保護するかということが問題となるのである。また，保護の観点のみならず，どのように移住先での尊厳ある暮らしにつなげるかという，恒久的解決に向けての社会システムの問題でもある[11]。

---

[6] 川村・前掲注(4)14-16頁参照。
[7] See, UNHCR, *Global Trends Forced Displacement in 2017* (http://www.unhcr.org/jp/global_trendes_2017 as of 30 Aug 2018).
[8] 芹田健太郎『普遍的国際社会の成立と国際法』(有斐閣，1996年) 251-252頁。
[9] 芹田健太郎『憲法と国際環境（補訂版）』(有信堂高文社，1992年) 300頁；See, G. S. Goodwin-Gill, *The Refugee in International Law*, 2nd edition (Clarendon Press, 1996) p. 3.
[10] See, *ibid.*, p. 3.
[11] See, G. S. Goodwin-Gill, "The language of protection," *IJRL*, Vol.1, No. 1 (1989), p. 6-16.

序　章

◆ II　国際法制度の重層性

　難民問題に関する既存の国際制度には，以下のような特徴がある。

　まず，難民に対する庇護制度について概観する。庇護には，領域内庇護と外交的（領域外）庇護があるが，ここでは領域内庇護について確認しておきたい。領域内庇護とは，領域主権の再確認であり，一国が他国に対抗して，国家主権を行使することにより安全な場所と保護を付与するものである。庇護の付与は国家の権利であり，庇護付与の理由があるかどうかは，国家が評価する。1967年の領域内庇護宣言第2条第2項では「国家が庇護を付与すること又は引き続き付与することを困難と認める場合には，諸国は個別的に若しくは共同して又は国際連合を通じて，国際連帯の精神により，当該国家にかかる負担を軽減する適切な措置を考慮しなければならない」と規定しているように，個別国家の庇護付与権の行使による対応が困難な場合は，国際社会で負担分担の対応をとることとなる。一方，世界人権宣言第14条第1項において，「すべての者は，迫害からの庇護を他国に求め，かつ，これを他国で享受する権利を有する」と規定するように，いかなる人も庇護申請権と国家から付与された庇護を享受する権利を有している。領域内庇護宣言第3条第1項にあるように，世界人権宣言第14条を援用する権利のある人にはノン・ルフールマン原則が適用され，庇護申請者には，庇護の決定が下されるまで暫定的滞在等の道が開かれる。ただし，領域内庇護宣言第1条第2項にあるように，平和に対する罪，戦争犯罪，又は人道に対する罪を犯したと考えるに足る重大な理由のある人は，庇護を求め，かつ，享受する権利を援用することはできない。さらに，同宣言第3条第2項および第3項では，国の安全，又は人の大量流入の場合のように住民を保護するためのみ，ノン・ルールマン原則の例外を設けることができるが，この例外が正当化される場合でも暫定的庇護その他の方法で他国に赴く機会を考慮しなければならないと規定している。したがって，庇護制度で十分に対応できない状況においては他の制度での対応が求められることになる[12]。こうしたスタンスは，今日も基本的に踏襲されているが，その後

---

(12)　芹田健太郎『亡命・難民保護の諸問題 I ── 庇護法の展開 ──』（北樹出版，2000年）98-188，229-238頁参照。

の国際情勢の変容に伴い，国際法制度にも動きがみられる。

　第二に，UNHCR 規程に定められる UNHCR の任務の1つである，難民の法的保護を取り上げるが，その基盤となるのが難民条約である。難民条約は，難民の定義，ノン・ルフールマン原則，難民の地位等を定め，基本的に受入国における定住によって難民問題の恒久的解決にむけた国際協力を導き出すことを目的としている。締約国が主権の行使により庇護を付与する際に，ノン・ルフールマン原則に基づく国家の義務や庇護の内容等によって一定の規律を設け，難民条約の趣旨目的達成のためのバランスをとる機能を難民条約は有している。同条約第35条では，締約国による UNHCR への協力義務が規定されており，執行委員会（EXCOM）が UNHCR の活動，難民条約の適用等，国際的保護の指針を提示する機能を担っている(13)。

　法的保護のうち，難民条約の難民の定義に該当しないが，本国に帰れば危険にさらされるため，国際的保護が必要な人を人権法や人道法の解釈適用により保護する，いわゆる補完的保護がある。これは，危険が及ぶ場所に追い返さないことが主軸であり，受入国での定住の地位の付与による解決と必ずしも関連する制度ではない。人権条約には，委員会など各条約の履行確保のための専門家による手続があり，これらの手続による各種文書は，補完的保護の制度構築および条約の解釈適用に作用している(14)。

　第三に，UNHCR のもう1つの重要な任務である，難民問題の恒久的解決に関わる政策がある。冷戦終結後，内戦等の国内問題に対して国際社会が関与する傾向が強まり，難民問題の恒久的解決も自発的帰還を主軸とする解決と，難民流出の予防にも取り組む包括的アプローチが模索されるようになった。受入国での定住に加え，一時的保護，自発的帰還，第三国定住，移住管理等の政策の複合化が図られた(15)。さらに，国内避難民の問題も国際社会の関心事となり，UNHCR が，国内避難民の保護および援助活動に関する「リードエージェンシー」としての任務を担うこととなった(16)。

---

(13)　See, Andreas Zimmermann, *op.cit.*, pp. 1459-1510; 本書第2章参照。
(14)　See, *ibid.*, pp. 1350-1356; 本書第4-7章参照。
(15)　川村・前掲注(4)参照。
(16)　同上，98-140頁；墓田桂『国内避難民の国際的保護』（勁草書房，2015年）；本書第1章参照。

序　章

　しかし，自発的帰還を政策の主軸に据えても，本国への帰還が望めず，受入国において劣悪な生活環境での長期滞留となる場合も多く，恒久的解決には程遠い状況も見られる。そこで，増加し続ける大量難民の第一受入国の負担分担の手法として，第三国定住を含めた移住管理のアプローチが注目されるようになったが，どのように国際連帯に基づく負担分担を導き出すかが大きな課題となっている。2002年の「難民保護への課題」では，第三国定住の強化に言及しつつ，退去強制における人権の考慮，子どもや女性への特別の配慮，国家のみならず保護活動に関係する多様な主体との連携強化にも言及している。また，開発援助と難民支援とのリンケージへの着目も特徴の1つといえる[17]。2016年のニューヨーク宣言，2018年の難民・移民それぞれのグローバルコンパクトは，こうした潮流を継承しつつ，新たな視点を加えた制度構築を志向している[18]。

　UNHCRの機能の変容は，国連改革による「1つの国連」としての諸活動の調整によるところが大きい。1997年から2006年まで国連事務総長を務めたコフィ・アナン氏は，国連をより実効的な組織に改革すべく，1997年事務総長報告「国連を刷新する――改革の計画」の中で，目的の統一性，努力の一貫性，緊急対応能力強化を掲げた[19]。また，2005年事務総長報告「より大きな自由を求めて」において，安全保障，開発，人権の関連性を説き，国連の意思決定や議論に人権を組み込み，「人権の主流化」を推し進めることを表明した[20]。この改革を受けて，多主体による人道活動の調整と正当性確保のための制度構築と法規範の策定が図られるようになった[21]。

　このように，難民問題に関連する国際制度は重層的なものであり，多分野，多主体が関連することとなる。また，1つの制度では難民問題への有効な対応となりえず，複合的な取組みが必要である[22]。こうした国際制度の正当性と実効性を確保するため，国際法規範も重層的な構造となっており，国際法秩序と国内法秩序という2つの異なる法秩序の調整という側面も重要である[23]。

　芹田教授は，現代国際法は，次のような規範からなる重層的な性格を有すると

---

(17)　See, A/AC. 96/965/Add. 1.
(18)　See, A/71/L. 1; A/73/12（PartII）; A/RES/73/195; 本書終章参照。
(19)　See, A/51/950.
(20)　See, A/59/2005.
(21)　本書第1章参照。

9

している。①抽象的国家観に基づく国際法規範（主権尊重，内政不干渉などの伝統的国際法），②非植民地化に伴う過渡期の国際法規範，③具体的国家観に基づく国際法規範（多国籍企業の行動規範や国際社会あるいは国際社会保障的な法規範群を生み出すもの），④普遍的法への萌芽（環境・人権の国際法規範で，人類社会全体としての国際連帯や人類益を示すもの）。これらの規範群は，従来の規範群を修正する機能を現に果たしており，また，さらに果たしていくことになると述べている[24]。トムシャット教授も国際法の重層性について指摘しているが，①共存の法，②協力の法[25]，③人権，民主主義，グッド・ガバナンスといった，社会生活に関する包括的計画としての国際法の3つのステージに分類している[26]。国連憲章第2条に規定される原則の一般的枠組みが共存の法であり，第1条に規定される目的は協力の法に向かっている[27]ように，1951年に制定された難民条約も，条約の目的と当時の国際社会の在り様を反映して同様の形態をなしている。その後の難民問題に関連する国連総会決議，法の解釈や活動指針となる非拘束的文書は，その内容によって，協力の法や具体的国家観に基づく国際法規範，さらには普遍的法の萌芽や社会生活に関する包括的計画としての国際法に位置づけられるであろう。奥脇教授は，国際社会の変化に伴い新たな規範が創りだされ，規範の定立形式も多様化しており，こうした法の拡散現象が，伝統的な国際法の構造原理をど

---

(22)　複合的な国際制度に関して，山本吉宣『国際レジームとガバナンス』（有斐閣，2008年）；「国際制度の動態と国家――理論的な考察――」『国際法外交雑誌』第117巻第3号（2018年）31-65頁；西谷真規子編著『国際規範はどう実現されるか――複合化するグローバル・ガバナンスの動態』（ミネルヴァ書房，2017年）；中山裕美『難民問題のグローバル・ガバナンス』（東信堂，2014年）参照。

(23)　国際法秩序と国内法秩序について，小和田恆「国際法における法の支配――「国際法秩序における法の支配」概念再構築のために――」『国際法外交雑誌』第117巻第3号（2018年）1-30頁参照。

(24)　芹田・前掲注(8)250-251頁参照。

(25)　共存の法，協力の法に関して，See, W. Friedmann, *The Changing Structure of International Law* (Stevens, 1964); G. Abi-Saab, "Whither The International Community?," *EJIL*, Vol.9 (1998), pp. 248-265.

(26)　See, C. Tomuschat, "International Law: Ensuring The Survival of Mankind in The Eve of A New Century," *Recueil des Cours Collected Courses of The Hague Academy of International Law*, Tome281 (1999) (Nijhoff, 2001), pp. 56-90.

(27)　See, G. Abi-Saab, *op.cit.*.

のように変化させつつあるのか，国際法の体系を構成する諸概念の意味と構成に，どのような変化をもたらしているのかを，常に問い続ける必要があると指摘している[28]。

　本書は，上述の問題提起と国際法制度の特徴をふまえつつ，以下のような構成で論じている。第1部では，非拘束的文書による，難民問題に関連する活動の統合・調整を考察の軸に据えて論じている。第1章は，「国連人道問題調整事務所の機能と組織化 ―― 統合・調整機能とその正当性 ―― 」と題して，国連人道問題調整事務所（OCHA）の機構上，および，関連法規範上の特徴と，OCHAの統合・調整機能を正当化するためのアカウンタビリティーメカニズムに着目して考察を行った。第2章「国連難民高等弁務官事務所の国際的保護機能の変容」では，UNHCRの権限を概観し，難民法，人権法の発展とUNHCRの国際的保護機能との関連性を考察した。第3章「災害サイクルに関連する国際法規範の新展開」は，難民を中心に据えた内容ではないが，大規模な人の移住の1つの要因として挙げられる自然災害の対応に関する国際法規範の特徴を概観し，防災，開発および環境分野での災害対応の法規範を考察した。

　第2部は，人権法の解釈適用による保護範囲の拡張に関連する論文4本と判例紹介2本で構成されている。第4章「拷問等禁止条約第3条における送還禁止基準」は，2005年に公表した論稿であり，補完的保護の議論が盛んとなってきたころの動向をまとめている。拷問禁止委員会の個人通報事例を考察し，第3条の解釈基準を明らかにした。第5章は，2006年の拷問禁止委員会で行われたアメリカ国別報告審査に着目し，「対テロ戦争」に関わる指摘を検討した。第6章では，難民条約，拷問等禁止条約，自由権規約のノン・ルフールマン原則の適用範囲と機能を比較検討し，当該原則の実効性と課題を論じた。関連する判例として，大阪高裁平成27年11月27日判決退去強制令書発布取消請求控訴事件を紹介している。第7章は，「出入国管理における家族統合と子どもの最善の利益 ―― 庇護申請に関連する事案を中心に ―― 」と題して，自由権規約，子どもの権利条約，欧州人権条約の家族統合と子の最善の利益についての解釈基準を明らかにし，特別な配慮を必要とする子どもの扱いについての一側面について論じた。また，判例紹介

---

(28)　奥脇直也「協力義務の遵守について ――「協力の国際法」の新たな展開 ―― 」江藤淳一編『国際法学の諸相　村瀬信也先生古稀記念』（信山社，2015年）5-46頁参照。

序　章

として，ヨーロッパ人権裁判所2006年10月12日判決マィエカ対ベルギー事件を取り上げている。

　第3部では，欧州連合と日本における難民問題の近年の動向を取り上げた。難民問題に関連する国際法秩序の実効性を確保するには，国内法秩序との調整が重要であるが，国内適用の際に様々な課題が生じる。第8章「難民・移民の大規模移動とEU法制の課題」では，難民・移民に関連するEU法制の特徴を概観した上で，大規模移動に直面する欧州の課題，特に，EU域内外のギャップ，域内のギャップに着目して考察を行った。第9章「日本の難民認定制度における保護対象と判断要素」では，近年の日本における難民認定に関する行政判断および司法判断を考察し，その動向と課題を明らかにしている。終章では，ニューヨーク宣言，難民グローバルコンパクトおよび移住グローバルコンパクトを概観し，国連が難民問題についてどのような国際制度を志向しているのかを明らかにするとともに，課題について指摘している。

　これらの論稿が，難民問題に関する国際法制度の在り方についての議論の一助になることを願いつつ，読者に委ねることとしたい。

第1部

非拘束的文書による保護活動の統合・調整

第1章
国連人道問題調整事務所の機能と組織化
―― 統合・調整機能とその正当性 ――

◆ I　はじめに

　国連の人道上の任務は，自然災害⑴およびその他の緊急事態の被災者を援助することである⑵。人道危機の要因は，武力紛争，自然災害および世界的な難題，例えば，気候変動，都市化による環境悪化などが挙げられ⑶，それらは複合的に影響を及ぼしあっており，一国家内で発生する問題であっても当事国のみでは対応できない国際的人道問題が蔓延している。とりわけ，武力紛争に比して国際法の射程とされてこなかった自然災害の世界的急増が顕著だが，緊急対応の必要な問題から長期化している問題まで，問題の時間軸の長さ，問題の多様性・複雑

⑴　国連国際法委員会（ILC）は「災害時の人の保護」の条文草案の作業において，「災害」を次のように定義している。
　　第3条　災害の定義
　　「災害」とは，広範な生命の損失，甚大な人的被害及び苦痛，又は大規模な物的又は環境的損害を引き起こし，それによって社会機能を深刻に崩壊させる痛ましい出来事又は一連の出来事をいう。
　　また，武力紛争との区別に関連して次の条文が採択されている。
　　第4条　国際人道法との関係
　　本条文草案は，国際人道法の諸原則が適用可能な状況に対しては適用されない。
　　第3条で定義する「災害」は，自然災害および人為的災害の両方を適用範囲に含み，特に武力紛争状態の地域に災害が発生する「複合緊急事態」の状況において，武力紛争の無条件の排除は逆効果として，武力紛争を適用範囲から排除するアプローチを採用していない。See, A/CN.4/L.758 (2009); A/65/10, paras. 298-299, pp. 325-327；堀見祐樹「国際法における「災害」の概念に関する序論的考察――国連国際法委員会の作業を中心に」植木俊哉編『グローバル化時代の国際法』（信山社，2012年）159-200頁参照。
⑵　See, A/51/950, para. 76.
⑶　See, A/65-82-E/2010/88, A/66/81-E/2011/117.

◆第1部◆　非拘束的文書による保護活動の統合・調整

性から対応策も多岐にわたり，その制度化が課題となっている(4)。我が国においても，2011年3月11日，東日本大震災発生と福島第一原子力発電所の事故により，われわれは未曾有の危機に直面している。この危機は，これまでの社会の在り方を問い直し，新たな社会システムの構築の必要を突き付けている(5)。また，武力紛争に対応する人道法規範は発展を遂げてきたが，十分な規制や救済措置がとられているとはいえない。被災者のニーズも広範であり，国連，他の国際機関，援助国，NGO，その他の市民社会など，多様な主体が人道援助にかかわっている。国際的な支援や連帯の表明が一過性のもので終わることなく，被災者の生命・尊厳を重視し，緊急救援から復興・開発に至るまでシームレスにサポートしうる，効果的かつ一貫した包括的な国際人道システムが必要とされている(6)。現在，一元的にその権限を有する国際機関はなく，各権限を尊重しつつ，統合・調整しながら対応しているのが，現状であり，その一翼を担うのが国連人道問題調整事務所（OCHA）である。現代の人道問題に対応しうる国際機構と国際法の在り様について動的な理解を深め，今後の展望を導き得る必要性がますます強まっている。人道問題に関連する国際法分野は人権法・人道法のみならず他分野との相互関連性も問題となってくるが，国連の議論においては，人権の主流化・普遍化が謳われ，他領域においても，横断的に個人の人権実現のための法規範を援用する傾向もみられる(7)。また，国際社会においては国家のみならず，国際機構やNGOなどの組織の活動が顕著であり，人道問題に対応するための諸活動を統合・調整する国際機構のあり方が求められており，新国際人道秩序と題する総会決議(8)や緊急人道援助の調整強化に関する総会決議が多数採択されている。

　国連は，多様な主体とのネットワークを広めるとともに，本来，国内の一機関

---

(4)　奥脇直也「自然災害と国際協力――兵庫宣言と日本の貢献」『ジュリスト』1321号（2006年）66-72頁参照。
(5)　国際法上の問題点に関して，植木俊哉「東日本大震災と福島原発事故をめぐる国際法上の問題点」『ジュリスト』1427号（2011年）107-117頁参照；東日本大震災においては，2011年3月13日から14日にかけ，OCHAにより10名（内国連災害評価調整チーム（UNDAC）7名）が日本に派遣され，UNDACチームは同年3月23日撤収，残り3名は4月2日撤収までの間，被災状況や日本政府，各国チームの対応等にかかる状況把握や評価，英語での国連としての情報発信，状況報告書作成の任務にあたった。
(6)　国際法と人道援助に関する最近の著書として，See, Hans-Joachim Heintze, Andrej Zwitter eds., *International Law nad Humanitarian Assistance* (Springer, 2011).

16

◇第1章◇　国連人道問題調整事務所の機能と組織化

が担う権限を他の主体に委譲した形で事業展開を推進している。このような分権化の一方で，権限，設立目的の異なる主体とのパートナーシップによる活動を，国連の目的達成のため統合していくシステム構築も推進している。このような国連の分権化と統合化の潮流の中で，加盟国の管理からより自律的な活動が顕著となってきている人道分野の活動の正当性確保のため重視されているアカウンタビリティーを分析の視座として[9]，本章では，OCHA に焦点をあて，その機構的特徴と機能を明らかにするとともに関連法規範の特徴を明らかにし，OCHA 特有の機能が，現代国際的人道危機にどのように対応しているのか，その組織化の課題と今後の展望を探ることを目的とする。

◆ II　権限と組織構造

◇ 1．歴史的展開

　1971年，国連総会決議（以下，総会決議）2816（XXVI）「自然災害および他の災害に対する援助」において，国連諸機関，各国政府，国際赤十字等が災害時における被災国への援助に携わってきたことを踏まえ，すべての機関の援助活動の調整，救援やニーズの評価支援，自然災害の研究，準備，管理，予知等の支援を行

---

(7)　寺谷広司「断片化問題の応答としての個人基底的立憲主義——国際人権法と国際人道法の関係を中心に」『世界法年報』28号（2009年）42-76頁；薬師寺公夫「国際人権法の現代的意義——「世界法」としての人権法の可能性？」『世界法年報』第29号（2010年）1-49頁；薬師寺公夫「国連憲章第103条の憲章義務の優先と人権条約上の義務の遵守に関する覚え書き」芹田健太郎＝戸波江二＝棟居快行＝薬師寺公夫＝坂元茂樹編『講座国際人権法4　国際人権法の国際的実施』（信山社，2011年）5-42頁参照。

(8)　GAResolutions, 36/136, 37/201, 38/125, 40/126, 42/120, 43/129, 43/130, 45/101, 47/106, 49/170, 51/74, 53/124, 55/73, 57/184, 59/171, 63/147.

(9)　植木俊哉「国際機構のアカウンタビリティーと国際法——国際機構をめぐる紛争に関する一考察」島田征夫＝杉山晋輔＝林司宣編『国際紛争の多様化と法的処理　栗山尚一先生・山田中正先生古稀記念論集』（信山社，2006年）189-206頁；佐藤哲夫「国際組織およびその決定の正当性——二一世紀における国際組織の課題」『思想』993号（2007年）184-201頁参照；国際法秩序の断片化と統合に関して，小森光夫「国際法秩序の断片化問題と統合への理論課題」『世界法年報』第28号（2009年）3-41頁参照；See, Teruo Komori and Karel Wellens ed., *Public Interest Rules of International Law Towards Effective Implementation*（Asugate, 2009）.

◆第1部◆　非拘束的文書による保護活動の統合・調整

うことを目的として，国連災害救援調整官事務所（UNDRO）が設立された。これが国連における初の災害援助活動の調整機関である。災害救援調整官は，5年の任期で，事務総長に指名され，事務局次長と同等の地位に置かれた。

　その後，1991年の「人道援助に関する国連システムにおける能力，経験および調整制度の再検討に関する事務総長報告」で，事務総長は，自然災害や人災への国際共同体の対応は，主要な国際的関心事となっており，国際的な活動が最も建設的な結果をもたらすためには，十分かつ適切な手段と，国連システムと国家，政府間および非政府間組織との調整の改革が，決定的に重要であるとし，早期警戒，防災，調整強化を含む緊急援助のすべての措置を扱う包括的な勧告を行った[10]。これを受けて，同年，総会決議46/182「国際連合人道緊急援助の調整の強化」が採択された。当該決議において，緊急援助の調整強化の具体的方針として，迅速かつ一貫した対応を確保するために事務総長の指導的役割を強化し，緊急援助調整官（ERC）・機関間常設委員会（IASC）・統合的アピールプロセス（CAP）・中央緊急回転基金（CERF）の4つのメカニズムが新たに設置された。そして，これらを運用するにあたり，1992年，UNDROを統合した人道問題局（DHA）が設立され，人道問題担当事務局次長がその長となり，ERCを兼務することとなった。こうした人道緊急援助の調整強化の背景には，冷戦終結後の内戦の多発とその影響で苦境にあえぐ国内避難民の増加に対し，国際社会が援助を行う正当性の確保および実効的援助システムの確立が急務となったことが挙げられる。特に，1991年，イラクにおけるクルド系住民への人道援助に関する安保理決議688により，イラク国内に安全地帯を設定し難民キャンプを設置した事例が契機となり，その後のボスニア・ヘルツェゴビナ，ソマリアおよびルワンダの事例においても上述の点が大きな問題となったことが，当該機関の強化につながっている[11]。

　1997年，当時の事務総長コフィ・アナンは，「国連を刷新する――改革の計画」を発表し，様々な国連改革を示した。当該改革の目標は，国連への期待と現実とのギャップを狭めることにあり，目的の統一性，活動の一貫性および国際社会の

---

(10)　See, A/46/568.
(11)　松井芳郎「国際連合と人道的援助および人道的干渉・（上）・（下）」『法律時報』68巻4号46-54頁；7号（1996年）66-74頁参照。

◇第1章◇　国連人道問題調整事務所の機能と組織化

緊急ニーズへの対応力の改善につながる，新しい指導原理と管理構造を国連に確立することによって達成しようとするものであった。国連の重要性の源泉は，加盟国の普遍性と任務の包括性であり，これが最も発揮されるのが規範的な領域であり，普遍的規範は，諸国家の共同体における慣行を評価・指導する原則的基盤となるものであり，法の支配によって可能となる相互の行動予見性，ベスト・プラクティスの特定，日常的な国際業務の実行に不可欠な数限りない基準等，国際社会における日常生活の制度的基盤を提供する。そして，国連の規範的能力は，各国政策に対する援助に直接結びついているほか，国連自身の活動によってもさらに支持されている[12]。これらのことを踏まえたうえで，制度的枠組みの改革を行うとし，その中の柱の一つとして，国連事務局（以下，事務局）の指導能力強化を掲げ，副事務総長と上級管理グループの設立，事務局内の規範的，政策的，知識関連機能，国連政府間機関に奉仕する能力の向上，DHAに変わる緊急援助調整室の新たな設置，複雑な緊急事態における，より効果的な人道的ニーズへの対応能力の強化が盛り込まれた。また，主要な課題として，平和と安全保障，経済・社会問題，開発協力，人道問題，人権を掲げ，人権は，すべての分野に関わるとした[13]。この方針に従ってDHAは，OCHAに改組された[14]。

2005年，事務総長報告「国連の緊急人道支援調整の強化[15]」の中で，事務総長は，アフガニスタン，イラク，ダルフール，コンゴ民主共和国，インド洋地震などの大規模な紛争および地震といった危機が，極限に対する人道対応能力を試し，そのような対応が実効的かつ適切に適用されることを確保する人道システムの能力を試しているとし，より甚大かつ顕著な危機に対する人道対応のより大きな能力，質およびアカウンタビリティーを必要としているという予想が，国連の現行システム，手法，権限の審査（および強化）を要請しているとした[16]。それを受けて，総会決議60/124で，資金調達の改善，すべてのレベルでの人道対応能力強化，フィールドレベルでの人道援助調整強化，透明性，業績およびアカウンタビリティーの向上による，自然災害，人為災害および複合緊急事態への人道対

---

[12] See, A/51/950, paras. 6, 8, 10.
[13] See, A/51/950, paras. 34-38, 62-79.
[14] See, Y.U.N. 1998, p. 842.
[15] A/60/87-E/2005/78.
[16] See, *ibid.*, p. 2.

◆第1部◆　非拘束的文書による保護活動の統合・調整

応の改善を，国連システムの関連機関に要請した。また，総会決議60/125で，OCHAが，国連人道機関および他の人道パートナー間の災害対応の促進と調整のための国連システム全体のフォーカルポイントとしての役割を担うことを歓迎するとして，OCHAの対応強化が図られることとなった。

◇ 2．権　限

　OCHAは，事務局の一部局である。事務局の権限については，国連憲章第15章に規定されており，第100条で職員が国連に対してのみ責任を負う国際性・中立性を規定していることが最大の特徴といえる[17]。

　総会決議46/182は，OCHAの前身であるDHAの設立根拠であるが，DHAからOCHAに改組されてから後も，ひき続きOCHAの権限の根拠となっている。また，OCHAの諸活動は，総会，安全保障理事会，経済社会理事会の関連決議にもその基礎を置く。これは，OCHAが事務局の一部局であり，その長である事務総長が，国連憲章第98条にあるように，これらの機関から委託される任務を遂行することに準ずるものである。総会決議46/182では，人道援助は，人道性・中立性・公平性の原則に従い供与されなければならないとしている。次に，国家主権の尊重の観点から，被害国の同意により，原則として被災国の要請に基づき供与されなければならず，被災国がその領域における人道的援助の開始，組織，調整および実施において一義的役割を担うことが確認されている。これに関連して，被災国の対応能力強化のための国際協力は，国際法および国内法に従い，公平に，かつ純粋に人道的な動機に基づいて活動する政府間組織およびNGOが，国の取り組みを補完することで重要な貢献を行い続けるべきであるとしている。また，緊急事態，復興および開発の間には，明確な関係があり，これらの円滑な移行を確保するために，復興および長期的開発を助長する方法で供与されるべきである[18]としている。また，総会決議58/114では，上述の人道性・中立性・公平性の原則に加え，独立性を掲げている。独立性とは，人道活動が実施されるにあたって関連する政治的，経済的，軍事的又は他の目的からの人道目的の自律性を意味し，人道援助の重要な指導原則に位置づけられている[19]。

---

　(17)　黒神直純「国連事務局の機能変化」『世界法年報』30号（2011年）52-80頁参照。
　(18)　松井・前掲書注(11)参照。

◇第1章◇　国連人道問題調整事務所の機能と組織化

　OCHA の主要な任務は，第一に，災害および緊急事態の人的被害を軽減するため，国内および国際アクターとのパートナーシップの下，効果的かつ原則に基づいた人道活動の動員および調整を行うこと，第二に，困窮する人々の権利を弁護すること，第三に，準備と予防を促進すること，第四に，持続可能な解決を助長することの4つである。これらを遂行するために，戦略枠組の3つの柱として，①多国間人道活動の一体化を広めるパートナーシップ，②よりよいシステム構築を行う行政機関，③緊急時のよりよい人員の配置と専門家による解決を生み出す信頼性と専門性を掲げている。

　このように，OCHA は，国連の目的達成と個人の権利実現という普遍的価値実現に向けた制度構築のため，人道問題に係る様々な機関間の活動の統合と調整を行う行政機関の役割を担っている。

◇ 3．組 織 構 造

　OCHA 内部の組織構造は，2011年現在，図1のとおり多様な構成となっている。OCHA の長は，事務局次長で ERC を兼務している。ERC は，国連の人道援助を必要とするすべての緊急事態の管理の責任を負う。また，政府・政府間機関・NGO の援助活動の中核活動を行う。ERC は，IASC の長でもあり，被災国においては，ERC が人道調整官（HC）を指名する。

　ニューヨークとジュネーブの各事務所および各国現地事務所を統括する調整対応局の3つにわかれ，その下に多くの部局が存在する。事務局次長が組織の長と ERC を兼務して指導の一元化をはかり，ニューヨークには，統合計画の根幹となる，規範，政策立案，評価，財政，情報公開等の機能を配置し，ジュネーブには，緊急援助に携わる諸機関の調整機能を配置して，各地域・各国において諸活動の調整や対応にあたる構造をとっている。

　OCHA は，多様な主体による人道活動の全体のプログラムサイクル，すなわち，ニーズ評価および分析，共通の計画と戦略，資源の確保，監視および評価の統合を企図しており，IASC で策定する規範をこうした共通の人道活動および人道調整に据える構想をもって組織化を図っている。

　本部と被災国とは HC を軸に連携を図るよう組織化され，事務局機能を現地に

---

(19)　See, A/RES/58/114.

◆ 第1部 ◆　非拘束的文書による保護活動の統合・調整

図1：OCHA 組織図

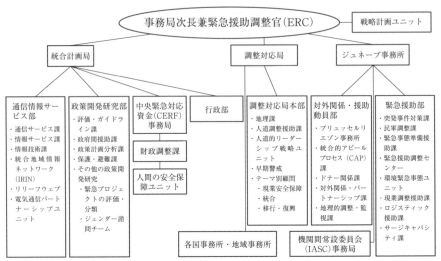

出典：http://www.unocha.org（21 Oct 2011）を参照して川村が作成。

設置していることは，OCHA の大きな特徴である。また，被災地におけるオペレーションの統合・調整は，分野別に国連機関，他の国際機関，二国間援助機関，NGO 等多様な主体をリードエージェンシーのもとにとりまとめる，クラスターアプローチと呼ばれる仕方で統合・調整を図っている。

　OCHA は，事務総長の指揮の下，事務局という国連に対してのみ責任を負う国際的・中立的な性格の組織の下，国連の中核活動の1つである人道問題に対応するために，多様な部局を分野横断的に活動しうるような水平構造と，グローバル・ナショナル・ローカルレベルでの活動を連動させることを企図した垂直構造を有することが特徴である。

　なお，国連の統合アプローチにおける OHCA の組織的位置づけについても触れておきたい。「統合的な国連のプレゼンス」は，国連が，国連カントリーチームに加え多次元的な平和維持活動又は政治的ミッションを派遣する文脈において言及され，通常，事務総長特別代表（SRSG）により統率される[20]。SRSG は，

---

(20)　See, OCHA, "Policy Instructions: OCHA's Structural Relationships within An Integrated UN Presence"（2011）p. 3.

◇第 1 章◇　国連人道問題調整事務所の機能と組織化

派遣国における国連上級代表で，国連活動のすべての権限を有し，副事務総長特別代表（DSRSG）である駐在調整官（RC）と HC が補佐する。RC は，国連カントリーチームの調整および国連開発オペレーションの計画・調整，復興および開発分野の援助調整の権限を有し，国連開発計画（UNDP）傘下の報告ラインに属する。一方，前述の HC は，人道活動の計画・調整の権限を有し，人道活動に従事する多様な主体の連携を図り，ERC 傘下の報告ラインに属する。HC が，OCHA 事務所に支援を受ける場合，人道調整室として従事し，適当な場合，OCHA 事務所は，広範な人道コミュニティによるアクセスを促進するために，統合ミッションから離脱して配置することができる[21]。これは，OCHA と統合ミッションの連携が強固である場合，中立性の観点から人道支援の調整が難しくなるためである。

◆ Ⅲ　機　能

OCHA の任務を機能別に分類すると，①情報管理機能，②資金調達機能，③フォーラム機能，④規範生成機能，⑤規範遵守機能，⑥オペレーション統合・調整機能の 6 つに分けることができる[22]。

◇ 1．情報管理

OCHA は，人道的な状況で被害を受けた人々の代弁者として発言する権限を有している。国際的な人道対応の調整機関の最終的目標は，より多くの生命を救い，紛争や自然災害の影響を軽減することである。そのため，OCHA は，瞬時に，人道機関，NGO，政府，メディア，企業，ドナーなどに正しい情報を伝えることが求められる。その目的は，情報を得た人々が，緊急資金調達の増加，政策の実施に携わるようにすることである。その手法は，プレスリリース，出版，メディア，ウェブなど多岐にわたるが，OCHA の特徴的なものとして，リリーフ

---

(21) See, *ibid.*,; "Note from the Secretary-General, Guidance on Integrated Missions", (2006), pp. 2-4; OCHA, "Policy Instruction: The Relationship Between Humanitarian Coordinators and Heads of OCHA Field Offices" (2011).
(22) 機能の区分に関して，佐藤哲夫『国際組織法』（有斐閣，2005 年）365 頁参照。

◆第1部◆　非拘束的文書による保護活動の統合・調整

ウェブが挙げられよう。リリーフウェブは，ニューヨーク，ジュネーブ，バンコクの3か所から24時間体制で，紛争や自然災害による人道状況，支援にあたる国連，NGOなどの活動情報，被災国などの援助要請，各国政府の支援情報，研究機関などによる研究文献，援助マニュアルなどを発信している[23]。

　CAPは，調整された対応を必要とする緊急事態のために，事務総長が，被害国との協議のもとに作成する，国連システムのすべての関連機関を対象として発信される情報である。

　現在，CAPは，人道援助において，多様な主体の活動のギャップや重複を避け，有効な対応のための共通の戦略アプローチをとるための手法となっており，援助機関が共同で，自然災害および複合災害対応の計画，調整，実施および監視を行い，結束した資金調達をよびかけることにより，援助を必要とする人々を適切に支援し，多様な主体の密接な協力を導くことを企図している[24]。

◇ 2．資 金 調 達

　中央緊急回転基金（Central Emergency Revolving Fund）は，設立後の活動の経緯を踏まえ，さらに実効的なシステム構築のため，総会決議60/124において，貸与だけでなく各国政府や企業・個人・NGOなどのプライベートセクターによる自発的拠出に基づく贈与をも含む中央緊急対応基金（Central Emergency Response Fund 以下，CERF）へと組織改正を行った。CERFの目的は，①生命損失の軽減のための迅速な活動および対応の促進，②緊急要請への対応強化，③財源不足危機の中での人道対応の中心的要素の強化であり，これらの目的に沿ったプロジェクトに資金が供与される。これまで最も資金供与を受けた機関は，UNICEF，UNHCR，WFP，WHOである。贈与と貸与では，以下のようなシステムの違いがある。

　贈与は，4億5000万ドルの資金枠があり，他の資金確保がみこめない場合に生命維持プログラムへの適用を確保するためERCが許可したプログラムに供与される。贈与は，HCのリーダーシップの下で設定された優先順位に基づき，現場で重大な人道危機に取り組む国連の現業機関に供与される。各応募機関は，他の

---

(23)　See, http://www.releifweb.int.
(24)　See, http://www.unocha.org as of 22 Oct 2012.

◇ 第1章 ◇　国連人道問題調整事務所の機能と組織化

資源を考慮して基金の必要性を正当化しなければならず，資金調達の見込みがある場合，貸与基金を利用しなければならない。

　一方，貸与は，3000万ドルの資金枠があり，ドナーからの資金調達が見込めるが緊急プログラムのため貸与が必要な国連機関に供与される。貸与は1年以内に償還されなければならない。

　資金調達は，CERF のほかに，共通人道基金（CHFs），緊急対応基金（ERFs）がある。CHFs は，重大な人道ニーズに対応するため，NGO および国連機関に対し，初期かつ基本的な基金を提供する国別基金である。一方，ERFs は，予見できなかった突発的な人道危機に対応する迅速かつ柔軟な基金を NGO および国連機関に提供する国別基金で，CERF や CHFs を補完する[25]。また，人間安全保障ユニットが，人間安全保障に資するプロジェクトに対して，人間安全保障信託基金を運用している[26]。

◇ 3．フォーラム機能

　IASC は，国連機関と国連以外の人道機関からなる調整，政策開発および意思決定のための機関間フォーラムである。総会決議46/186で設立され，総会決議48/57において，IASC が ERC の下で，機関間調整の一義的メカニズムとして任を果たすべきであると，その役割の重要性が確認されている。危機的状況のオペレーションの調整においても主要な役割を担っており，状況とニーズの評価，共通の優先順位の合意形成，共通戦略の開発，資金および他の資源の調達，一貫した情報公開，経過監視，クラスターの管理の任務を含んでいる。

　IASC の目的は，①システム全体の人道政策の開発と合意，②人道プログラムにおける機関間の責任配分，③すべての人道活動に関する共通の倫理枠組みの開発と合意，④IASC 外の関係者に対する共通の人道原則のアドボカシー，⑤権限内のギャップ又はオペレーション能力の欠如の特定，⑥システム全体の人道問題に関する人道機関間の紛争又は不一致の解決である。これらの目的にかなう活動の主要原則として，被災者へのよりよい人道援助提供するための全般的な目的の

---

[25]　See, http://www.unocha.org as of 16 Oct 2012.
[26]　See, http://ochaonline.un.org/humansecurity/tabid/2212/defalt.aspx as of 16 Oct 2012.

◆第1部◆　非拘束的文書による保護活動の統合・調整

表1：IASC 構成員および常任招請員

構成員	常任招請員
国連人道問題調整事務所（OCHA）	国連人権高等弁務官事務所（OHCHR）
国連食糧農業機関（FAO）	世界銀行（WB）
国連開発計画（UNDP）	国内避難民の権利に関する特別報告者
国連人口基金（UNFPA）	（SR on HR of IDPs）
国連人間居住計画（UNHABITAT）	国際移住機関（IOM）
国連難民高等弁務官事務所（UNHCR）	国際赤十字委員会（ICRC）
国連児童基金（UNICEF）	国際赤十字・赤新月社連盟（IFRC）
世界食糧計画（WFP）	ボランティア団体国際評議会（ICVA）
世界保健機関（WHO）	人道対応評議委員会（SCHR）
	インターアクション（Inter Action）

出典：IASC の HP を参照して川村が作成。

提示，権限の尊重，オーナーシップ，補完性，公平性が掲げられている。これらの原則を踏まえ諸目的達成のため，IASC は，国際社会全体の人道政策に関わる新たなシステム構築への意思決定および政策に関する様々なガイドライン，行動綱領，マニュアル等の合意文書を採択している。

　IASC の構成員に関して，総会決議46/182では，すべての実務機関の参加および国際赤十字委員会，国際赤十字・赤新月社連盟，国際移住機関には恒常的招請がなされること，関連非政府組織はアドホックに参加を招請されることとしている。構成員の資格については，その事業が，人道援助（政策的保護又は物的支援）の提供，緊急事態の被災者支援のための職員配備を行うものと定められている。機能性と中核を確保するため，限定的な構成員を維持する一方，IASC の全般的な目的は，包括的な調整である。構成員は毎年審査が行われ，新たな構成員はケースバイケースで承認される。2012年10月現在，IASC は，表1のとおり，9つの国連機関からなる構成員と，9つの国際機関および NGO からなる常任招請員で構成されている[27]。

　上述の IASC におけるグローバルレベルでのフォーラムとナショナル・ローカルレベルのオペレーションを連動させるフォーラム機能を担うのは，クラスターである。

---

(27)　See, http://www.humanitarianinfo.org/iasc/pageloader.aspx?page=content-about-defalt as of 22 Oct 2012.

◇第1章◇　国連人道問題調整事務所の機能と組織化

◇ 4．規 範 生 成

　IASC は，すべての決定をコンセンサス方式で執り行う。コンセンサスがなされない場合で，IASC 構成員の大多数の間で見解の収斂がみられる場合は，次の3つの方法がとられる。①合意された調整取極の履行に関する事項については ERC が大多数の意見の収斂をもとに決定する，②他の重要事項については，ERC が決定について事務総長に委任する，③すべての決定は各 IASC 構成員の権限を十分に尊重してなされる[28]。

　政策開発は，実効的かつ原則に基づく人道活動，人命救助および被害の軽減を支援することが目的である。OCHA は，形成途上の潮流の同定，援助機関間の共通あるいは調和のとれた政策およびアドボカシーの開発のため，人道政策アジェンダを示しており，これは，国際法，特に，人権法，人道原則に基づいている。また，OCHA は，ガイドライン等の人道活動のための規範的基準を加盟国や関連国連諸機関や総会，安全保障理事会，経済社会理事会にも促進している[29]。先にみたように，ガイドライン等の基準や政策決定は，IASC が行っている。OCHA が政策開発のテーマとして掲げているものとして，①人道援助へのアクセス，②国内避難民，③人道対応の評価，④食糧安全保障，⑤ジェンダー，⑥人道問題と開発の関係，⑦人道的取組の統合化，⑧ニーズ評価，⑨政府と OCHA の活動，⑩保護，⑪救助から開発への移行があり，それぞれのテーマの関連決議やガイドライン等をもとにプロジェクトの計画，実施等を行うことを目指している[30]。

　ガイドラインは，表 2 に示しているとおり政策調整やオペレーション指針から職員の管理に至るまで，多様な分野について採択されている。ここでは，2011年の「自然災害時の人の保護に関する IASC 運用ガイドライン[31]」をとりあげ，

---

(28) See, IASC and IASC-WG, "Concise Terms of Reference and Action Procedures" (1998).
(29) See, OCHA, "Compilation of United Nations Resolutions on Humanitarian Assistance Selected Resolutions of the General Assembly, Economic and Social Council and Security Council Resolutions and Decisions" (2009).
(30) See, http://www.unocha.org as of 22 Oct 2012.
(31) 2006年に IASC が採択した「人権および自然災害に関する運用ガイドライン」の改訂版にあたる。

◆第1部◆　非拘束的文書による保護活動の統合・調整

表2：IASC ガイドラインの一例

- Operational Guidelines on the Protection of Persons in Situations of Natural Disasters
- Plan of Action and Core Principles of Codes of Conduct on Protection from Sexual Abuse and Exploitation in Humanitarian Crisis
- Civil-Military Guidelines and References for Complex Emergencies
- Guidelines on The Use of Foreign Military and Civil Defense Assets in Disaster Relief - Oslo Guidelines, OCHA-Nov2006, Revision November 2007
- Guidelines on the Use of Military and Civil Defense Assets to Support United Nations Humanitarian Activities in Complex Emergencies
- Disaster Preparedness for Effective Response - Guidance and Indicator Package for Implementing Priority Five of the Hyogo Framework
- IASC Guidelines on Mental Health and Psychosocial Support in Emergency Settings
- IASC Guidelines for Addressing HIV in Humanitarian Settings
- CAP 2012 Guidelines

出典：IASC の HP を参照して川村が作成。

　IASC の規範の特徴を明らかにしたい。当該ガイドラインでは，人権アプローチは，人道援助活動に枠組みと必要な基準を導入し，普遍的に受容されている一連の人権と同様，人間の尊厳，非差別といった普遍的原則の中に，人道活動の基礎を置くとしている。被災者が，単なる受益者としてではなく，特定の責務を負っている者から，権利を主張し得る個人の権利保持者となるとして，人権が，自然災害時の人道活動を支える規範として重要であるとしている[32]。IASC によれば，保護は，関連法（すなわち，人権法，国際人道法，難民法）の文言および精神に従って，個人の権利を十分尊重させることを目的としたすべての活動をさす。運用ガイドラインは，災害救援および復旧活動が，被災者の人権保護および促進の枠組みの中で行われることを確保するため，国際的および非政府人道機関ならびに IASC 構成員を援助することを主たる目的としている。運用ガイドラインは，関連する国際人権法，現存の人道活動に関わる基準および政策，ならびに自然災害下での人道基準に関する人権ガイドラインにより作成されている。一連の普遍的人権条約，適当な場合において，関連する地域人権条約および国内避難民に関する指針原則，スフィアハンドブック，IFRC 行動綱領などの基準などがそれにあ

---

[32]　See, IASC, "Operational Guidelines of The Protection of Persons in Situations of Natural Disasters" (2011), pp. 2-3.

◇第1章◇　国連人道問題調整事務所の機能と組織化

たる。しかし，運用ガイドラインは，国際法に規定された人権を列挙するのではなく，むしろ，自然災害における人道活動に対し，人権アプローチを履行するために，人道活動従事者が従うべき運用基準は何かを示すことに焦点を当てており[33]，現存の法規範およびその解釈基準が，特定の状況あるいは活動で遵守されることを促進する効果がある。ガイドラインの構成は，(A)生命，安全および身体の保全，避難における家族関係の保護に関する権利保護，(B)食料，医療，保護施設および教育の提供に関連する権利の保護，(C)住居，土地および財産ならびに生活に関連する権利保護，(D)文書，国内避難民の恒久的解決の文脈での移動の自由，家族再統合，表現および意見ならびに選挙に関連する権利保護の4章に分かれている。

OCHAは，条約やこれまでの様々な機関が策定した文書をもとに，実際に直面する状況に対応するよう，各分野に即して再構成を行って，ガイドライン等を政策の根拠としている。こうした傾向は人道問題全般にわたってみられるが，緊急時の現場で実務者が十分に理解し，実施できるのかは疑問が残る。一方，現在直面する人道問題で従来の条約等で対応できない問題，あるいは，条文からは解釈に幅がでるような問題に対して，活動調整のため細部にわたり基準設定をして，活動の正当性・透明性・アカウンタビリティー・統合性を図る方策を権限内でとろうとする意図は理解できる。

現在，自然災害時の援助に関する一般的な条約はなく，1988年の災害軽減及び救援活動への情報通信資源の供与に関するタンペレ条約といった限定的な分野に関する条約しか存在しない。国際法委員会（ILC）は，「災害時における人の保護」について草案作業を行っている状況であるが，起草過程において，OCHAも，当該分野の国際法の漸進的発達に間接的ではあるが関わりを有している[34]。

例えば，ILCは，第60会期において，国連システムに対する以下の質問を提起することを決定した。1）国連システムは，災害時（災害対応時のみならず災害前後も含む）の出来事において被災者および被災国への援助に関し，グローバルレ

---

[33]　See, *ibid.*, pp. 5-9.
[34]　ILCの意義について，酒井啓亘「国連国際法委員会による法典化作業の成果」村瀬信也＝鶴岡公二編『変革期の国際法委員会　山田中正大使傘寿記念』（信山社，2011年）17-50頁参照。

ベルおよび国レベルで，いかなる役割および責任を制度化しているか，2）国，政府間機関，赤十字，NGO，専門的な国内対応チーム，国内の災害管理当局および他の関連主体といった主体が災害時の各段階でどのように関係しているか。これに対して，IFRC および OCHA が回答を行い，それらは，ILC の内部文書として回覧された(35)。また，ILC の第60会期中およびその後に，特別報告者は，OCHA，国際防災戦略事務局（ISDR），IFRC，保護クラスター作業部会と個別に会議を開催し，2008年12月には，国内避難民の人権に関する事務総長代理およびその職員，OHCHR，IFRC，OCHA，UNHCR，UNICEF および保護クラスター作業部会との会議を開催している(36)。

また，当該条文草案のコメンタリーにおいても，人権法，人道法，国際司法裁判所の判決，IFRC のガイドライン等とともに，IASC のガイドラインが参照されている。例えば，第2条（目的）のコメンタリーでは，2006年の人権および自然災害に関する運用ガイドラインを注釈の中で参照文献として挙げており(37)，第6条（災害対応事の人道原則），第7条（人間の尊厳）および第10条（援助を求める被災国の責務）のコメンタリーでは，IASC のオスロガイドラインを参照している(38)。

◇ 5．規範遵守の確保

　IASC 事務局は，定期的に決定の履行を監視し，年1回，前年度の活動を IASC 作業部会（IASC-WG）に報告する。構成員は，合意された決定を履行し，発生している問題の顕著な進捗状況を定期的に IASC 事務局に報告する責任を有する。IASC-WG は，IASC に年次審査を提出する。IASC は6か月ごとに会合を開く。IASC-WG は，2か月ごとに会合を開き，年1回，1年間の作業計画合意のための会合を開く。IASC-WG は，IASC の要請に基づき救援介入および復興と開発過程の連結に関する政策や運用ガイドラインの開発を支援するタスクフォースを設立する。これらのタスクフォースは，特定の政策問題に関して焦点

---

(35)　See, A/CN.4/615, paras. 10, 11.
(36)　See, *ibid.*, paras. 12-13.
(37)　See, A/65/10, p. 325.
(38)　See, A/66/10, pp. 255-267.

◇ 第1章 ◇　国連人道問題調整事務所の機能と組織化

をあてているものか特に緊急性の高いものを扱う。

　IASC は，戦略的政策決定および主要なオペレーションの決定の責任を有し，上述のとおり決定の履行確保を行っているが，IASC の決定は，構成員の権限を尊重し，それを凌駕するものではなく，あくまで最低限の補完的なものである[39]。また，ガイドライン等の規範は政策の基盤であり，その遵守は，政策決定の履行確保に内在されるもので，法的な履行確保の機能ではない。このように，規範遵守の確保の機能は，きわめて脆弱である。

◇ 6．オペレーション統合・調整
(1) クラスター

　2012年10月現在，グローバルレベルにおけるクラスターと各クラスターに関連する諸活動に従事する多様な主体を取りまとめ調整するリードエージェンシーは，表3のとおりである。各リードエージェンシーが，各分野のニーズの把握，多様な主体の活動状況等を把握し，調整を行う。ただし，ナショナル・ローカルレベルでは，HC のリーダーシップのもとで各国のリードエージェンシーが決定される。必ずしもグローバルクラスターリードエージェンシーが活動しているとは限らず，他の主体が代行する場合や，リードエージェンシー不在のままオペレーションを展開する事態もないとは限らない。その場合，クラスターの管理が行えず，ニーズ評価，オペレーションの計画，実施，監視，評価といった一連のサイクルの調整が十分に行えないという課題が生じる。また，リードエージェンシーを NGO 又は PKO で派遣されている軍が代行する場合もあり，国連の統合システムとしての正当性を確保できるかという問題も生じうる。

　クラスター制度における OCHA の任務は，グローバルレベルにおいては，クラスターリードエージェンシーや NGO とともに，政策の開発，クラスター間の問題の調整，オペレーショナルガイダンスの普及，現地支援の組織を行うことである。ナショナル・ローカルレベルにおいては，OCHA は，HC および HCT にガイダンスと支援を提供し，クラスター間の調整を促進する。また，ニーズ評価，共同計画，監視および評価を含む対応のすべてのフェーズにおいて，クラスター

---

(39)　See, IASC and IASC-WG, "Concise Terms of Reference and Action Procedures" (1998).

◆第 1 部◆　非拘束的文書による保護活動の統合・調整

表 3：クラスター（グローバルレベル）

活動分野	リードエージェンシー
食糧安全保障	FAO・WFP
キャンプの調整管理（CCCM）	UNHCR・IOM
早期復旧	UNDP
教育	UNICEF・Save the Children
緊急シェルター	UNHCR・IFRC
緊急時の通信	WFP
保健	WHO
ロジスティック	WFP
栄養	UNICEF
保護	UNHCR
水・下水・衛生（WASH）	UNICEF

出典：Humanitarian Response の HP を参照して川村が作成。

間の調整の確保するよう支援する[40]。

(2) 緊急援助調整活動

　緊急援助調整に関して，OCHA は，ニーズ評価[41]，民軍調整[42]，ロジスティック援助[43]，サージキャパシティ[44]，現業調整援助等の役割を担っている。現業調整手法として国連災害評価調整チーム（UNDAC），国際捜索救助諮問グループ（INSARAG），オンサイトオペレーション調整センター（OSOCC）がある。

---

(40) See, http://www.unocha.org as of 02 Oct 2012.
(41) OCHA と WFP が，IASC の権限下にあるニーズ評価タスクフォース（NATF）の共同議長である。NATF は，期限付きの組織であるが，分野横断のニーズ評価イニシアティブの調和と促進を目的とした手法を開発している。See, http://www.unocha.org as of 22 Oct 2012.
(42) See, IASC, "Civil-Military Guidelines & Reference for Complex Emergencies" (2008).
(43) ロジスティック援助とは，加盟国，WFP，UNICEF，UNHCR，UNDP，NGO，および関連プライベートセクターとのパートナーシップにより，ドナー国政府の協力のもと，救助活動のため食料以外の資材供給の確保を行い，国際的な援助の助長および協力に貢献することが目的である。See, http://www.unocha.org as of 22 Oct 2012.

◇第1章◇　国連人道問題調整事務所の機能と組織化

　UNDACは，突発的な緊急事態発生の初期段階に，国連および被災国を支援するため1993年に設立された。UNDACは，あらかじめ登録されている専門性の高い要員で構成され，緊急事態の現地に入ってくる国際救援の調整の支援も行う。UNDACは，RC/HCおよび被災国政府の要請により，12時間から48時間で派遣される。UNDACの主要な役割は，評価，調整および情報管理である[45]。

　INSARAGは，災害を受けやすい国および災害に対応している国ならびに都市捜索援助（USAR）および現業活動の調整にあたる機関のネットワークであり，総会決議57/150および2010年神戸で開催された第1回INSARAG世界会議で採択されたINSARAG兵庫宣言に基礎を置く。INSARAGの権限は，1）緊急事態への準備と対応活動の強化による，より多くの人命救助，被害の軽減および被災の最小化，2）国際的な都市捜索救助作業間の調整における効率化，3）災害を受けやすい国（途上国を優先）の捜索救援準備改善のための活動促進，4）国際的な場面で展開される国内の都市捜索救助チーム間の持続可能な協力のための国際的に認められた手続とシステムの開発，5）都市捜索救助手続，ガイドラインおよびベストプラクティスの開発および緊急事態救援時の関連機関間の協力強化の5つである。2011年INSARGガイドラインおよびINSARAG外部評価（IEC）ガイドラインは，災害時の救助活動および同活動の評価の包括的な基準を詳細に定めている[46]。

　OSOCCは，甚大な災害時に，国際救援を調整するため被災国の現地当局を支援する。活動目的は，国際組織と被災国間の連携，被災地での国際救援活動を調整・助長するシステムの準備，国際人道機関間の協力，調整および情報管理のためのプラットフォームの準備である[47]。

---

(44)　サージキャパシティとは，未曾有の緊急事態や災害時等に経験豊富な調整専門家や他の専門家を動員するシステムで，ジュネーブの緊急援助部のサージキャパシティ課が管理している。これには，緊急対応登録制，提携専門家要員，スタンバイパートナーシッププログラムがある。See, http://www.unocha.org as of 22 Oct 2012.
(45)　See, UNDAC, "Generic Terms of Reference"；"UNDAC Handbook" (2006).
(46)　See, INSARAG, "Guidelines and Methodology" (2011)；"INSARAG External Classification/Reclassification Guidelines" (2011).
(47)　OSOCCの活動基準については，See, OSOCC, "Guidelines" (2009)；上述のOCHAの諸活動全般に関して，特に註釈をつけて説明を加えている部分以外については，http://www.unochr.org as of 30 Mar 2011を参照した。

(3) 課　題

　各国の状況により課題も異なるが，以下，国別，テーマ別の既存の評価報告書をとりまとめ，2011年に発行された「OCHA 評価総合報告書2010年度版[48]」をよりどころとして，OCHA の抱える課題を明らかにしたい。

　第一に，リーダーシップとアカウンタビリティーの欠如があげられる。派遣国によって異なるが，OCHA の職員は，主に被災国の首都に少数の人数が配置されるだけで，全般に現場でのプレゼンスが低く，実際の被災地に長期に滞在し現場の状況を把握するのが困難である場合がある。また，本部と HC および現地の間の連携がうまくいっていないこともリーダーシップの欠如の要因である。また，ナショナル・ローカルレベルで，IASC で生成されたガイドラインが認知されておらず，ガイドライン遵守措置がとられていないという問題がある。また，規範遵守のための討論・トレーニング等のフォーラムの場がないことや，職員の規範に基づく政策調整能力や職員倫理も問題として指摘されている[49]。

　第二に，分析・ニーズ評価の欠如があげられる。たとえば，ハイチの場合，ローカルキャパシティやハイチの市民団体の情報が不足し，状況評価ができなかったために対応の遅れとギャップが生じたことが指摘されている。また，グローバルな戦略分析・リスク評価・分野横断の分析強化の必要性も指摘されている。パキスタンの事例では，まず安全に関する分析が限定的であることが，多大なオペレーションコストとプログラムの質に悪影響を与えているとの指摘がなされている。紛争地域における安全上の問題は OCHA の活動に大きな制限を課すものとなっている[50]。

　第三に，人道活動にかかわる多様な主体の統合と戦略計画の欠如が対応能力に悪影響を及ぼすことがあげられている[51]。ここでは，ハイチの例を取り上げてみたい。

　UNDAC は，ハイチ地震発生から24時間以内に第一陣が現地へ向かい，ポートプランスの国連ハイチ安定化ミッション（MINUSTAH）のロジスティックス基

---

(48)　See, OCHA, "Evaluations Synthesis Report" (2010).
(49)　See, *ibid.*, pp. 13–15.
(50)　See, *ibid.*, pp. 5–7.
(51)　See, *ibid.*, pp. 7–10.

◇第 1 章◇　国連人道問題調整事務所の機能と組織化

地内に OSOCC を立ち上げたが，OCHA 本部による明確なリーダーシップを欠いたことが，現地の対応にも影響した(52)。一方，PKO 局（DPKO）は，地震発生後直ちにニューヨークに危機対応室（CRC）を設置した。MINUSTAH および他の軍当局は，人道的な優先順位に関する指導を求めていたが，それが OCHA（又は HC/ 人道カントリーチーム（HCT））から発せられなかったため，DPKO が人道問題を指揮する役割をすぐに引き受けた。MINUSTAH は，統合ミッションであり，このことが OCHA の地位と役割を難しくさせた。HC は RC および DSRSG としても行動することとなり，MINUSTAH 内の文民問題部，人道開発調整部（HDCS）および複数の専門部局（ジェンダー，HIV/AIDS，子供の保護等）の管理も担当し，OCHA との任務の重複がみられた(53)。HC，HCT および OCHA は，文民調整問題を取り扱う十分な戦略がなく，結果的に，アメリカ軍およびカナダ軍からの評価情報に頼ることとなった。また，軍もクラスターミーティングに参加したが，OCHA よりも MINUSTAH および DPKO からの戦略的指揮に従った。ハイチは，一義的に人道支援ミッションとして軍司令官に理解され，非紛争国として扱われていたので，軍は，人道コミュニティとともに展開したが，救援物資の配布のためのエスコートの要請への対応以外，最初の 2-3 週間要請がなく，これに業を煮やした米軍は，独自に救援物資の配布を開始した。ハイチの経験から得られる重要な課題は，人道コミュニティが，武力紛争が起こっていない国における自然災害で，軍といかに連携するかということである(54)。OCHA の中立性や独立性といった人道原則遵守からも軍との関係は今後も複合災害を抱える国における活動の課題となろう。

　第四に，被災当事者のクラスターへの限定的参加が，実効的な対応および持続的復興活動を阻害し，被災国のオーナーシップを弱める一因となっている点が挙げられる(55)。ハイチにおいては，地震対応において，ほとんどのクラスターが活動計画および実施に，ハイチ政府・地方当局および被災者をふくめなかったことが悪影響を及ぼした(56)。国際人道活動は補完が原則であり，主権国家併存の

---

(52) See, Abhijit Bhattacharjee & Roberta Lossio, *Evaluation of OCHA Response to the Haiti Earthquake Final Report* (2011), p. 22.
(53) See, *ibid.*, pp. 28-29.
(54) See, *ibid.*, pp. 29-30.
(55) See, OCHA *supra* note 48, pp. 15-18.

国際社会の組織化において，こうした活動の正当性が問われる問題であると思われる。

　国連の形式的成果達成や効率追求のみのトップダウン型あるいは形式的機関間調整に終始するのではなく，被災者の視点に立った，ボトムアップ型のサポートシステムを融合し，当局のオーナーシップの促進，参加型フォーラム機能の強化，規範に基づく実質的政策調整が求められているといえよう。

　こうした課題を克服するため，2011年12月，IASC は，トランスフォーマティブアジェンダを採択した。ここでは，リーダーシップの強化，調整の改善（特にクラスター），アカウンタビリティーの改善の3点を重点課題としている。アカウンタビリティーに関しては，集団的成果達成に向け，ニーズ評価から監視，評価，報告にいたるまで共通の人道プログラムサイクルの各フェーズを管理するための共通の手法の採用を掲げている。また，IASC 各機関の長は，被災者へのアカウンタビリティーの根本的な重要性を確認し，被災者へのアカウンタビリティーに関する下部作業部会により開発された，被災者からのフィードバックおよび申立を扱い，参加，情報提供改善にむけたガイダンスとなるオペレーショナルフレームワークを支持した[57]。

◆ IV　統合・調整の正当性とアカウンタビリティー

　OCHA のシステム，ガイドライン等の膨大な規範および政策立案から評価までのプロセスの実効性に懐疑的な意見もあり，これからの人道分野における国連の諸活動の実効性および正当性の検討が求められている[58]。以下，OCHA の諸活動の正当性確保ためのアカウンタビリティーについて考察していく。

---

(56)　See, Abhijit Bhattacharjee & Roberta Lossio, *op. cit.*, pp. 31-33.
(57)　See, http://www.humanitarianinfo.org/iasc/Power Point on Tranformative Agenda as of 09 Aug 2012.
(58)　See, Center on International Cooperation New York University, "External Review of the Inter-Agency Standing Committee" (2003); Tadanori Inomata "Managerial Accountability and the UN System," Sumihiro Kuyama and Michael Ross Fowler eds., *Envisioning Reform : Enhancing UN Accountability in the Twenty - First Century* (United Nations University, 2009), pp. 135-159.

◇第1章◇　国連人道問題調整事務所の機能と組織化

◇ 1．アカウンタビリティーの概念[59]

　「国際機構の機能に関する加盟国による管理は，より包括的でなくなってきており，国際機構は，相応じてより独立的になってきている。結果的に，この独立を管理するためのアカウンタビリティーメカニズムを有する必要がある。これらのメカニズムなしには，国際機構は，その機能の実施を要請する正当性の欠如の批判にますます直面するであろう。比例性を有し適切であり，必要なチェックアンドバランスを導入し，「加盟国」の機構に関する加盟国による管理の欠如を導かないようなアカウンタビリティーシステムの発展が求められる[60]」と，シュヘルメルスとブロッカーは論じている。

　国際機構のアカウンタビリティーは，多義的であり，その形態は，法的，政治的，行政的又は財政的なものを含み，これらの組み合わせがアカウンタビリティーを満たす最善の方法を提供する。国連のパートナーシップ事業においては，このすべての要素が複雑になっている。「誰が」についてだけでも多岐にわたる。第一に加盟国が国連に権限を委譲しているので，この両者間でアカウンタビリティーが問われる。次に国連内部においては，上位機関と下部機関の関係が考慮される。各機関においては，本部，地域事務所，現地駐在事務所の関係において，また，各事務所，部局，課などの単位においてもアカウンタビリティーが問われる。国連がオペレーションを展開する場合には，国連と外部との関係が問題となる。オペレーションを受け入れる領域国，自治体との関係，パートナーと協働する場合は，パートナーとなる他の国際機関，NGO，企業，市民社会との関係においてアカウンタビリティーが問われることになる[61]。

　国連が，政策結果を問う政策的アカウンタビリティーを実現するには，直接受益者への説明責任を果たす正式な手続が必要となろうが，これについては，国連の機構上，限界がある。受益者の利益の確保は，国連の究極の目的達成のために目指すべきところではあろうが，国連は政府間機構であり，政府を補完する活動

---

(59) See, Sumihiro Kuyama and Michael Ross Fowler eds., *ibid.*,: 蓮生郁代『国連行政とアカウンタビリティーの概念――国連再生への道標』（東信堂，2012年）参照。
(60) Henry G. Schermers & Niels M. Blokker, *International Institutional Law* Fifth Revised Edition（Martinus Nijhoff publishers, 2011), p. 1220.
(61) See, ILA Berlin Conference (2004), "Accountability of International Organisations Final Report" (2004), pp. 168-170.

◆ 第1部 ◆　非拘束的文書による保護活動の統合・調整

を行うのが基本となっている。アカウンタビリティーを論ずる場合，権限委譲と責任の問責者がだれなのか，その2者間の関係はどのような基準と手続で管理されているかが重要となる。国連の現場での活動も，基本的に領域国の要請により了解覚書の内容に即して活動がなされる。国連は，その権限を，機関間，NGO，企業，市民社会に委譲して現場活動を展開している。通常この関係性と規律の基準と手続の中でのみ管理が働くのであって，受益者の利益の考慮は各国政府のめざすところでもあり，国連の目的達成の一環としてともなるが，直接契約がない場合は，アカウンタビリティーメカニズムの一環としての手続上反映されないとされてきた。しかし近年，後述のように新たな取組みもみられる。

　国際法協会（ILA）の国際機構のアカウンタビリティー委員会は，すべての国際機構の共通の目的・原則・概念として，①グッドガバナンス（透明性・参加型意思決定過程・情報アクセス・十分機能する国際行政事務・健全な財政管理・報告と評価），②信義誠実，③合憲性と機構間のバランス，④監督および統制，⑤決定又は活動根拠の表明，⑥手続的定式化，⑦客観性と公平性，⑧相当の注意義務を掲げている(62)。加えて，ますます，国家共通の憲法上の慣例の表明となってきている人権義務は，設立文書上の規定を通して，国際慣習法として，又は法の一般原則として，若しくは国際機構が人権条約の当事者となることが許可されている場合というような異なる方法で，国際機構に課されうる。武力行使，領域の暫定行政，強制措置，平和維持又は平和執行活動の着手に関する決定およびその履行にあたり，国際機構は，基本的人権義務および適用可能な国際人道法の原則および規則を遵守すべきであるとしている(63)。

　総会決議64/259「国連事務局のアカウンタビリティーシステムに向けて」では，アカウンタビリティーを以下のように定義している。

　アカウンタビリティーは，時宜を得た費用対効果のある様式で，目的および高品質の結果を達成することである。このことは，すべての決議，細則（regulation），規則および倫理基準を遵守して，国連政府間機関およびそれらが設立した下部機関によって許可された事務局のすべての権限に関する十分な履行および実施にお

---

(62) See, *ibid.*, pp. 172-183.
(63) See, *ibid.*, pp. 193.

◇第1章◇　国連人道問題調整事務所の機能と組織化

いてなされる。つまり，誠実で，客観的，正確かつ時宜を得た実施結果の報告，基金および財源の責務，報酬および制裁の明確に定義されたシステムを含むすべての実施措置，監視機関の重要な役割に対する相当の許可，および受諾した勧告の十分な遵守を含む[64]。

◇2．事務局のアカウンタビリティーシステム
(1) アカウンタビリティー構造

2010年の事務総長報告「国連事務局のアカウンタビリティシステムーに向けて[65]」の中で，国連のアカウンタビリティーシステムの基本的要素は，①国連憲章に由来するアカウンタビリティー，②加盟国との規約：戦略枠組み，事業予算および平和維持予算，③成果および業績，④内部システムおよび管理，⑤監査任務および機能，⑥倫理[66]基準および統合であるとし，図2のような構造をとっているとしている。

国連憲章は，機構のアカウンタビリティーシステムの基礎である。それは，主要機関が発する決議および決定を通して事務局に権限を与えるための責任を担わせるように，機構の中心に加盟国を据えている。国連憲章第97条および第98条に基づき，機構的構造は，次の役割と責務の分配とともに明らかになる。つまり，加盟国は，指令，優先順位，目標として表明される権限の付与に責任を負い，事務総長は，これらの権限の履行および結果と使用した財産に関する報告の責任を負う。これらの責任を果たすため，事務総長は，機構の事業計画文書においてこれらの権限を反映する義務を負い，事業管理者および職員は，それに設定された成果達成目的のための作業計画を提出する義務を負う。このプロセスの間，事務局は，継続的な業績の監視，必要な場合には履行の調整，進行中の評価の実施，改善および習得のための評価結果の使用を行わなければならない[67]。

---

(64)　A/RES/64/259, para. 8.
(65)　A/64/640.
(66)　倫理と国際法に関して，See, Rosalyn Higgins, "Ethics and International Law," *Leiden Journal of International Law*, Vol. 23 (2010), pp. 277-289.
(67)　See, A/64/640 Annex I pp. 27-28.

◆第1部◆　非拘束的文書による保護活動の統合・調整

図2：国連事務局のアカウンタビリティー構造

出典：A/64/640, p. 7 より抜粋。PPR: Programme Performance Report, PAS: Performance Appraisal System

(2) 加盟国との規約：戦略枠組みおよび予算

　事務局のアカウンタビリティーシステムの中核的な構成要素は，戦略枠組み，事業予算および平和維持予算である。事務局のこれらの文書は，事務局の同意による加盟国との規約であり，利用可能な財源および加盟国から委任された一定の成果の達成を示すものである。現在，戦略枠組みは，機構の事業計画，予算，監視，評価の基礎となっている。第一部は，中核部であり，機構の将来の課題，国際共同体から活動要請のある世界情勢の見通し，機構および加盟国により集団的に対応されるべき長期目標，および優先事項に関する事務総長提案を表明している。第二部は，目的，期待される業績，達成の指標，戦略および各下部事業への委託を詳述している[68]。

(3) 成果および業績

　アカウンタビリティーシステムの第三の要素は，財政的な制限および機構の管理外にある危機要素による制約を想定しつつ，計画文書に掲げられた結果を確実

---

(68)　See, A/64/640 Annex I, p. 28-29.

◇第1章◇　国連人道問題調整事務所の機能と組織化

に達成する義務に由来する。それゆえ，事務局は，制定された細則，規則，政策および手続に従い，同意された目的および成果を達成する義務を負う。

制度上の業績には，事業業績報告および自己評価およびレッスンラーンドが含まれる。事務局は，事業実施報告の形態で，2年毎の期末に総会に対して制定された事業予算の目的に関連してその業績報告を行う。事業業績報告の内容および頻度は，事業計画に関する細則および規則，予算計画，履行監視および評価方法により定められる[69]。事業管理者は，目的，結果の達成に責任を負う。また，これらの事項に関して公正かつ正確な報告の責任を負う。事務局は，これらの成果を監視し，事業調整委員会を通して，達成された結果について加盟国に報告する[70]。報告・評価方法については脆弱で今後とも改善が必要な分野となっている[71]。

(4) 内部システムと管理

国連憲章第1条に規定されている目的達成において，職員は，細則，規則および政策を尊重し，過程および手続，つまり，機構の正当な機能を保証する一連の内部システムと管理に従う義務を負う。国連の規範の法的枠組み又は階層性は，国連憲章，職員細則および規則ならびに行政発布からなる[72]。

国連の機能確保のための機構システムとして，職員の選抜と契約，責務の分散，権限の委任分野に構築されたシステムが挙げられる。また，事務局の内部システムおよび管理機能における公平性の確保のためのシステムとして，オンブズマンおよび司法運営が挙げられる。司法運営に関しては，非司法的な紛争解決を行う非公式システムと国連紛争裁判所および国連控訴裁判所からなる公式システムがある。また関連部署として，職員法的支援事務所，司法運営事務所，運営局内にある運営評価団がある[73]。内部システムに関する規範は法的拘束力もあり，組織も確立しており，比較的組織化が進んでいるといえる。

---

(69) ST/SGB/2000/8.
(70) See, A/64/640 Annex I, pp. 31-32.
(71) See, A/RES/64/259.
(72) See, A/64/640, Annex I, p. 35.
(73) See, A/64/640, Annex I, pp. 37-44.

◆第1部◆　非拘束的文書による保護活動の統合・調整

(5) 監査機能

　監査機関は，遵守と統合の文化を促進し，不正な管理および腐敗を防ぐ重要な役割を有している[74]。

　アカウンタビリティーに関連する事務局における監査の役割と機能を担う組織として，会計監査院，合同監査団，内部監査部，独立会計諮問委員会がある[75]。システムの問題の同定および勧告の履行についての機能は，運営委員会が担っており[76]，監査機関の勧告の履行確保は，同委員会の中心的機能の1つとなっている[77]。

(6) 倫理基準と統合

　アカウンタビリティーシステムの枢要な要素は，倫理構成要素 ── 特に，国連職員の行動および態度の基準を設定するメカニズム，政策，原則および価値である。職員の行動および態度を管理する核となる価値および原則は，国連憲章，国際公務員の行動基準および職員細則および規則に掲げられているが，新たにシステムワイドな国連職員倫理綱領が開発され，総会第64会期に付託された[78]。倫理綱領は，公式な国連の責務および責任の履行のための基本的価値と適用可能な原則を明確に詳述する簡潔な声明である。加えて，国際公務員の地位にある職員のための指針原則を列挙する，行動綱領，国際公務員の行動基準がある。また，2006年に設立された倫理事務所は，基準，訓練および教育プログラムを開発し，利害対立のような倫理問題に関して，職員に対し極秘に助言および指導を行っている[79]。また，2007年に設立された国連倫理委員会[80]は，事務局および他の行政機関やプログラムの倫理基準および政策の統合を行っている。同委員会は，倫理事務所または倫理委員会議長によって提起された国連全体にかかわる重要な事例および問題を扱う[81]。

---

(74)　See, A/64/640, Annex I, p. 46.
(75)　See, A/64/640, Annex I, p. 47.
(76)　See, ST/SGB/2005/6, ST/SGB/2006/14.
(77)　See, A/64/640, Annex I, p. 48.
(78)　A/64/316, annex.
(79)　See, A/64/640, Annex I, p. 44-45.
(80)　See, ST/SGB/2005/21.

◇　第1章　◇　　国連人道問題調整事務所の機能と組織化

(7) OCHA の機能と位置づけ

　事務局の一部である OCHA は，上述のようなアカウンタビリティーシステムの中で活動を行っている。主として，オペレーションの成果と業績に関する統合・調整がその任務となるが，他の要素との関係は不可分のものであり，すべての活動は，このシステム内で機能することで正当性を確保することが求められる。

◇　3．多様な主体間関係の規律

　OCHA の主要な特徴として，多様な主体間の統合・調整があり，OCHA の内部組織の正当性確保のみならず対外関係の規律は，OCHA の活動の正当性確保に不可欠である。そこで，以下関係する主体別にその規律について概観する。

(1) 国際機関間関係の規律

　ILC の国際機構の責任第二読条文草案の 2 条(b)項で国際機構[82]の規則（rule of the organization）について次のように規定している。

「機構の規則」とは，特に，設立文書，設立文書に従って採択された決定，決議及びその他の行為並びに機構の確立した慣行をいう。

　この文言の大部分は，1986年の「国家と国際機構又は国際機構間の条約法に関するウィーン条約」の文言に基づいているが，「その他の行為」が追加されている。これは，国際機構が採択する多様な行為をより包括的に包含することを企図している。機構の規則は，第三者と国際機構が締結した合意および機構を拘束する司法又は仲裁の決定をも含むため，「特に」の文言が用いられている。行為の帰属の目的のために，決定，決議および機構の他の行為は，法的拘束力の有無にかかわらず，機構の設立文書に従い，内部組織（organ）[83]又は機関（agent）[84]に機能を与える限り関連する。(b)項の「機構の規則」の定義の重要な特徴は，慣行に重点が置かれていることである。定義は，一方で，設立文書に掲げられ形

---

(81)　See, A/64/640 Annex I, p. 46.
(82)　"international organization" の定義について，See, A/66/10, pp. 73-78.
(83)　"organ" の定義について，See, *ibid.*, pp. 73, 79.
(84)　"agent" の定義について，See, *ibid.*, pp. 79-80.

◆第 1 部◆　非拘束的文書による保護活動の統合・調整

式的に機構の構成員に受容された規則と，他方で，制度として発展するための機構の必要性の間のバランスを規定するようにみえる。機構の規則の定義は，ある国際機構に関連するすべての規則が，同一レベルにおかれていることを黙示するものではない。また，明示的に又は黙示的に，異なる種類の規則の間のヒエラルキーが存在する。例えば，国際機構によって採択された行為は，一般的に設立文書から逸脱することはできない[85]。

このように，今日の国際機構の傾向を踏まえた ILC の条文草案の定義と OCHA の機構的特徴を踏まえれば，事務局としての OCHA はその設立文書たる国連憲章，および OCHA の設立文書である総会決議46/182ならびに総会，安全保障理事会，経済社会理事会の決議，OCHA 内の諸規則，機関間の協定および合意文書さらに OCHA の慣行を確立するガイドライン等の諸文書等も OCHA の活動に関する国際機関間の関係を規律する規則として含まれると解される[86]。しかし，各国際機関の設立文書との関係で規則は階層性をもって適用される。

(2) 国との関係の規律

国際機構と加盟国については，一義的に設立文書，加えて機構の規則，一般国際法規則および機構と当事国を拘束する協定が適用される。国際機構と他の国際機構および非加盟国との関係については，一般国際法および当事者間を拘束する協定が適用される[87]。

OCHA が関連する緊急人道援助に関連して，ILC の「災害時の人の保護」に関する条文草案第一読第 5 条の「協力の責務」は，「本草案規定に従って，国家は，適切に，国家間及び国際連合並びに他の権限を有する国際機関，国際赤十字赤新月社連盟及び国際赤十字委員会並びに関連する非政府組織と協力しなければ

---

(85) See, *ibid.*, pp. 73, 78-80; 植木俊哉「国際組織の責任」村瀬＝鶴岡編・前掲注(34) 224-228頁参照。

(86) これまでの国際機構の規則に関する議論に関して，藤田久一『国連法』（東京大学出版会，1998年）216-220頁；横田洋三「国際機構が国際法に及ぼす影響」大沼保昭編『国際法，国際連合と日本』（弘文堂，1987年）77-121頁；山本草二「国際行政法」雄川一郎＝塩野宏＝園部逸夫編『現代行政法体系 1　現代行政法の課題』（有斐閣，1983年）329-364頁；中村道『国際機構法の研究』（東信堂，2009年）146-147頁参照；See, ILA Report, *op. cit.*, pp. 187-188.

(87) See, *ibid.*, pp. 188-189.

44

◇第1章◇　国連人道問題調整事務所の機能と組織化

ならない」と規定する。これは，国連憲章第1条第3項，第55条および第56条，社会権規約の第11条，第15条，第22条および第23条，総会決議46/182を踏まえた規定ぶりとなっている[88]。また，同条文草案第9条「被災国の役割」，第10条「援助を求める被災国の責務」，第11条「外部からの援助に対する被災国の同意」の規定およびコメンタリーからもわかるとおり，被災国は救援および援助の一義的役割を担っており，当事国の合意があることをもってして，外部の援助はなされ，国際機構からの要請に対する当事国の恣意的拒否は認められないこととの基準は，国際社会によって広く認められているところである[89]。

　一例として，我が国のハイチ地震に対する国際緊急援助隊（JDR）医療チームの例を挙げてみたい。2010年1月13日午前6時53分（現地時間12日午後4時53分）に発生したハイチ地震を受け，翌14日に調査チームが出発，15日，サント・ドミンゴから陸路でポルトープランスに入り，到着後，OSOCCを訪問，保健クラスターミーティングに参加した。市内で多くの医療支援団体が展開し始めているものの，地方展開がされていないことがわかったため，PKO司令部にて，スリランカ軍の連絡要員に接触し，レオガンのスリランカPKO部隊司令官に連絡をとり，護衛の便宜依頼をし，16日には，現地政府およびPKOとの調整を行い，活動拠点を決定している。医療チームは，16日に日本からマイアミに向かい，17日，たまたま自衛隊のC130が米国内で合同訓練を行っており，それを活用することとなったため，米軍のホームステッド空軍基地よりポルトープランスに向け出発した。この段階で米軍が空港のフライト管制を行っており，米軍と自衛隊の関係からこれが実現した。同日，活動拠点であるレオガンに入り，翌18日より診療を開始した。活動中，MINUSTAHのスリランカ軍およびハイチ地震に際し派遣されたカナダ軍が24時間体制で安全確保を行った。医療活動においては，米国のNGO合同チームおよび国境なき医師団（MSF）が活動展開しており，互いに補完・協力して診療にあたった。その後23日にJDR自衛隊部隊が到着し，医療チームは25日まで自衛隊と共同で診察を行い，26日に，サント・ドミンゴに向かい，27日，サント・ドミンゴからニューヨーク経由で帰国した[90]。

　日本は，災害に特化した二国間および多国間条約を締結していない。この一連

---

(88)　See, A/65/10, pp. 327-330.
(89)　See, A/66/10, pp. 261-270.

◆第1部◆　非拘束的文書による保護活動の統合・調整

の活動に関しては，在京大使館から要請を受けて外務大臣の派遣命令により，第一陣が出発している。スリランカ軍の支援に関しては，MINUSTAHのPKO司令部から口頭で了解を取り付けた。しかし，文書による依頼や了承は取り交わしていない。緊急対応は，現場において，ケースバイケースで迅速かつ柔軟な対応が求められ，専門性を有する人員派遣が必須であるが，活動の正当生成確保のための法制度が必要とされていることがわかる[91]。

協定等を新たに個別に交わす時間的猶予がない場合は，文書による合意の確認なく当事国の活動を開始するため，なおのこと人道分野におけるアカウンタビリティーが重要であり，モデル協定のような条約のみならず，ガイドラインの策定および周知徹底等が求められているところである。

(3) NGOとの関係の規律

ILAの国際機構のアカウンタビリティーに関する最終報告書では，NGOは，国際機構が実効的に機能することにおいて，および作為又は不作為に関する説明責任を果たす過程において，頻繁に，活気づける役割を担っているとし，国際機構の主要機関の協議資格，国際機構の広報部の連携資格，国際機構の国際会議出席の許可といった，様々な公式化されたメカニズムが存在していることを指摘し，国際機構は，NGOの認可に関する基準および手続を確立すべきであり，市民社会のアクターの従事は，よりいっそうの統一性，一貫性，予測可能性を反映した手続および政策に基づくべきであるとしている。また，配分された又は共同のアカウンタビリティーの問題は，NGOが開発又は人道援助の分野で国際機構の各機関の実施パートナーとして活動する場合に生じるとしている[92]。

国連は，NGOのような非国家主体をどのように法的に位置づけているのかを確認しておこう。国連憲章第71条では，「経済社会理事会は，その権限内にある

---

(90) 国際協力機構国際緊急援助隊事務局『ハイチ共和国における地震に対する国際緊急援助隊医療チーム活動報告書』(2011年) 参照。

(91) 2012年2月28日，国際協力機構国際緊急援助隊事務局大友仁氏に，様々な情報提供をいただいた。記して感謝申し上げる。酒井啓亘「ハイチにおける国連平和維持活動と日本——国連ハイチ安定化ミッション (MINUSTAH) への参加問題」『法学論叢』170巻4・5・6号〔初宿・位田教授退職記念号〕(2012年) 297-333頁参照。

(92) See, ILA Report, *op. cit.*, pp. 184-185.

◇第1章◇　国連人道問題調整事務所の機能と組織化

事項に関係のある民間団体と協議するために，適当な取極を行うことができる。この取極は，国際団体との間に，また，適当な場合には，関係ある国際連合加盟国と協議した後に国内団体との間に行うことができる」と規定している。この規定の履行は，経社理決議1996/31に沿って行われており，当該決議の履行およびNGOと国連の発展的関係の監視全般の責任は，NGOに関する国連委員会が担っている[93]。NGOの協議への参加権として，声明文の提出，会議内での発言，国連の国際会議の出席などがあり，報告の義務がある[94]。経社理決議1996/31では，NGOとの協議関係を有する機関について，「委員会および他の補助機関」との言及があり，総会の要請に基づき設立された経済社会理事会の各種委員会等全般をさしている[95]。同決議では，協議関係にあるすべての機関は，相互の利益又は関心事について，事務局の適当な部局職員と協議できるようにするとし，この協議はNGO又は事務総長の要請のもとになされる[96]としている。また，NGOとの協議取極の発効要件として，①経済社会理事会およびその補助機関の権限内の問題に携わっていること，②国連憲章の精神，目的および原則に合致する目的を有していること，③国連の活動を支援し，その原則および活動の知識を促進すること，④権限内の特定分野において顕著な功績があり，代表的性格を有していること，⑤本部と執行役員を有していること，⑥民主的に採択された設立文書を有していること，⑦授権された代表を通して構成員を代表する権限を有していること，⑧代議構造と構成員に対するアカウンタビリティーの適切なメカニズムを有していること，⑨主要な基本的資源は，国内の関係団体又は他の構成員又は個人会員の貢献から導き出されることなどを要請している[97]。

しかし，国連すべての機関が，共通の取極の基準や手続を有しているわけではない。国連機関とNGOとの関係は，各国連機関における契約が基本であり，契約時に各国連機関の作成したガイドライン等の遵守を確認することになっている。

例えば，UNHCRの場合，インプリメンティングパートナー[98]NGOの適格要件として次の4点を挙げている。①本部所在地および（又は）オペレーション先

---

[93] See, ECOSOC resolution 1996/31 Part IX.
[94] See, *ibid.*, Part IV, V, VII, IX, A/54/329.
[95] See, *ibid.*, Part V.
[96] See, *ibid.*, Part X, XI.
[97] See, *ibid.*, Part I, II.

◆第1部◆　非拘束的文書による保護活動の統合・調整

の国において，法律に従い登録がなされていること，②インプリメンテーション先の国に銀行口座を開設する権限を有し，UNHCR に関する支出のための別口座および（又は）会計記録を保持する能力を有すること，③公式年次会計財務諸表を通じて財政的信頼性を証明できること，④事業実施に関する UNHCR の規則および手続を厳守し，UNHCR の政策に従い，活動を行う国の法および政策の遵守に同意すること[99]。NGO が UNHCR のオペレーショナルパートナーとして活動する場合，オペレーショナルパートナーシップ枠組み協定[100]に従い契約を行う。加えて，UNHCR の行動綱領[101]に掲げられている中核的価値および指針原則を支持すること，および「難民および他の援助対象者へのすべての搾取および虐待を防止し，それらに対し反対し，闘う」ことが求められる。IASC によって策定されたこうした原則は，他の機関の行動綱領や事務総長告示（Bulletin）[102]にも反映されている基本的なものである[103]。

　OCHA のオペレーション統合・調整の場合，OCHA が NGO との関係の規律に直接関与するのではなく，各国連機関の管理下にゆだねられる間接的な形態となる。IASC については，前述のとおり，NGO に対し，IASC の政策決定や規範の策定に参加する権利や責務を与えている。

　NGO と国際法については，近年多くの研究がなされているが，デュプイは，NGO について，法的に存在しないか，又は，仮に存在しても大変狭義に限定されたものであるが，事実上，NGO は，特に，国際制度の機能化および NGO 内で創設された規範の履行において，多くを成している。しかし，法律家としてみた場合，NGO は，少なくとも，規範の制定およびそれらの履行および適用の管理についての専門家に留まる[104]と述べている。国連の人道分野は，NGO との

---

(98)　オペレーショナルパートナーは，UNHCR と活動をともにする政府，政府間機関および NGO ならびに国連機関を指し，インプリメンティングパートナーは，インプリメンティング協定に署名し，UNHCR から資金を受領しているオペレーショナルパートナーを指す。See, UNHCR, "Partnership: An Operations Management Handbook for UNHCR's Partners" (2003), p. 30.
(99)　See, *ibid.*, p. 31.
(100)　See, *ibid.*, Appendix A1.
(101)　See, *ibid.*, Appendix A2.
(102)　例えば，性的搾取および虐待に関して，See, S/SGB/2003/13.
(103)　See, UNHCR *op. cit.*, Appendix A.

◇第1章◇　国連人道問題調整事務所の機能と組織化

連携なしには成り立たないといっていいほどの影響力を NGO は有しており，NGO との関係の規律の明確化が今後も課題となるであろう。

(4) 私人との関係の規律

　一義的に被災者の保護および援助にあたるのは，国家である。OCHA の活動は，当事国の補完的機能しか有していない。また，諸活動が個人の権利実現のための人道問題解決に向け行われているものの，被災者と直接に法的文書を交わし権利義務関係にあるわけではない。OCHA の権限は，人道問題に対処する諸活動の強化と調整の行政事務であるので，OCHA のアカウンタビリティーに関する適用法規範は，関連する国際機関・国家および NGO などを対象としている。

　しかしながら，最終目的は，個人の人権の実現，とりわけ，OCHA が対象とするのは生命維持の根幹にかかわる生命権の確保であり，様々な適用法規範はそのために策定される。そして，OCHA の活動評価も，どれだけ生命権の確保を実現できたかが重要な点となる。また，政策立案も"needs-based approach"が重視され，どれだけ被災者のニーズを把握し，計画に反映できるかが重要となる。政策実施過程においても，先にみたガイドライン，行動綱領，マニュアル等に被災者のニーズにこたえるべく様々な項目が織り込まれている。それら1つ1つの根拠として，現場で把握できた被災者のニーズのみならず，すでに条約化され，あるいは慣習法化されている人権法・人道法・難民法の規定やその解釈基準等が援用されている。

　ガイドライン等の規範的文書の数が膨大で現場でいかされておらず，また評価の実効性も乏しいことから批判的見方もあるが，ボトムアップ型の"needs based approach"を強化し，共通の基本的現業および行政計画文書を開発すべきという意見もある[105]。しかし，人道問題をかかえる国家の状況と現業活動は1つとして同じではなく，援助の定式化は困難さを伴うため，ゆるやかな形式で取

---

(104)　See, Pierre-Marie Dupuy, "Conclusion: Return on the Legal Status of NGO and on the Methodological Problems which Arise for Legal Scholarship," Pierre-Marie Dupuy, Luisa Vierucci eds., *NGO in International Law: Efficiency in Flexibility?* (Edward Elgar, 2008) pp. 214-215; 柴田明穂「国際法制度における NGO の機能と現実」『ジュリスト』1229号（2005年）9-15頁参照。

(105)　See, Tadanori Inomata, *op. cit.*, pp. 135-159.

◆第1部◆　非拘束的文書による保護活動の統合・調整

り組まれているというのが現状であろう。

　そうした中，領域国が人権保護の意思・能力を欠き，国際機関が補完的に保護活動に当たる場合，影響を受ける人々（Affected People/Population 以下，APと略す）に対するアカウンタビリティーシステムの構築が模索され始めた。開発分野においても，様々なアカウンタビリティーシステムが導入されており，ここでは，先例である世界銀行のインスペクションパネルを概観したあと，IASCの取組みの現状を紹介し，その特徴と課題を論ずる。

　インスペクションパネル創設の発端は，世界銀行の融資によるプロジェクトが生活，文化，自然破壊等につながるとする地域住民およびNGO等の反対運動であった。独立調査委員会および内部評価を受けて，1993年インスペクションパネル創設の決議が採択され，1994年から活動を開始した。インスペクションパネルは，3人の独立した専門家によって構成される。任務は，世界銀行の政策等の不遵守がプロジェクトによる被害又はそのおそれにつながっているという申立を調査することである。対象となる政策は，非自発的移住，環境アセスメント，自然生息地，先住民族等で，国際人権法や環境法といった国際法から着想を得たガイドライン等の規範を根拠としている。手続は，適格性審査と調査の2段階にわかれる。パネルは申立の受理可能性を審査し，受理可能な場合，世界銀行事務局と理事会に通知する。事務局が21日以内に申立内容につきパネルに返答した後に，パネルが適格審査を行う。パネルは21日以内に調査をすべきか否かを理事会に勧告し，理事会が調査の可否を決定する。調査段階では，パネルの報告と事務局からの返答を考慮し，最終的な決定を行う。この制度は，国家のみならず，私人が国家の帰属にかかわりなく直接国際機関の制度の主体となることを可能にするという，国際法規範の変容を示している[106]との見解があり注目されている。

　では，次にIASCの取組みをみてみよう。APに対するアカウンタビリティーに関する作業部会は，スフィア最低基準およびHAP2010などを参照し，多様な主体との協働作業を通じて活動枠組み草案を編集した。この枠組みの補完として，

---

(106) See, Ellen Hey, "The World Bank Inspection Panel and the Development of International Law," Nerina Boschiero, Tullio Scovazzi, Cesare Pitea and Chists Ragni eds., *International Courts and the Development of International Law* (Springer, 2013), pp. 727-738.

◇第1章◇　国連人道問題調整事務所の機能と組織化

　IASC の各機関の代表は，2011年12月にアカウンタビリティーコミットメントを承認した。当該文書は，AP に対するアカウンタビリティーの広範な教義についての共通の理解の確立を目的とし，政策，指針文書および実行への統合を意図しており，リーダーシップ／ガバナンス，透明性，フィードバック・不服申立，参加，立案・監視・評価の5つのコミットメントを掲げ，オペレーショナルフレームワークを提示している。

　さらに，IASC は，2012年7月に AP に対するアカウンタビリティーに関するタスクフォース（AAP）を創設した。AAP の目的は，AP に対するアカウンタビリティーコミットメントの履行を進め，活動枠組みをさらに発展させ発信することである。その後，2014年1月に AAP と性的搾取および虐待の防止（PSEA）タスクフォースの2つのタスクチームは1つのチームに改組され，性的搾取および虐待からの保護を含む AP に対するアカウンタビリティーに関する IASC タスクチーム（AAP/PSEA）となった。その理由として，人道要員による AP の性的搾取および虐待は，人道活動の対象者に対するアカウンタビリティーの最も基本的な失敗の1つであり，いったん人道要員による性的搾取および虐待が起こると，すべての人道機関および要員の信望が危うくなるためである。IASC の各機関の代表は，人道要員による性的搾取および虐待の防止および対応が，機関内および現場での集団的活動全体の最優先事項であることに合意している。2003年に事務総長ブリテン「性的搾取および性的虐待からの保護に関する特別措置（ST/SGB/2003/13）」が発布され，女性の保護やジェンダーに関連する多くのガイドライン等が制定され規範的発展をみたものの，実効的な履行確保の措置の発展が課題であった。この新たな対応は，ジェンダーアプローチを体系的に採用し，すべてのコミュニティのダイバーシティと多様なニーズを認め，適切に対応することを確保すると考えられたのである。こうした改革の背景には，安全保障理事会における「女性・平和・安全保障」の議論，女性に関する規範の発展，ジェンダーの主流化など，国際社会のジェンダー問題への取組みの進展がある。

　AAP/PSEA は，UNHCR とアクションエイドインターナショナルが共同議長となっており，すべての人道機関が参加できるようになっている。全体会合は2か月に1度開催され，意思決定はコンセンサス方式を基本としている。任務は，①エチオピア，ハイチおよびコンゴ民主共和国におけるコミュニティベースの機関間不服申立メカニズムの導入，② AAP/PSEA の制度化に向けた体系的機関間

モデルを開発するための人道カントリーチームへの支援および協働，③確実にAAP/PSEAを各政策において具体化すること，④AAPアジェンダの進展にドナーがその役割を発揮できるようにすること，⑤すべての人道支援従事者がAAP/PSEAに関する役割と責任を認識するためのより広範なコミュニケーション戦略の開発，活動分野を超えたAAP/PSEAのグッドプラクティスの構築および補完のためのセクター全体の知識管理資源の確立[107]である。

APに対するアカウンタビリティーに関する制度化は，緒に就いたばかりで，世界銀行のインスペクションパネルのような制度的発展にはいまだいたっていない。世界銀行の場合は，あくまで世界銀行の任務を対象としているが，IASCは多様な主体の共通のシステムを模索しており，権限範囲の異なる機関間の調整が問題となろう。また，世界銀行がとりくむ問題は，集団で声をあげることや客観的事実の立証・調査も可能である。しかし，性的搾取および虐待といった問題は，センシティブで，問題の顕在化や立証・調査が難しく，課題が多いと思われる。ただ，法の支配の促進と人権侵害を受けた人々の救済のための改革の一つといえよう。

◆V　おわりに

上述のOCHAの機能と組織化から，「グローバル行政法」や「立憲主義」といった理論を想起しうるかもしれない。

「グローバル行政法」の概念とは，グローバルガバナンスの拡大に伴い，多くの行政および規範的機能が，今日，グローバルになされており，国際機構の拘束力のある決定から，機関ネットワークにおける拘束力のない合意およびグローバルレジームの文脈における国内行政活動の範囲でなされる多くの異なる形態をとおして行われる現象を射程としたものである[108]。

「立憲主義」は，多様な概念で，多くの点につき様々な議論がなされている。

---

(107) See, http://www.humanitarianinfo.org/iasc/pageloader.aspx?page=content-subsidi-common-default&sb=90 as of 12 Nov 2014 ; Accountability to Affected Populations, Including Protection from Sexual Exploitation and Abuse Task Team, "Terms of Reference" (2014).

◇第 1 章◇　国連人道問題調整事務所の機能と組織化

その特徴として,国際社会の制度的分権化への懸念から,世界共同体としての普遍的価値に基づく制度的階層性を示す国際法秩序および国際機構の改正を射程としていると解される。強行規範,人権規範,EU 法などがその例として取り上げられ,国家のみならず非国家主体も対象とする見解がある[109]。

デュプイは,グローバル行政法の危険性について,様々な方法論的困難さなど[110]を指摘している。また,コスケニエミは,「ガバナンス」や「管理主義（managerialism）」といった政治的言説を国際法に持ち込むことにも批判的見解を示している[111]。さらに,コスケニエミは,国際社会では,国内における立憲主義とは同じではないとみており[112],国際法の伝統は,特定の利益又は熱望から独立した,普遍的共同体の規制的理念としておそらく最高の論述体として作用している[113]とも述べている。

OCHA の例は,国連憲章の目的と個人の権利実現を掲げ,人道問題に関連する諸活動の統合化を目指し,行政機関としてアカウンタビリティーを確保する制度構築が試みられているものの,世界政府を志向する行政管理システムが確立したといえるような制度でもない。むしろ,普遍的に受け入れられている国連憲章や人権法などの従来の国際法と国際機構の枠組みに基づき,今日の人道問題に対処しうる国連活動調整の新たな実行と規範生成および履行過程の模索の途上にあ

---

(108) See, Nico Krisch and Benedict Kingsbury, "Introduction: Global Governance and Global Administrative Law in the International Legal Order," *EJIL*, Vol. 17, no. 1 (2006) pp. 1-15; Benedict Kingsbury, Nico Krisch, Richard B. Stewart & Jonathan B. Wiener, "Foreword: Global Governance as Adominstration – National and Transnational Approaches to Global Administrative Law," *Law and Contemporary Problems*, Vol. 68, no. 3 & 4 (2005) pp. 1-13.
(109) See, Ronald St. John Macdonald and Douglas M. Johnston eds., *Towards World Constitutionalism*, (Martinus Nijhoff Publishers, 2005); Erika de wet, "The Emergence of International and Regional Value Systems as a Manifestation of the Emerging International Constitutional Order," *Leiden Journal of International Law*, Vol. 19, no. 3 (2006) pp. 611-632.
(110) See, Dupuy, *op. cit.*, pp. 358-361.
(111) See, Marti Koskenniiemi *The Politics of International Law* (Hart, 2011) pp. 358-361.
(112) See, *ibid.*, pp. 345-350.
(113) See, *ibid.*, p. 361.

◆第1部◆　非拘束的文書による保護活動の統合・調整

るととらえることができる。藤田久一教授は，「21世紀に国連の目指すものは，主権国家制度を廃止して，世界国家を樹立するのではなく，国家の主権平等を認めつつ，非国家アクターにある程度立法や司法の権力を行使しあるいはそれに参加しうるような国際機構となることである(114)」と述べている。

　OCHA は，事務局の権限強化に伴い，現代国際社会の人道問題に対応すべく権限を強化してきた。権限分散化による活動の実効性，規範的文書の過剰な採択，政策立案・実施・監視・評価の一連のプロジェクト運営，規範遵守監督システムの欠如等に対する批判も多く，また事務局自体がどこまで権限の強化が行えるかについても検討の余地がある。しかしながら，これらの動向の中に，国連が，今日の人道問題に対応しうる国際機構へと変革する可能性も見いだされる。

　OCHA の特徴として，第一に，国連の人道任務遂行にあたり NGO を含む多様な主体との協働をグローバル・ナショナル・ローカルレベルで図っている点があげられる。第二に，国連憲章の目的および個人の権利の実現に向けた統合化の現象が顕著である点があげられる。もはや一国家のみでは対応できない人道問題に対する諸活動において，その補完としての OCHA の統合・調整が必要とされている。第三に，国際法を基盤とする法規範群により，統合・調整機能の正当性確保を図っている点があげられる。それぞれの設立文書上の権限を尊重しつつ，国家以外の当事者にも，条約や慣習法といった法的拘束力のある規範が形態をかえて，相互に浸透させる作用のあるゆるやかな規範での協働がみられる。特定地域機関や特定分野に限定した事例ではなく，事務局が，こうした新しい動きを積み上げてきていることは，注目すべき現象である。藤田教授は，国連改革について，主要機関の中で事務局の構造改革から最大の成果が得られると述べ，その理由として，憲章改正を経ず，多くの変更は事務総長権限で出来ること，改革が必要な多くの重要分野で，国連活動に直接のインパクトを与えるものは事務局内にあることを挙げている。こうした改革は，国連システムの根本的変更を要求しているのではなく，現行の国連法の実現を一層求めているものだとする(115)。OCHA の例にみられるような機構上の発展は，現代国際社会の組織化(116)の一側面を示

---

(114)　藤田久一「国際連合と民主主義──21世紀の世界機構の条件」安藤仁介＝中村道＝位田隆一編『21世紀の国際機構：課題と展望』（東信堂，2004年）33頁参照。
(115)　藤田・前掲注(86)411-415頁参照。

54

◇第1章◇　国連人道問題調整事務所の機能と組織化

しているもののいまだ脆弱である。紛争や複合災害時にPKO，平和構築支援とともに行われる人道活動の統合が，いかに客観性・人道性・中立性・公平性・独立性を実効的に確保するかについても課題が多い。

　OCHAの機能は，既存の国際法および国連システムに立脚しつつ，多様な主体による諸活動の「質」の向上の追求の一形態といえる[117]。OCHAの取組みが，人道分野の組織化の発展につながり，ひいては，被災者の人権保護の促進につながっていくのか，今後の動向に注目していきたい。

---

(116)　中村・前掲注(86)139-147頁参照。
(117)　国際法の統合論と「質」の問題について，藤田久一「国際法から「世界法」への架橋？——フラグメンテーションと統合の問題性」『世界法年報』28号（2009年）129-151頁参照。

第2章
国連難民高等弁務官事務所の国際的保護機能の変容

◆ Ⅰ　はじめに

　国連難民高等弁務官事務所（以下，UNHCR）の創設から60年余りが経過した。設立当初，UNHCRの活動は，国連避難民機関（IRO）の活動を引継ぎ，1951年以前に生じた難民問題の解決を図るため，任期3年の期限つきであった。その後，難民問題の世界的な広まり，長期化を受けてその期限は延長され続け，総会決議58/153で任期の制限解除が決定された。また，UNHCRの機能は，UNHCR規程第1条にあるように，国際的保護と難民問題の恒久的解決であるが，時代の移り変わりに伴う国際社会の情勢変化に対応し，その内実は変容を遂げてきた。

　本章では，UNHCRの国際的保護機能に着目し，その正当性を確保する根拠となる権限および法規範の変容を考察する。以下，第2節では，UNHCRの権限を概観し，国連システムの中でUNHCRがどのように位置づけられて国際的保護機能を担っているのかを明らかにする。第3節では難民法，第4節では人権法をとりあげ，2つの法体系の発展とUNHCRの国際的保護機能との関係性を考察し，最後に今後の課題と展望を示すこととする。

◆ Ⅱ　UNHCRの権限

◇ 1．UNHCR規程

　1950年12月14日に採択された国連総会決議428（Ⅴ）付属書が，UNHCR規程であり，1951年1月1日よりUNHCRは活動を開始した。UNHCRの職務，組織等は，UNHCR規程に根拠を置く。

　UNHCRの機能は，先にふれたとおり，国際的保護と難民問題の恒久的解決であり，完全に非政治的な性格を有すると規定されている。また，1949年の難民および無国籍者に関する事務総長報告において，国際的保護は政府によってなされ

◆第1部◆　非拘束的文書による保護活動の統合・調整

る保護の補完であり，本質的に，国籍国又は以前の常居所政府の保護を受けない難民が，特定の地位から起こる法的社会的無能力を被らないことを保証するための国際的役務の一部に関する活動[1]と述べられている。

　UNHCR規程第6条Aで定められるUNHCRの人的管轄権は，1951年難民条約第1条Aに規定される者と類似しているが，UNHCR規程では，1951年難民条約第1条Bに規定されている地理的条件は付されていない。

　また，UNHCR規程第8条で，保護機能として，①条約締結および批准の促進，条約適用の監督改正の提案，②政府との特別協定による措置の促進，③自発的帰還，定住，再定住のための援助，④難民の入国の促進，⑤難民の資産移転の促進，⑥難民に関する情報の入手，⑦政府，政府間機関，民間団体との連携等を掲げている。

　冷戦対立の中，難民問題の解決方法に関する各国の議論を経て，UNHCR規程第1条では，国際的保護機能と恒久的解決機能は併記されているものの，同規程第8条の国際的保護機能は，先にふれた事務総長報告における法的保護の特定機能にみられるように，恒久的解決に向けた援助も含まれる形となっている[2]。

◇2．難民保護に関する条約との関係

　1951年難民条約第35条では，UNHCRの条約適用監督の責務遂行に際し，締約国が便宜を与え，難民の状態，条約の実施状況，難民に関する法令等の情報を提供することを規定しており，UNHCRは，条約の適用監督を通じて当該条約の実効性を確保する責務を担っている。

　また，UNHCR規程第8条(a)に従って，UNHCRは1951年難民条約のみならず，難民問題に関連する条約締結の推進，適用監督，改正の提案を行っている。

　1957年船員たる難民に関する協定は，UNHCRが推進した最初の難民保護に関する国際協定である。また，1951年難民条約を普遍的に適用できるよう改正すべくUNHCRは積極的に起草に関わり，1967年議定書第2条では，1951年難民条約第35条と同様の当該議定書の適用監督等の規定が盛り込まれている[3]。

　難民問題と関連して，1954年無国籍者の地位に関する条約では，第1条2（ⅰ）

---

(1)　See, A/C.3/527, pp. 10-11.
(2)　See, Y.U.N.1948-49, pp. 584-599; Y.U.N.1950 pp. 580-588.

◇第 2 章◇　国連難民高等弁務官事務所の国際的保護機能の変容

の規定からもわかるように，UNHCR が無国籍者の保護又は援助の任務を負っている。第 2 次世界大戦直後まで難民問題と無国籍問題は区別なく取り組まれたが，冷戦期に入り難民が政治的要因から国際社会において注目されたのに対し，無国籍問題が重視されなかったため条約の起草も別に扱われた。しかし，保護の必要性の観点から重要な問題であり，UNHCR がその任にあたっている。また，1961年無国籍の削減に関する条約の起草にあたっては，UNHCR 主席法律顧問のポール・ウェイスが国際法委員会（ILC）の特別報告者として貢献した[4]。今日，1951年難民条約および1967年議定書は，国際的難民保護の基礎として認識されており，1954年無国籍者の地位に関する条約および1961年無国籍の削減に関する条約も併せ，各国によるこれらの条約遵守に向けた UNHCR の貢献の重要性については，総会決議においても確認されている[5]。

また，難民問題に関する地域的取極の制定に関しても，UNHCR は貢献している。アフリカにおいては，1969年アフリカ難民条約の起草過程に UNHCR も関わり，当該条約の前文11および第 8 条 1 項において UNHCR との協力が掲げられ，第 8 条第 2 項では，当該条約が1951年難民条約をアフリカにおいて実効的に補完する地域的条約であると規定されている。中米においては，法的拘束力はないが同地域における難民問題の主要文書として採択されている，1984年難民に関するカルタヘナ宣言の起草においても UNHCR は支援を行った。ヨーロッパにおいては，正式な形で条約や指令の起草過程に，UNHCR は参画していないが，間接的な形での助言やコメントの提出等を行っている[6]。

条約の適用監督に関する UNHCR の任務として，第一に，各国の，難民の待遇に関する法令，政策等を監督し，入手した情報から法規範の遵守状況の分析を行い，問題がある国家に助言を行うことが挙げられる。さらに，各国の難民認定手続への関与が挙げられる。しかし，これは各国の認定に関する国内法，行政シ

---

(3) See, Corinne Lewis, *UNHCR and International Refuges Law* (Routledge, 2012), pp. 25-29.

(4) See, P. Weis, *Nationality and Statelessness in International Law* (Hyperion Press, Inc., 1979), pp. 165-172; "The United Nations Convention on the Reduction of Statelessness 1961," *ICLQ*, Vol. 11 (1962), pp. 1073-1096.

(5) See, A/RES/67/149.

(6) See, Corinne Lewis, *op. cit*, pp. 33-37.

ステム等によりその方法は一律ではない。難民保護の活動の蓄積をふまえ，グローバルコンサルテーションにおいてまとめられたUNHCRの監督責任に関する結論の中では，上述の点に加えて，準司法制度又は裁判所への意見書の付託や，法又は行政で認められた形での庇護申請者および難民との接見が挙げられている[7]。しかしながら，難民保護の一義的な責務は国家にあり，UNHCRの適用監督はあくまでそれを補完するものであることにはかわりはない。

◇ 3．総会決議により付与される権限

　UNHCRは，総会の下部機関であり，総会の権限の下で行動する。UNHCR規程第3条では，「高等弁務官は，総会及び経済社会理事会により与えられた政策指示に従う」と規定し，同規程第9条では，「高等弁務官は，総会が決定する帰還及び定住を含む追加的活動に，裁量下の財源内で従事する」と規定している。UNHCRの国際的保護機能は，設立文書たるUNHCR規程に加えて総会で採択された様々な決議において決定される。現に，UNHCR設立60年余りの間，総会決議によりUNHCR規程制定当時に想定しえなかった人道問題に対応するため，その機能は大きな変容を遂げてきた。その特徴として，ここでは4点指摘しておこう。

　1点目は，総会決議に基づく周旋活動である。周旋活動の最初の例は，1957年の総会決議1167(XII)に基づく香港における難民に対する帰還，定住，第三国定住および物資援助活動である。その後1959年総会決議決議1388(XIV)で，香港の問題に限定せず，周旋活動により，権限外の者に対しても，法的地位を問うことなく人道的な国際社会の関心事であれば，難民問題解決のための活動を行うようになった[8]。2点目は，「一応の（prima facie）」適格である。アフリカでの非植民地化運動の過程で生じた大規模な難民の問題への新たな対応が迫られた際，UNHCR規程に明示された「旧」難民と「新」難民を区別することなく客観的状況判断による「一応の（prima facie）」適格決定が採用された。これが前述の1969

---

(7) See, "Summary Conclusions: Supervisory Resposibility," Erika Feller, Volker Türk and Frances Nicholson eds, *Refugee Protection in International Law: UNHCR's Global Consultations on International Protection* (Cambridge University Press, 2003), pp. 668-669.

(8) 川村真理『難民の国際的保護』（現代人文社，2003年）17頁参照。

◇第 2 章◇　国連難民高等弁務官事務所の国際的保護機能の変容

年アフリカ難民条約につながった。また，紛争等による大規模難民流出に対処するため，個人審査による難民認定を行わず，特定事件に関連する人々を一括して難民と認定し保護を行うこと，および条約難民ではないが保護を必要とする人に対し，一定の基準を制定し，基本的権利(9)の保護にあたる権限などが総会決議により付与されるようになった(10)。3 点目は，難民と避難民を区別しない包括的な人道対応である。1970 年代に入り，インドにおける東パキスタン難民への援助調整の問題から端を発し，政治的難民，飢餓や台風によって自国を離れた避難民を区別することなく，UNHCR が人道的任務を行うことが決定された(11)。また，1975 年の総会決議 3454(XXX)以降に，UNHCR 援助対象者に関する人権への言及が顕著となっていくとともに，アガ・カーンが述べるように，総会決議 3454(XXX)は，初期の国連活動の特徴であった権限の包括的性格の再構成を試みており(12)，包括的な人道任務を国際的保護の手法とした活動が展開されることとなる。これは，総会決議という形態での普遍的国際社会の意思が UNHCR の国際的保護権限の淵源であり，機能変容の根拠とされる顕著な例である。1980 年代に入ると，UNHCR が難民と避難民両方の保護および援助に関する権限があることを総会決議において明示している(13)。また，インドシナ難民問題が顕著な事例として取り上げられる自発的帰還を主軸する包括的な解決志向のアプローチが，1980 年代後半からとられるようになった(14)。4 点目は，国内避難民への対応である。冷戦終結後以降，国内避難民への対応の議論が活発化したが，今日の国連システムにおいて国内避難民問題について一元的に権限を有する機関は存在しない。そのため，各機関の協力および調整の重要性が認識されるようになり，関連する総会決議によって UNHCR に国内避難民の保護および援助に従事する権限が付与されるようになった(15)。

---

(9)　See, A/RES/37/195.
(10)　川村・前掲注(8)16-21 頁参照。
(11)　See, GA Res 2790(XXXVI), 3454(XXX), E/SR.2027, para. 5.
(12)　See, Sadruddin Aga Khan, "Legal Problem Relating to Refugees and Displaced Persons," *Recueil des Cours*, Vol.I-1976, pp. 287-352.
(13)　See, A/RES/36/125.
(14)　川村・前掲注(8)21-28 頁参照。
(15)　同上，124-125 頁参照；See, A/RES/48/116.

◆第 1 部◆　非拘束的文書による保護活動の統合・調整

　総会決議によって付与された権限に基づき，今日の UNHCR の援助対象者は，1951難民条約上の難民以外に，紛争等による避難民，帰還民，国内避難民へと範囲が拡大した。また，国際保護機能として，人権概念を軸とした緊急対応から開発援助につながる人道活動が顕著となっている。

◇ 4．国連システムにおける UNHCR の位置づけ

　UNHCR は，総会の下部機関であり，国連機関の 1 つとして，国連憲章第 1 条第 3 項，第55条および第56条の下で，安定と福祉の条件の創造のために掲げられた目的を促進するための役割を担っている。その上で，UNHCR 規程第 1 条にあるように「総会の権限に基づいて行動する」機関であり，「国際連合の支援の下に」国際的保護と難民問題の恒久的解決を図る任務を負う。国連では，冷戦終結後，緊急人道援助調整の強化および機関間調整が大きな問題となった。総会決議46/182は，人道的活動へのより一貫し，統合されたアプローチの必要性を認め，緊急援助調整官（ERC），機関間常設委員会（IASC），統合的アピールプロセス（CAP），現在の中央緊急対応基金の前身に当たる中央緊急回転基金（CERF）等の新たな制度の導入を決定し，事務局内に現在の人道問題調整事務所（OCHA）の前身である人道問題局（DHA）を設立した。総会決議48/57において，IASC は，機関間調整の一義的メカニズムとしての任務を果たすべきであるとし，国連システム全体の人道政策の開発，人道活動に関する共通の規範となるガイドライン，行動綱領，マニュアル等の合意文書の作成，履行監視等を行っている。1997年，当時の事務総長コフィ・アナンは，「国連を刷新する―改革の計画」の中で，目的の統一性，活動の一貫性および国際社会の緊急ニーズへの対応力改善に向けた国連改革をめざし，国連事務局の指導能力強化のための制度改革を行った。2000年に設定されたミレニアム開発目標の 1 つにおいて「開発のためのグローバル・パートナーシップ」が掲げられ，国連の目的の達成に向けた多様な主体との協力関係が重視されることとなり，その後の国連改革においても共通目的達成のための統合が意識されるようになった。その 1 つが "Delivering as one[16]" である。2005年の事務総長報告「国連の緊急人道支援調整の強化[17]」を受けて，総会決

---

(16)　See, A/61/583; A/51/950.
(17)　A/60/87-E/2005/78.

◇第 2 章◇　国連難民高等弁務官事務所の国際的保護機能の変容

議60/124で,すべてのレベルでの人道対応能力強化,フィールドレベルでの人道援助調整強化,透明性,業績およびアカウンタビリティー向上による,自然災害,人為災害および複合緊急事態への人道対応の改善を国連システムの関連機関に要請した。また,総会決議60/125で,OCHA が国連システム全体のフォーカルポイントとしての役割を担うよう対応強化が図られることとなった。こうした流れを受け人道支援分野においては,クラスターアプローチが導入され,UNHCR は保護クラスターのリードエージェンシーとなった(18)。総会決議67/149において「UNHCR が,他の関連国連機関および他の関連国際機関ならびに人道・開発主体とともに,国連事務局の OCHA との協働を通じて,人道対応の調整,実効性および効率性の強化,および国家との協議を通じ,適当な場合に,国連の緊急人道援助調整強化に関する総会決議66/119の中で,他の重要事項とともに言及されているような,共通の人道ニーズアセスメントに向けたさらなる進展のため貢献することを奨励する(19)」との言及がある。このように,UNHCR は,国連事務局の一部局である OCHA および IASC が主導し統合・調整を志向する人道政策の中で自らの活動を位置づけ,国連システム全体の人道対応強化の権限が求められている(20)。UNHCR 規程第 3 条では,事務総長および事務局の政策指令についての言及はない。しかし,国連憲章第98条にあるように,事務局の長である事務総長は,総会,安全保障理事会(以下,安保理),経済社会理事会(以下,経社理),および信託統治理事会から委任される他の任務を遂行することに準じて,OCHA および IASC 主導の政策決定は,UNHCR にも影響をおよぼすこととなる。

　なお,冷戦後,安保理において武力紛争下での文民保護への取り組みを強化する傾向にある。安保理決議1265にみられるように平和維持活動の任務としての文民保護が一般化していく。また,2005年の総会決議60/ 1 の「世界サミット成果文書」にも表れているように,「保護する責任」に関して,安保理の強制措置と

---

(18)　川村「国連人道問題調整事務所の機能と組織化――統合・調整機能とその正当性――」坂元茂樹・薬師寺公夫編著『普遍的国際社会への法の挑戦 芹田健太郎先生古稀記念』(信山社,2013年) 567-586頁参照。(本書第 1 章参照)
(19)　A/RES/67/149, para, 12; see, also, A/RES/66/133, A/RES/65/194, A/RES/64/127.
(20)　See, Alexander Betts, "UNHCR, autonomy, and mandate change," Joel E. Oestreich ed., *International Organizations as Self-directed Actors: a Framework for Analysis* (Routledge 2012), pp. 125-129, 133-135.

◆第1部◆　非拘束的文書による保護活動の統合・調整

「保護」のための活動の正当性の議論も多くなされている。2009年の事務総長報告書『保護する責任の実施』では，UNHCR 等の国連機関による国際援助と能力強化の重要性の指摘がある(21)。旧ユーゴスラビア国連保護軍（UNPROFOR）の例にみられるように安保理の憲章7章下の活動に関する決議(22)において UNHCR についての言及がみられるようになるが，事務総長に UNHCR との協議を要請したり，UNHCR がすでに行っている活動の促進のためのものであり，UNHCR に新たな権限を創設するような内容とはなってはいない。時代の要請とともに軍事的強制活動と UNHCR の保護活動が協働して行われており，UNHCR 規程第2条に掲げられる非政治性の確保を現場での活動においてどのようにするかといった問題をはらんでいるものの(23)，UNHCR の権限付与の制度構造の変容を与えるものではない。

◇ 5．執行委員会の役割

　UNHCR 規程では，第1条において，「機能遂行に当たって困難が生じた場合，…高等弁務官は，難民諮問委員会が創設された場合，同委員会の意見を要請する」と規定する。また第4条で「経済社会理事会は，高等弁務官の見解を聴取した後に難民諮問委員会の設置を決定することができる。この委員会は，難民問題の解決への明確な関心及び献身を基礎として，理事会が選出する国際連合加盟国及び非加盟国の代表で構成する」と規定している。

　これらの規定をもとに，総会決議1166(XII)は，経社理に対して専門機関の加盟国又は国連加盟国の代表からなる執行委員会（以下，EXCOM）を設立するように要請した。それを受けて，経社理は，決議672(XXV)で EXCOM を設立し，1959年1月1日から正式に活動を開始した。EXCOM の代表は，難民問題解決に貢献し，関心を示す加盟国から可能な限り広範な地域的配分に基づいて，経社理より選出される。設立当初は，EXCOM 構成国は，24か国であったが，2012年現在，87か国で構成されている。EXCOM は，以下の執行および諮問機能を

---

(21) See, A/63/677.
(22) See, S/RES/787, S/RES/941, S/RES/1080, S/RES/1778.
(23) 佐藤哲夫「人道援助活動の中立性と国連の軍事的活動──UNHCR と ICRC のアプローチの比較の視点から」島田征夫編著『国内避難民と国際法』（信山社，2005年）121-174頁参照。

有している。①高等弁務官の機能の執行に関する諮問，②基金およびプログラムの審査，③高等弁務官が基金に関するアピールを行うための承認，④2年間の予算案の承認(24)。上述のように，EXCOM は経社理決議で設立されているが，EXCOM は，総会の下部機関として機能し，EXCOM の報告書は，第三委員会での検討のため総会に直接付託される。UNHCR の活動に関する総会決議は，EXCOM の報告をふまえているため，EXCOM は UNHCR の機能を決定づける重要な役割を担っている。

　上述のように UNHCR は，国際的保護機能の遂行にあたり EXCOM の意見を求めることができる。EXCOM の意見は，「結論（Conclusion）」の形態でなされている。EXCOM の結論は，直接に国家に対して法的拘束力を有するものではなく，また総会の承認なく UNHCR を法的に拘束するかどうかについては議論のあるところであるが(25)，EXCOM が，各国の国家実行や UNHCR の活動をもとに，EXCOM 加盟国の合意によってとりまとめた，重要な指針となる文書である(26)。EXCOM の「結論」は，国際的保護，庇護，補完的保護，包括的アプローチ，難民条約および議定書の解釈適用の指針を示し，ノン・ルフールマン，人権，人道法，恒久的解決，国内避難民，子ども・女性など幅広い分野に関した内容となっている(27)。

◇ 6．小　括

　以上のように，UNHCR の権限は，設立文書である UNHCR 規程，上位機関である総会決議により決定され，さらには，国連システム全体の人道活動調整活動を担う OCHA，IASC がとりまとめる政策，EXCOM の「結論」などに活動基準を置き活動を行っている。このことは，UNHCR の保護機能が国家の意思および国連の国際機構としての自律的な意思の反映により決定づけられていることを示している(28)。

---

(24)　See, E/RES/672(XXV); http://www.unhcr.org/pages49c364c86.html as of 13 May 2013.
(25)　See, Corrine Lewis, *op. cit.*, pp. 53-54.
(26)　See, A/71/10, p. 153, para. 15.
(27)　See, UNHCR, *A Thematic Compilation of Executive Committee Conclusions* (2011).

◆第1部◆　　非拘束的文書による保護活動の統合・調整

◆ Ⅲ　難民法の発展と UNHCR の役割

◇ 1．庇護権

　庇護は，本来教会等の聖域を意味し，宗教的制度であったが，やがて国際法上の制度と発展した。庇護は，単に安全な場所のみならずその場所が人に与える保護でもある[29]。1948年の世界人権宣言第14条では，「すべての者は，迫害からの庇護を他国に求め，かつ，これを他国で享受する権利を有する」と規定する。その後，国際人権規約への庇護権の挿入の検討がなされたが，庇護権が国家の権利か個人の権利かといった考え方の対立を乗り越えられず，庇護権を規定するには至らなかった。1951年難民条約においても庇護権に関する規定は盛り込まれていない。その後，人権委員会，第三委員会および第六委員会の審議を経て，1967年総会の全会一致で「領域内庇護宣言」が総会決議2132(XXII)として採択された[30]。領域内庇護宣言第1条第1項は，「…世界人権宣言第14条を援用する権利のある人に対して，国家がその主権の行使によって付与した庇護は，すべての他の国家によって尊重されねばならない」と規定する。また，同条第3項は，「庇護付与の理由があるかどうかは，庇護を付与する国家がこれを評価するものとする」と規定する。

　これらの条文から，庇護権とは，庇護申請権（庇護を求める権利），庇護付与権，庇護享受権の三元的構造を有し，庇護申請権と庇護享受権は個人の権利であり，庇護付与権は国家の権利である[31]ことがわかる。個人の権利である庇護申請権の行使自体は拒否されることはなく，その後庇護申請の決定がなされるまでの滞在等の制度化が必要となってくる。また，庇護享受権は，与えられた庇護の享有を妨げられない権利，滞在自体から得られる利益を奪われない権利を意味する[32]。

---

(28)　See, Henry G. Schermers & Niels M. Blokker, *International Institutional Law Fifth Revised Edition* (Nijhoff, 2011), pp. 1209-1215.

(29)　芹田健太郎『亡命・難民保護の諸問題Ⅰ　庇護法の展開』（北樹出版，2000年）229頁参照。

(30)　同上，98-188頁参照。

(31)　同上，231-233頁参照。

(32)　同上，233-234頁参照。

◇第2章◇　国連難民高等弁務官事務所の国際的保護機能の変容

　国家は庇護付与権を有するが，領域内庇護宣言の諸原則に立脚して読み込めば，主権行使による裁量行為に力点があるのではなく，人道的考慮，国際連帯の精神を通してその権利を行使することが，国際社会から求められているといえる[33]。国際社会が庇護制度を構築し実施していくためには，庇護権の共通の指針および国際協力の制度化が必要であり，その一翼を担うのがUNHCRであり，EXCOMは，庇護に関する多くの結論を採択している。

　まず，EXCOM結論No. 5 (XXVIII)では，政府に対して，総会決議428 (V)に従い，国際連帯の精神で，特に庇護に関する高等弁務官の職務に協力するよう求めている。そして，世界人権宣言第14条第1項に規定された庇護を求め，享受する権利から直接導き出される庇護制度は，難民の国際的保護の最も基本的なメカニズムであることを確認している[34]。国家の庇護を付与する権利に関して，EXCOM結論No. 15(XXX)では，庇護審査が共通基準の適用によってなされるべきであるとし，UNHCRは，「難民認定基準ハンドブック」を作成し，国家が庇護を付与するか否かを決定する際の重要な指針を提示している。ハンドブックでは，世界人権宣言および領域内庇護宣言の精神にそって寛容な庇護政策をとるように要請しており，領域内の待遇について，1951年難民条約を採択した全権会議の最終文書勧告Eに言及し，難民条約の難民の定義の基準を完全に満たすわけではないと考えられる者にも可能な限り条約の規定する待遇を与えるようにすることが，こうした者に関して生じる問題を国家が解決することを可能にするとしている[35]。国家慣行および法的信念の累積により，世界人権宣言第14条は，慣習法化していると考えられている[36]。EXCOM結論No. 52(XXXIX)では，すべての国家が，二国間および多国間を問わずすべての適切な措置を通して，高等弁務官の保護機能を支援し，難民に対する自国の人道的責任を果たすこと，特に，

---

(33)　同上，137-186頁参照。
(34)　See, also EXCOM Conclusion No. 82, No. 85.
(35)　See, UNHCR, *Handbook on Procedures and Criteria for Determining Refugee Status under the 1951 Convention and the 1967 Protocol relating to the Status of Refugees*, HCR/IP/4/Eng/REV.1 Reedited (1992), para. 25, 26, 27.
(36)　See, Morten Kjaerum "Article 14," Asbjorn Eide et al eds., *The Universal Declaration of Human Rights: A Commentary* (Scandinavian University Press, 1992), pp. 217-228.

◆第1部◆　非拘束的文書による保護活動の統合・調整

迫害からの庇護を求め，享受する権利の保障，およびノン・ルフールマン原則の十分な尊重の確保を積極的に継続することを勧告している(37)。EXCOM 結論 No. 103(LVI)では，すべての人類がいかなる差別もなく，庇護を求め，享受する権利を含む人権と基本的自由を享受しなければならないとの原則を確認しており，EXCOM 結論 No. 108(LIX)は，世界人権宣言60周年の2008年に，同宣言の第13条，第14条および第15条の重要性を再確認し，UNHCR のすべての援助対象者の同宣言における権利の重要性を認めている。このように，すべての国家が個人の権利の観点からとらえた庇護制度を構築するため，庇護を求め，享受する権利およびノン・ルフールマン原則を核とし，UNHCR の国際的保護機能について協力することを，国際社会は確認している。次に，庇護制度の核として位置づけられているノン・ルフールマン原則について考察しよう。

◇ 2．ノン・ルフールマン原則
　ノン・ルフールマン原則の概念は，1951年難民条約第33条の規定から派生している。その後，国連総会，EXCOM，地域的機関，国家によるノン・ルフールマンの適用に関する実行および法的信念の表明から，ノン・ルフールマン原則の適用範囲の変化および解釈の明確化が積み重ねられてきた。以下，難民条約第33条第1項について，特に，条約採択時以降，変化が顕著であった点についてみていこう。

(1) 慣習法としてのノン・ルフールマン原則
　2013年7月23日現在，1951年難民条約締約国は145か国(38)，1967年議定書締約国は146か国となっている(39)。EXCOM の結論では，何度も，国際法の基本的原則としてノン・ルフールマン原則の重要性を強調してきた(40)。国家慣行および法的信念の表明の積み重ねからノン・ルフールマン原則が慣習法となっている

---

(37)　See, also EXCOM Conclusion No. 50, No. 65, No. 68, No. 71, No. 94.
(38)　See, http://treaties.un.org/pages/ViewDetailsII.aspx?&src=UNTSONLINE&mtdsg_no=V-2&chapter=5&Temp=mtdsg2&lang=en as of 24July 2013.
(39)　See, http://www.treaties.un.org/pages/ShowMTDSGDetails.aspx?src=UNTSONLINE&tabid=2&mtdsg_no=V-5&chapter=5&lang=en#Paticipants as of 24 July 2013.

とみられてきた(41)が，グローバルコンサルテーションの結論においても，ノン・ルフールマンは，国際慣習法の原則である(42)と明記されている。したがって，難民条約第33条から生まれたノン・ルフールマン原則は，条約上の国家の義務ばかりでなく，一般国際法上のすべての国家の義務となっている(43)といえる。

さらに，EXCOM 結論 No. 25(XXXIII)および No. 79(XLVII)では，当該原則の強行規範的性格にまで言及している。また，1984年カルタヘナ宣言のⅢ条5項では，ノン・ルフールマン原則が難民の国際的保護のかなめとして重要であるとし，同原則が強行規範である(44)としている。国内法においても，スイスではノン・ルフールマン原則が強行規範であると規定している(45)。しかし，ノン・ルフールマン原則を強行規範とみる見解には慎重な意見もある(46)。

(2) 追放又は送還

禁止される「追放又は送還」の手法の中に，今日では，犯罪人引渡，国境における拒否も含まれる。

1) 犯罪人引渡

犯罪人引渡の制度と庇護制度は，歴史的経緯をたどればわかるとおり別の法制度である。国家は，一般国際法上，犯罪人の引渡の権利および引渡拒否の権利も有している。犯罪人引渡の制度は，犯罪鎮圧の国際協力の必要性から国家に引渡

---

(40) See, EXCOM Conclusion No. 6, No. 17, No. 25, No. 65, No. 71, No. 74, No. 94, No. 99, No. 103.

(41) 芹田・前掲注(29)236頁参照。; See, Guy S. Goodwin-Gill and Jame McAdam, *The Refugee in International Law,* Third edition (Oxford, 2007), pp. 345-354.

(42) See, Sir Elihu Lauterpacht and Daniel Bethlehem, "The Scope and Content of the Principle of *Non-Refoulemet:* Opinion," Feller, Türke and Nicholson eds., *op. cit.*, pp. 140-164.

(43) 芹田・前掲注(29)236頁参照。

(44) See, Feller, Türke and Nicholson eds, *op. cit*, pp. 626-627.

(45) Bundesgericht, BGE 133 II 450 S 461 para. 7.3, see, http://www.bger.ch/index/juridiction/jurisdiction-inherit-template/jurisdiction-recht/jurisdiction-recht-leitentscheide1954.htm as of 24 July 2013.

(46) See, Andreas Zimmermann, *The 1951 Convention Relating to the Status of Refugees and its 1967 Protocol-A Commentary* (Oxford University Press, 2010), pp. 1343-1346; Goodwin-Gill and McAdam, *op. cit.*, pp. 345-346.

義務を負わせるようにしたものである。人権尊重の点から，政治犯罪人の引渡拒否を国家の義務と捉えることができる，政治犯不引渡原則は国際慣習法として認められているが，特別法又は後法として二国間条約等で政治犯罪人引渡を規定すれば，この条約が優先される。他方，政治犯罪人の引渡拒否を国家の権利と捉えることは，庇護制度における，国家の庇護権の行使によって可能となることは，歴史的にも明らかである[47]。1951年難民条約第33条は，特別法としての一般的な犯罪人引渡義務に優位し，引渡条約が，難民が迫害を受ける国に引き渡すことを規定したものは，歴史的にみても見受けられない[48]。

EXCOM 結論 No. 17(XXXI)では，以下のように犯罪人引渡に関して言及している。「(d) 国家は，犯罪人引渡条約および適当な場合には当該問題に関する国内法において，ノン・ルフールマン原則を適切に考慮することを確保するように求め，(e) 現存する犯罪人引渡条約適用にノン・ルフールマン原則を尊重するよう希望し…。」

庇護制度および犯罪人引渡制度双方の制度的発展にともない，両者の関係性についての議論が錯綜する状況の中で，EXCOM はこのような結論を導き出し，各国に2つの法制度の調整を促進することを求めている。

2）国境における拒否

1967年領域内庇護宣言第3条第1項では，ノン・ルフールマン原則に関して難民条約第33条にはなかった，「国境における入国拒否」が挿入されている。1969年アフリカ難民条約第Ⅱ条第3項では，「いかなる者も，第1条1及び2に定める理由のために，生命，身体の安全又は自由が脅かされることのある領域に送還され又はとどまることを余儀なくされるような，国境における入国拒否，送還又は追放のような措置を，加盟国によって課されることはない」と規定する。EXCOM 結論においても再三，ノン・ルフールマン原則が国境における入国拒否の禁止を含んでいることを強調している[49]。1951年難民条約第33条の文言では，明示されていない「国境における入国拒否」もその後の慣行および法的信念の表明により，ノン・ルフールマン原則の基準として認識されるようになってい

---

(47) 芹田・前掲注(29)11-68頁参照；See, Zimmermann, *ibid.*, pp. 1364-1367.
(48) See, Zimmermann, *ibid.*, pp. 1366-1367.
(49) See, EXCOM Conclusion No. 6, No. 22, No. 81, No. 82, No. 85, No. 99, No. 108.

◇第2章◇　国連難民高等弁務官事務所の国際的保護機能の変容

る。

(3) 対　象　者

　難民条約第33条では，対象者について「難民」と表記しているが，ノン・ルフールマン原則が適用される対象者は，今日では，庇護申請者，大量流入の場合を含むようになっている。

　1) 庇護申請者

　個人が庇護を求める権利を行使し受入国にて滞在し，国家が庇護付与権を行使し，個人が庇護を享受する権利を行使するためには，滞在中の制度が求められる。国家が庇護付与権を行使するために庇護を求める個人の審査を行う制度は各国家が独自に制定しているが，UNHCR は，その指針を提示している。UNHCR の難民認定ハンドブックでは，次のように言及している。

　「難民の地位の認定は，その者を難民にするのではなく，難民であると宣言することである。認定によって難民になるのではなく，難民であるから認められるのである[50]。」

　UNHCR は，これに関連して，次のように述べている。「いかなる難民も，最初は庇護申請者である。それゆえ，難民保護のために，庇護申請者は，かれらの地位が決定されるまで，難民とみなして扱われなければならない[51]。」

　EXCOM 結論 No. 6 (XXVIII) では，次のように言及している。「正式に難民として認定されたか否かにかからず，出身国に送還された場合，迫害をうけるおそれがある者について，ノン・ルフールマン原則遵守（国家領域内よび国境において）の基本的重要性を再確認する[52]。」

　また，総会決議52/103では，以下のことを確認している。「5.いかなる者も，他国において迫害からの庇護を求め，享受する権利を有していることを再確認し，庇護が難民の国際的保護の不可欠な制度であるので，すべての国家が，庇護制度を危険にさらす措置，特に，国際人権法，人道法および難民法に反して難民又は庇護申請者を送還又は追放を控えることを求める。」

---

(50)　See, UNHCR, *supra* note (35), para. 28.
(51)　A/AC.96/815, para. 11.
(52)　EXCOM Conclusion No.6, para. (c); see also, EXCOM Conclusion No. 79, No. 81.

71

これらのことから，ノン・ルフールマン原則の対象者として，庇護申請者も認めることを，国際的保護の基準としていることがわかる。

２）大量流入の場合

難民条約第33条では言及がみられないが，その後の世界情勢の変容から難民の大量流入は世界各地で発生し，そうした状況に対処するための制度構築が求められるようになった。EXCOM は，大量流入の特徴として４つの要素を列挙している。①国境を越えて到着する多数の人々，②到着の急増，③受入国における不適切な受け入れまたは対応能力（特に緊急時），④多数の審査を扱うことができない個別の庇護手続(53)。EXCOM 結論 No. 22(XXXII)では，大量流入の場合，庇護申請者は，最初の避難を求めた国から少なくとも一時的に入国を許可され，当該国は，国境における拒否の禁止を含むノン・ルフールマン原則の遵守の下，保護をしなければならないと言及している(54)。

その後の国家実行や冷戦後の国連の人道緊急対応の活動，EU における一時的保護(55)，グローバルコンサルテーションや「難民保護への課題（Agenda for Protection）」といった UNHCR が主導する国際的保護の議論を踏まえ，EXCOM 結論 No. 100(LV)では，大量流入の場合の包括的行動計画において，特に，ノン・ルフールマン原則を含む国際難民法，人道法および人権法を尊重した，国際的保護の必要な人々への対応基準を満たすことを求めている(56)。このように，大量流入の場合にも，ノン・ルフールマン原則は国際的保護の基準になっている。

◇ 3．小　括

上述のとおり，難民法の解釈適用は発展を遂げてきたが，このことは，UNHCR が難民法の発展の議論を促進するとともに，各国による EXCOM で示された指針等の適用の監督を行ってきたことと連動して生じたものといえよう。

---

(53)　EXCOM Conclusion No. 100(a), also Goodwin-Gill and McAdam, *op. cit.*, p. 337.
(54)　See, EXCOM Conclusion No. 22, A1-2.
(55)　See, Goodwin-Gill and McAdam, *op. cit.*, pp. 336-343.
(56)　See, EXCOM Conclusion No. 100(i).

◇第2章◇　国連難民高等弁務官事務所の国際的保護機能の変容

◆ Ⅳ　人権法の発展と UNHCR の役割

◇ 1．難民法と人権法の補完性

　今日の国際的保護は，庇護制度，1951年難民条約および1967年議定書，長期的かつ大量の難民の問題に対する自発的帰還，定住，第三国定住を含む恒久的解決のための包括的アプローチ，自然災害を含むグローバルな人道問題に対応するための国連諸機関および他の主体の機関間調整の中での保護活動，安保理決議による強制行動を含む国連憲章下の行動の一環としての保護活動といった，それぞれが異なる保護機能を有する多元的法制度の複合的作用によって展開している[57]。そして，それぞれの法制度は，人権法の実施措置制度から導き出された国家実行の蓄積，法規範の精緻化，体系化の影響を受けて発展を遂げており，人権法規範を根幹に据えることにより国際的保護機能全体の調整と正当性確保の模索がなされているといってよい。また，UNHCR は，自らの権限に従ってこうした国際的保護機能のための諸活動に従事し，諸国家に働きかけるだけでなく，国際的保護に関連する難民法規範のみならず人権法規範の発展にも寄与している[58]。庇護制度は，先に述べたとおり，個人の庇護を求める権利，享受する権利，国家の庇護を付与する権利の三元構造となっている。国家による庇護付与権は，領域主権の再確認にほかならず，庇護付与の正当化事由として領域主権の行使のほか特別な根拠は必要ない。領域内庇護が問題となるのは，庇護付与の自由を制限する国際法規範が存在する場合のみであるが[59]，その法規範として，庇護の中核をなすノン・ルフーマン原則の解釈適用と，それに関連する人権法が挙げられる。

　1951年難民条約は，難民が基本的な権利および自由を差別なく享有することを

---

(57)　川村「国際的保護と現代国際法構造」『国際法外交雑誌』105巻3号（2006年）102-112頁参照。

(58)　See, Christoph Bierwirth, "The Role of UNHCR in the Monitoring and Implementation of Human Rights Standards for Refugees and Other Persons of Concern," Gudmundur Alfredsson, Jonas Grimheden, Bertrand G. Ramcharan, Alfred deZayas eds., *International Human Rights Monitoring Mechanisms Essays in Honour of Jakob Th. Möller,* 2nd Revised Edition（Nijhoff, 2009）, pp. 325-345.

(59)　芹田・前掲注(29)230頁参照。

◆第1部◆　非拘束的文書による保護活動の統合・調整

理念として前文に掲げているものの，人権保障の実施のための条約というよりも，難民問題の取り扱いにおける国際社会の妥協点を見出し，調整する機能を有する条約といえる。難民条約は，難民保護のための立法措置や手続などの履行確保のための国家の義務に関する規定を有していない。難民条約第5条は，「この条約のいかなる規定も，締約国がこの条約に関わりなく難民に与える権利及び利益を害するものと解してはならない」と規定する。当該規定は，国内法又は他の条約による難民の人権保障のための実施措置を妨げず，他の法体系に委ねるかたちとなっている。難民条約第35条は，UNHCRの当該条約の適用監督権限を規定しており，当該条約制定以降，UNHCRは難民の人権保護の観点では，EXCOM結論等を通じて当該条約の解釈適用指針，難民認定指針等の実施措置指針を提示し，締約国に遵守を促すことにより難民条約による国際的保護を図ってきた[60]。

包括的アプローチおよび国連システム全体での人道対応活動の一環としての保護機能に関して問題となるのは，国内避難民のような一義的に国家が対応すべき問題に対して，UNHCRおよび多様な主体が補完的に活動する場合，何を根拠とし，どの範囲で活動が正当化されるかということである。その際に，UNHCRが現場で活動を行う場合，当該国との協定のほか，IASCによるガイドライン，UNHCRが独自に作成したガイドライン，マニュアル等が活動基準となる。それらの基準は，人権法および人道原則を礎としている。また，包括的アプローチや，国連の人道緊急対応の一部としての保護活動に関連して，EXCOM結論No. 108(LIX)では，権利に基づくアプローチ，コミュニティを基盤としたアプローチに言及している。

人権法は，世界人権宣言採択以後の法典化作業により，すべての人を対象とした自由権規約および社会規約をはじめとして，人種差別，拷問等禁止といったテーマ別の条約や女性，子どもといった対象者別の条約等，多数制定されている。人権法に基づく人権保障は一義的に国家が行うものであり，人権法履行確保のために国内実施の監視を行う制度が設けられている。その中で，難民および他のUNHCR援助対象者の問題も検討されており，この実施措置制度を通じた人権法の解釈適用の発展が国際的保護機能の精緻化，体系化に貢献している。

EXCOM結論No. 81(XLVIII)では，「(e)　難民が実効的に保護されることを確

---

(60)　川村・前掲注(8)143-145, 149-154頁；川村・前掲注(57)107頁参照。

◇ 第 2 章 ◇　国連難民高等弁務官事務所の国際的保護機能の変容

保するためのすべての必要な措置をとることを国家に要請する。それは，国内法を通して，難民保護に関連する国際人権と人道法の文書の義務に従い，UNHCR の国際的保護機能の行使および難民保護に関する国際条約適用監督への完全な協力を通してなされることを含む」としている。また，EXCOM 結論 No. 95(LIV)では，「(k)難民問題と人権の多面的なリンケージを認識し，難民の経験は，いずれの場合も，国家がどの程度人権と基本的自由を尊重しているかに影響を受けることを再確認する。(1)国際難民法と人権法の補完的性質及び当該分野における国連人権メカニズムの役割に注目し，国連人権条約機関の国家報告制度において国家が強制移動の状況に取り組むことを奨励し，人権条約機関がその権限内において強制移動における人権問題を検討するよう提唱する」としている。

さらに，EXCOM 結論 No. 103(LVI)では，1951年難民条約および1967年議定書は，国際難民保護レジームのかなめであり続けていることを再確認しつつ，難民法が，1951年条約および1967年議定書の締約国の義務ならびに適用可能な場合には地域難民保護文書を基盤とし，かつ，これらの文書の趣旨および目的ならびに国際法の関連分野（難民保護に直接影響を及ぼす人権法および国際人道法等）における発展による示唆を受ける，動的な法体系であることを認めている[61]。

◇ 2．人権条約実施制度と UNHCR の役割

人権法の実施制度は，様々な形態が存在する。人権理事会の下には，普遍的定期的審査，特別手続，諮問委員会，1503手続等の実施制度がある。また，人権条約の中で，自由権規約，社会権規約，人種差別撤廃条約，拷問等禁止条約，拷問等禁止条約選択議定書，女性差別撤廃条約，子どもの権利条約，移動労働者権利条約，障がい者権利条約，強制失踪条約は，実施制度のための委員会を設置している。上述のすべての条約には，国別報告制度があるが，そのほかに，条約規定に基づき，国家通報制度，個人通報制度，調査制度等を採用している。難民条約には実施措置の制度は存在せず，UNHCR の援助対象者全般の国際的保護のため

---

(61) EXCOM Conclusion No. 103 para. (c). McAdam は，補完的保護とは，1951年条約の枠外で国際的保護の必要性を基礎として，国家によって付与される保護をさし，人権条約又はより一般的な人道原則に基づくとしている。See, Jane McAdam, *Complementary Protection in International Refugee Law* (Oxford University Press, 2007), p. 21.

の実施制度として独立した制度も存在しない。その中で，UNHCR は，人権法の実施制度との関係性の中から，主として次の4点のような任務遂行の手立てを導きだしている。

第一に，人権法の実施制度から導きだされる成果文書等から，UNHCR の援助対象者の滞在国および庇護国の人権状況を把握し，UNHCR が取り組むべき国際的保護のニーズの同定を行い，当該国との保護促進に向けた説得力ある合意形成の礎を導き出している(62)。

第二に，庇護国の難民認定の審査制度の中で，庇護国が難民の出身国の状況を知る手立てとして，また国家が庇護を付与する権利を行使する指針として，各人権条約委員会の国別報告の総括所見および勧告，一般的意見，個人通報事例等の文書を用いて，UNHCR が各国家に対して国際的保護促進のために働きかけを行い，また，EXCOM 結論においてもその指針として採用し，UNHCR の活動基準として採用する等の取り組みを行っている(63)。例えば EXCOM 結論では，ノン・ルフールマン原則に関連して，拷問等禁止条約に規定されている拷問を受ける危険がある者も対象者とすることや，難民および避難民の待遇に関して拷問等の禁止を明示している(64)。また，拷問禁止委員会の個人通報制度では，拷問等禁止条約第3条の追放等の禁止に関する多くの事例があり，その審査基準および一般的意見が各国のノン・ルフールマン原則の解釈を補完している(65)。

第三に，UNHCR は，人権実施制度から得た情報を，紛争の状況の把握や避難の危険等の早期警戒およびその後の活動計画に役立てている(66)。

第四に，UNHCR が各人権条約委員会に非公開報告書を提出するなどの協力を行い，委員が国家報告制度での総括所見や勧告，一般的意見を取りまとめるのに貢献することもある。例えば，UNHCR は，子どもの権利委員会の一般的意見 No. 6「出身国の外にいる父母を伴わないおよび分離されている子どもの待遇(67)」の起草に協力したり，規約人権委員会の一般的意見 No. 31 の中で

---

(62) See, Biewirth, *op. cit.*, pp. 328-329.
(63) See, *ibid.*, pp. 327-328.
(64) See, EXCOM Conclusion No. 79, No. 81, No. 82, No. 97.
(65) 川村「拷問等禁止条約第3条における送還禁止基準」『杏林社会科学研究』21巻1号（2005年）36-56頁参照。（本書第4章参照）
(66) See, Bierwirth *op. cit.*, p. 328.

UNHCRの援助対象者となる外国人に関連するパラグラフ10および12などのとりまとめに貢献した[68]。また，人権理事会の特別手続の中で，国内避難民の人権に関する事務総長代理，女性に対する暴力に関する特別報告者，教育に関する特別報告者，人身売買に関する特別報告者および恣意的拘禁に関する作業部会の活動にも協力を行っている[69]。こうした人権実施制度へのUNHCRの貢献は，国際的保護の任務の一つの手法といえよう[70]。

◆ V　おわりに

　UNHCRの国際的保護機能は，国際情勢の変容，ノン・ルフールマン原則の慣習法化，人権法の発展，国連システムの改革による人道活動の変容等をうけ，時代とともに変化を遂げてきたが，国連総会決議やEXCOMによる国家の意思の表明によりUNHCRに与えられた活動であって，UNHCR規程を根本から覆すような変化ではなく，当初想定されていた国際的保護の質的変容といえる。国際的保護に関わる多元的重層的法構造は，人権規範の普遍化によって成り立っている[71]。しかし，それらを調整している規範は，国家に法的義務を課す慣習法や条約，機構の規則に関わる決議等UNHCRを法的に拘束するものもあるが，人権条約実施制度の総括所見や勧告，EXCOMの結論，ガイドライン，ハンドブックなど一般に国家に対し法的拘束力のないとされる規範群もあり未だ脆弱な制度である。こうした法構造に立脚して，どのようにUNHCRの国際的保護活動の実効性と正当性を確保していくのか，今後ともその動向に注目していきたい。

---

(67)　CRC/GC/2005/6.
(68)　CCPR/C/21/Rev.1/Add.13, paras. 10, 12; See, Biewirth *op. cit.*, pp. 331-333.
(69)　See, Biewirth, *ibid.*, pp. 334.
(70)　See, *ibid.*, p. 337; EXCOM Conclusion No. 89, para. 2; A/RES/55/74, para. 8.
(71)　薬師寺公夫「国際人権法の現代的意義——「世界法」としての人権法の可能性？」『世界法年報』29号（2010年）1-49頁参照。

第3章
災害サイクルに関連する国際法規範の新展開

◆ I　はじめに

　近年の甚大な被害をもたらす天変・地変は世界的課題となっている。日本は，昔から地震や台風などの災害(1)多発国で，20年前の阪神淡路大震災，2011年の東日本大震災と世界でも類をみない激甚災害を経験し，災害対応に関して世界のけん引役を買って出ている。近年の防災に関する世界的な議論においては，防災は，開発問題や気候変動といった環境問題に密接にかかわっていて，防災の視点をとりこむことなしに持続可能な開発は達成できないといった認識が広まり，開発・環境分野における「防災の主流化」，すなわち政府が防災を国家の優先課題とし，防災の視点をあらゆる分野の開発に取り入れ，災害対策への事前投資を拡大することが確認されている(2)。

　2015年，防災・開発・気候変動に関する法規範および制度に，新たな展開がみられた。まず，3月に仙台で第3回国連防災世界会議が開催され，2015年から2030年までの防災の努力を強化する指針となる仙台防災枠組2015-2030が採択された。また，9月には，2015年を目標達成期限としていたミレニアム開発目標にかわり，2030年を目標達成期限とする17項目の目標を掲げた持続可能な開発目標（SDGs）が採択された。さらに，12月には，気候変動枠組条約遵守のため温室効果ガス削減目標を定めた京都議定書にかわり，温室効果ガス削減，適応，損失や被害へのリスク管理等を定めたパリ協定が採択された。

---

(1)　国際法委員会（ILC）は，「災害時の人の保護」において，「災害」を次のように定義している。「災害」とは，広範な生命の損失，甚大な人的被害及び苦痛，又は大規模な物的又は環境的被害を引き起こし，それによって社会機能を深刻に崩壊させる痛ましい出来事又は一連の出来事をいう。A/69/10(2014) p. 87.

(2)　国際協力機構『JICAの防災協力 防災の主流化に向けて——災害に強い社会を作る』（2015年）2頁参照。

◆ 第1部 ◆　非拘束的文書による保護活動の統合・調整

　本章では、1国では対応できず国際協力を必要とするほどの甚大な被害を及ぼす災害に関する、これまでの国際法規範の特徴を概観したうえで、上述の2015年に採択された3つの文書における災害対応に関する法規範を考察する。それらを踏まえ、災害対応に関する国際法規範の現状と今後の課題について述べることとする。

◆ II　世界の災害の現状

　国連防災戦略事務局（UNISDR）がまとめた、1992年から2012年までの世界の災害状況の資料によると、世界で災害の影響を受けた人数は、44億人に上る。これを、災害別にみると、洪水が24億3700万人、干ばつが11億4100万人、風が6億2800万人、以下地震、異常高温と低温、地すべり、山火事、火山と続く。災害の影響を受けた国トップ10は、中国25億人、インド9億2800万人、バングラデシュ1億3600万人で、以下、フィリピン、タイ、パキスタン、エチオピア、ケニア、イラン、ベトナムと続く。

　次に、死亡者数のみをみると130万人に上り、これを災害別にみると、地震が75万9708人、風23万7268人、異常高温・低温15万6770人、以下、洪水、地すべり、干ばつ、山火事、火山と続く。国別では、ハイチ230,675人、インドネシア185,152人、ミャンマー139,351人で、以下、中国、インド、パキスタン、ロシア、スリランカ、イラン、ベネズエラと続く[3]。

　経済的損失は2兆米ドルとなる。災害別にみると、風7200億ドル、地震6360億ドル、洪水4800億ドル、以下、干ばつ、異常高温・低温、山火事、地すべり、火山の順となる。国別では、アメリカ5600億ドル、日本4020億ドル、中国3310億ドルで、以下、タイ、インド、イタリア、ドイツ、フランス、チリ、オーストラリアと続く[4]。

　さらに、別の統計で災害によって避難を余儀なくされた人の数をみてみると、2014年、世界100か国で1930万人以上に上った。2014年の気象災害による避難民

---

[3]　See, UNISDR, "Impacts of Disasters Since the 1992 Rio de Janeiro Earth Summit", (http://www.unisdr.org/files/27162_infographic.pdf as of 30 Jan 2016).

[4]　See, UNISDR, *ibid.*,

◇第3章◇　災害サイクルに関連する国際法規範の新展開

は1750万人，地震・火山災害による避難民は170万人に上った。2008年以降，年平均2640万人が災害によって避難を余儀なくされているといわれている。アジアは世界で最も災害避難民が多い地域で，2014年の災害避難民は1670万人に上り，中国，インド，フィリピンでは，2014年単独および2008年から2014年の両期間で，過去最悪を記録している[5]。

　1970年代から洪水や暴風雨といった気象関連のハザードと地震などの地球物理学的ハザードの両方が増加傾向にあり，特に気象関連ハザードが災害となり避難者を多数引き起こす状況は，開発や都市の成長の状況に関連していると考えられている。さらに気象関連ハザードは気候変動とも密接に関連している[6]。

　例えば，ツバルやキリバスといった南太平洋の島嶼国は，温暖化などにより海面上昇で国が海に沈んでいくおそれがある。国の存亡に関わる切迫した状況に加え，世界の気温が2度上昇した場合，水の問題では，干ばつや洪水での被害は増加，日本でも港湾浸水などが予想される。こうしたハザードに加え，自然生態系や健康に関して，種の分布範囲の移動，熱波での罹患率，死亡率増加，日本においても，デング熱の増加なども考えられる。食糧にも深刻な影響を与え，世界的に，農業や漁業にマイナスの影響が考えられ，日本でも米の収穫量の変化や回遊魚の生息域の変化が予想される。こうなると，世界的な食糧確保がこれまで以上に難しくなり，脆弱な状況に置かれる人々がこれまでの要因とは別の要因で増加する恐れもあり，このことがまた災害サイクルに影響することも考えられる[7]。

　また，途上国におけるいわゆる「自然ハザード」は，紛争と災害による複合的避難状況を生み出す場合が多くみられる。こうした場合，軍事的および環境的障壁の両方が人々の安全や生活を危険にさらすこととなる。2008年から2012年の間に武力紛争があった36か国中，33か国において自然災害で避難を強いられた人々が発生している。こうした複合避難状況にある人々を保護し，ふつうの暮らしができるように解決していくのは，一層困難になる[8]。

---

(5)　See, Internal Displacement Monitoring Center, *Global Estimate 2015* (2015), 〈http://www.internal-displacement.org/global-estimates/ as of 30 Jan 2016〉.

(6)　See, Internal Displacement Monitoring Center, *Global Estimate 2014* (2014), pp. 9, 36-43.

(7)　国際協力機構「途上国との相互依存に生きる日本──日本・途上国相互依存度調査」(2009年) pp. 11-4，11-5 参照。

◆第1部◆　非拘束的文書による保護活動の統合・調整

　ここでふれたハザードとは，人命の損失，負傷，財産への損害，社会的・経済的崩壊又は環境破壊を引き起こす可能性のある，潜在的に有害な自然事象・現象，人間活動のこと[9]をさし，災害と同義ではない。自然に風がふく，地震がおきたということだけでは人の暮らしに影響をおよぼす災害にはならない。災害のリスクは，ハザードと社会の脆弱性の程度によって捉えられ，その社会の防災力の程度により脆弱性をどの程度軽減できるかで変わってくる[10]。

　上述のとおり災害の影響，死亡者数が多いのは途上国であり，災害リスクは貧困と連鎖して高まる。貧困の要因は多面的であり，今日のグローバルな経済システムにおける富の偏在が社会的経済的格差を拡大し，またグローバルな環境問題，気候変動にも影を落とす。そうした経済的貧困は，他の潜在的要因，例えば，差別，教育レベルの低さ，乏しい社会とのつながり，不適切な都市開発，地方都市の脆弱性，行政におけるアカウンタビリティーの欠如，不十分な社会的保護を伴い，これが日常的なリスクとなる。例えば，食料の安全性の問題，犯罪，疫病，大気汚染，衛生状態の悪さなどを生む要因となり，ここに頻発する小規模なハザードやまれにみる激甚ハザードがおこると人々は脆弱な状態にさらされる。家屋，インフラの損壊，死傷者，罹患率の増加，家畜や穀物への被害が，所得，消費，福祉，平等などに短期的および長期的影響を与える。これらのことから多面的貧困，すなわち経済的貧困，排除，差別，教育レベルの低さなどにつながり，これらは日常的なリスクを生み，負のスパイラルとなる。このように，災害リスクは，経済，司法・行政等のガバナンス，開発，教育等多面的要因が複合的に関連して発生するのである[11]。

　したがって，災害対応という場合，災害発生時の緊急対応ということだけをさすのではない。災害リスク管理は，災害サイクル，即ち，防災，災害時の緊急対応，復興，いずれのフェーズにおいてもシームレスに，また，関連をもって行う

---

(8)　See, Internal Displacement Monitoring Center, *supra* note (6), pp. 10, 44-48.
(9)　See, UNISDR, "World Conference on Disaster Reduction 18-22 January 2005, Kobe, Hyogo, Japan," (2005), p. 1; see, also, A/CONF. 206/6.
(10)　「大災害と国際協力」研究会，明石康・大島賢三監修，柳沢香枝編『大災害に立ち向かう世界と日本　災害と国際協力』(佐伯印刷，2013年)，7-9頁参照。
(11)　See, UNDRR, *Global Assessment Report on Disaster Risk Reduction 2015* (2015), pp. 184-188.

◇第 3 章◇　災害サイクルに関連する国際法規範の新展開

必要がある。

　また，1 国で対応できないような激甚災害も増加していることから，災害リスク管理や被害者保護は地球規模の課題であり，国際機関，国家，自治体，企業，NGO，市民社会，あらゆるアクターの協力枠組みやシステムが必要となっている。

◆ Ⅲ　災害対応に関する国際法規範の特徴

　防災，災害時の緊急対応，復興といった災害サイクル全般に対応する包括的な災害に関する枠組条約のような普遍的条約はいまだ存在しない。災害対応法（International Disaster Response Law・IDRL）といった表現も流布しているが，IDRL の用語は，国際赤十字・赤新月社連盟（IFRC）の「国際災害対応法，規則および原則」からきている。2007 年に，ジュネーブ条約締約国と国際赤十字・赤新月運動[12]は，「国際的な災害救援および初期復旧支援の国内における円滑化および規制に関するガイドライン（IDRL ガイドライン）」を採択しており，これは，政府が国際災害対応活動における共通の法的問題によりよく準備できるように支援するためのものである[13]。このように，IDRL は，主として，災害時の救援と初期段階の復旧の活動を対象としているが，ここでは，災害サイクル全般に対する国際法規範の特徴を概観したい[14]。

　災害サイクルのフェーズ別の特徴をみる前に，災害に関する条約の特徴に触れておきたい。先に述べたとおり，普遍的な包括的枠組み条約は存在せず，普遍的条約については，災害時の対応に関して，災害軽減・救援活動への情報通信資源の供与に関する条約（タンペレ条約）があるが，かなり限定された問題に対応する内容となっている。地域的な条約，二国間条約は数多く存在し，扱う問題も多岐にわたり締結されている[15]。災害サイクルに関し，具体的な国家間協力が可能かつ必要とされている地域および分野から条約が締結されている傾向があるといえる。ILC は，「災害時における人の保護」の条文の起草にあたっているが，

---

(12)　赤十字国際委員会（ICRC），各国赤十字・赤新月社，IFRC の総称。

(13)　See, http://www.ifrc.org/en/what-we-do/idrl/idrl-guidelines/ as of 30 Jan 2016.

(14)　See, David A. Farber, "International Law and the Disaster Cycle," David D Caron, Michael J. Kelly, Anastasia Telesetsky (eds.), *The International Law of Disaster Relief* (Cambridge, 2014), pp. 7-20.

◆ 第1部 ◆　非拘束的文書による保護活動の統合・調整

条約として制定されるにはいたっていない。「災害時における人の保護」では，当事国が一義的役割を負うことや，人道原則，同意原則，国際協力の責務等が掲げられており，主として，従来の国家間協力にかかる諸原則に立脚して起草されている(16)。

　他方，災害時の諸問題に関連する既存の条約の中の関連規定に立脚し，災害時の問題に適応可能なように作成された決議，ガイドライン，行動綱領等の規範制定が災害サイクルのすべてのフェーズでみられる。これらは，普遍的に活用され，国家間協力あるいは，国際機関や NGO 等の活動等に多く用いられていることが特徴の一つといえる。関連する国際法分野として，国際人権法，国際人道法，国際難民法，国際環境法，国際開発法などの分野が挙げられる(17)。その中でも，国際人権法は防災，災害時の緊急対応，復興すべてのフェーズにおいて関わっている。以下，こうした普遍的に活用されている既存の諸文書の特徴を災害サイクルのフェーズ別に概観しよう。

◇ 1．防　災
　防災に関する普遍的な取組みは，1987年の国連総会において，自然災害が甚大な被害をもたらし，特に開発途上国において重大な被害を与え，開発の進展を妨げていることから，20世紀最後の10年を「国際防災の10年（IDNDR）」とすることを決定したところから始まる。1989年の国連総会で IDNDR を1990年から始めることとし，事務局などを設置することが決定された。1994年に第1回国連防災世界会議が横浜で開催され，防災の原則，戦略，行動計画を掲げた「横浜戦略」が採択された。また，これを受けて1998年にアジア防災センターが設置された。IDNDR が終わりを迎える1999年に「IDNDR プログラムフォーラム」が開催され，

---

(15)　See, Andrea de Guttry, "Surveying the Law," A. de Gutty et al (eds.), *International Disaster Response Law*（T. M. C. Asser Press, 2012), pp. 3-43；植木俊哉「自然災害と国際法の理論」『世界法年報』（2013年）3-22頁参照。

(16)　See, A/69/10(2014) pp. 84-138；植木俊哉「災害に関する国際法規範の形成と発展——国連国際法委員会による「災害時の人の保護」に関する条文草案をめぐって」江藤淳一編『国際法学の諸相：到達と展望 村瀬信也先生古稀記念』（信山社，2015年）337-350頁参照。

(17)　See, Gabriella Venturini, "International Disaster Response Law in Relation to Other Branches of International Law," A. de Gutty et al. (eds.), *op. cit.*, pp. 45-64.

◇ 第 3 章 ◇　災害サイクルに関連する国際法規範の新展開

後継の枠組みの設置についての勧告を行い，それに基づき国連の一部局として UNISDR が2000年に設置された。2005年に第2回国連防災世界会議が神戸で開催され，「兵庫行動枠組2005-2015」が採択され，これが後にみる「仙台防災枠組2015-2030」へとつながっていく(18)。

「兵庫行動枠組2005-2015（HFA）」の特徴は，2015年までに各国が取り組むべき防災目標や行動をとりまとめていることである。3つの戦略目標として，①持続可能な開発の取組みに防災の視点を取り入れる，②災害対応力を高めるために，すべてのレベルで体制を向上させる，③緊急対応や復興において，リスク軽減アプローチを取り入れることを掲げている。5つの優先行動として，①防災を国，地方の優先事項に位置づけること，②リスクの特定，評価，監視，早期警戒を強化すること，③防災文化を構築するため，知識，技術革新，教育を利用すること，④潜在的なリスク要因を軽減すること，⑤応急対応のための事前準備を強化することが掲げられている(19)。

後述の仙台防災枠組2015-2030の前文で，HFA の評価がなされている。それによると，HFA 採択以降，災害リスクの削減が進んでおり，各国に災害リスク管理に係る能力を向上させていると評価している。また，災害リスク削減のための戦略的助言，調整，パートナーシップ構築のための国際メカニズムは政策や戦略立案，知識や相互理解増進に役立ったとして，HFA は意識啓発等に重要な手段となってきたとしている。しかし，災害は甚大な被害をもたらし，人と財産の暴露の方が脆弱性の減少よりも増大し，新たなリスク発生や災害損失が増加していると課題を指摘している(20)。

◇ 2．災害時の緊急対応

第1章でみたとおり，1991年に採択された国連総会決議 A/46/182「国連の人道緊急支援における調整強化」は，国際社会の人道支援のかなめであり，災害時の緊急支援の基本原則となっている。

---

(18) 「大災害と国際協力」研究会・前掲注(10)217-219頁参照。
(19) See, A/CONF. 206/L. 2/Rev. paras. 9-10.
(20) See, A/CONF. 224/CRP. 1 pp. 3-6；外務省「仙台防災枠組2015-2030（仮訳）」
　　 1-3頁（http://www.mofa.go.jp/mofaj/files/000081166.pdf as of 30 Jan 2016) 参照。

同決議で設置された機関間常設委員会（IASC）は，災害時等に活用される規範の形成を行っている。

IASC で採択される様々なガイドライン等の規模や政策は，人道支援にかかわるすべての機関の活動の基礎を形成している。この根拠になるのは，国際人権法や人道法あるいは難民法といった国際法である。例えば，2011年に IASC は「自然災害時における人の保護に関する IASC 運用ガイドライン」を発行している。この中で，人道支援活動の基礎に人権保護の視点を置くとした，人権に基づくアプローチを採用しており，A）生命，安全および身体の保全，避難における家族関係の保護に関する権利保護，B）食料，医療，保護施設および教育の提供に関する権利の保護，C）住居，土地および財産，生活に関連する権利の保護，D）文書，国内避難民の恒久的解決の文脈での移動の自由，家族再統合，表現および意見ならびに選挙に関連する権利の保護の4つの項目に分けて，ガイドラインが構成されている。同ガイドラインは，スフィアプロジェクトに代表されるようなNGO が作成したガイドライン等も踏まえて作成されている。

災害時の緊急対応の調整ための国連組織は，国連事務局内にある国連人道問題調整事務所（OCHA）である。

活動調整は，クラスターアプローチという方法がとられ，食料，通信，教育，保護，保健衛生などといった11の分野別に国際機関，国家，NGO など活動に従事するアクターが集まって活動の調整を行っている。そこでの経験，問題点，改善点をグローバルレベルの協議につなげて対応の改善をはかる仕組みをとっている[21]。

◇ 3．復　興

HFA を具体化する国際連携プロジェクトとして，UNISDR や国連開発計画（UNDP）をはじめとする国連機関，世界銀行，アジア防災センター等と連携し，2005年，国際復興支援プラットフォーム（IRP）が神戸に設立された。IRP は，「よりよい復興」の実現に向けて，情報共有，パートナー間の協働，協力の促進，

---

[21] 川村真理「国連人道問題調整事務所の機能と組織化――統合・調整機能とその正当性――」坂元茂樹・薬師寺公夫編『普遍的国際社会への法の挑戦　芹田健太郎先生古稀記念』（信山社，2013年）565-602頁参照。（本書第1章参照）

◇ 第 3 章 ◇　災害サイクルに関連する国際法規範の新展開

共通戦略アプローチの理解の促進等を行っている。復興後のニーズ評価（PDNA）および復旧枠組（RF）の提供に取り組んでおり，PDNA ガイドラインを作成している。また，分野別の「復興ガイダンスノート」を作成し，世界の復興事例と教訓を共有できるような取組みを行っている[22]。

このように，復興に特化したゆるやかな国際連携のための制度とニーズ評価ガイドラインのような活動の統一に向けた指針などは存在するが，後述の「仙台防災枠組2015-2030」にあるように，「よりよい復興」が防災につながるとの考え方で，防災の枠組みの中に復興が統合されており，優先行動 4 では「よりよい復興」が組み込まれている。その中で，先にふれた IDRL ガイドラインに基づき国際協力に関する国内法および手続を適当な場合には検討および強化すること[23]や上述の IRP のような国際メカニズムの強化[24]が掲げられている。

◆ Ⅳ　2015年の新たな取組み──防災・開発・気候変動を中心に──

先にふれたとおり，2015年は災害対応に関連する 3 つの重要文書が採択された。以下，各文書における災害対応に関連した特徴を概観する。

◇ 1 ．仙台防災枠組2015-2030

まず，前文で各国の防災への決意の確認をし，これからの防災枠組として「より良い復興」と「人間中心の予防アプローチ」をめざすとしている。「より良い復興」とは，災害に見舞われた際，元の状態に戻すというのではなく，より良い形に進化される形での復興をめざすことを確認している。

今後15年間で，各国が防災政策に取り組む中で，期待される成果と目標は次の 3 つである。第一に，人命・暮らし・健康と個人・コミュニティ・国の経済的・物理的・社会的・文化的・環境的資産に対する災害リスク及び損失の大幅な削減，第二に，ハザードにさらされ脆弱な状態に置かれることを予防・削減し，応急対

---

(22) 「大災害と国際協力」研究会・前掲注(10)196-200頁参照；See, http://www.recoveryplatform.org/as of 30 Jan 2016.
(23) A/CONF. 224/CRP. 1 para. 33(p).
(24) *Ibid.*, para. 34(d).

応及び復旧への備えを強化し，もってレジリエンスを強化する，経済的・構造的・法律的・社会的・健康的・文化的・教育的・環境的・技術的・政治的・制度的な施策を通じて，新たな災害リスクを防止し，既存の災害リスクを削減すること，第三に，数値目標を掲げて対応にあたることである。その指標として，①死亡者数，②被災者数，③経済的損失，④重要インフラの損害，⑤防災戦略採用国数，⑥国際協力，⑦早期警戒及び災害リスク情報へのアクセスの7項目を掲げている。

また，各国政府が防災政策を策定するにあたっての指導原則として次の13項目を掲げている。①各国が防災の一義的責任を持つということ，②中央政府，関連機関，各セクター，ステークホルダー間での責任共有，③人権尊重，④社会全体の関与と連携および女性と若者のリーダーシップの促進，⑤国家機関の全面的参画と，相互協力，連携，役割と説明責任の補完を確保するための，各ステークホルダーの責任の明確化，⑥地方自治体とコミュニティによる災害リスク削減能力強化，⑦データのオープンな交換と普及やアクセスしやすく包括的なリスク情報に基づいた包摂的な意思決定，⑧持続可能な開発における災害リスク削減の重視，⑨災害リスクの理解，⑩公的・民間投資を通じた潜在的リスク要因への対処，⑪より良い復興，⑫国際協力の強化，⑬途上国支援。

さらに，防災にあたっての優先行動として次の4つを掲げている。第一に，災害リスクの理解，第二に，災害リスク管理のための災害リスクガバナンスの強化，第三に，レジリエンスのための災害リスク削減への投資，第四に，効果的な応急対応に向けた準備の強化と「より良い復興」である。

その他，今後15年間の取り組みの中での重要事項として，様々な防災関係者の参加が掲げられている。これは，市民社会やボランティア等の参加，また女性，子供と若者，障害者，高齢者，先住民などの参加あるいは学術界，企業，メディア等との連携を含んでいる。加えて，国際協力とグローバル・パートナーシップも掲げられている[25]。

仙台防災枠組の特徴として，4点指摘したい。第一に，「レジリエンス」という用語が防災枠組の指導原則にも盛り込まれているが，防災世界会議でキーワードとして使用されていた点である。UNISDRの定義によると，レジリエンスとは，

---

(25) See, A/CON. 224/CRP. 1；外務省「仙台防災枠組2015-2030（仮訳）」参照。

◇第3章◇　災害サイクルに関連する国際法規範の新展開

本質的基本的構造および機能の保存および修復をも含む，時宜を得た有効な方法で，ハザードにさらされるシステム，コミュニティ又は社会が，ハザードの影響に耐え，それを吸収し，順応し，回復する能力をさす[26]としている。第二に，こうしたレジリエンスな社会構築について重視される点として，災害サイクル，即ち，防災・緊急対応・復興といった各フェーズは関連しており災害の発生していない時期から，潜在的災害リスク管理のガバナンス強化が必要であるとの認識が強調されている点が挙げられる。このガバナンスは，あらゆる分野の制度に関わることが確認されている。第三に，あらゆるアクターの連携を重視している点である。この連携は，あらゆるフェーズで，またグローバル，国家間，国内，自治体内，個人間の連携を指し，先の「レジリエンス」な社会構築，リスク管理に密接にかかわることも指摘できる。第四に，人間中心，人権尊重，ジェンダー配慮，弱者保護の観点が盛り込まれている点である。これは，HFAのレビューや災害対応の様々な活動を通じて確認されてきたことを受けての進展である。

　このように，災害の発生していない時期から災害後の復興にいたるまで，常に，あらゆる社会制度において災害リスク対応を行うこと，またその際に，人権の視点のアプローチを取り込むこと，まさに「防災の主流化」，「人権の主流化」による社会構築がレジリエンスなより良い社会を生むことが，仙台防災枠組では確認され，国際社会がその目標に向かって行動をとることが求められている。

◇　2．持続可能な開発目標（SDGs）

　2015年9月，「持続可能な開発のための2030アジェンダ」を採択する国連サミットが開催され，2001年に策定されたミレニアム開発目標（MDGs）にかわる2016年から2030年までの開発目標が策定された。MDGsの最終評価において，過去15年間のMDGsの取組みの成功は，グローバルな取組みが有効であることを示しているとしている。しかし，すべての開発課題が解決されたわけではなく，残された課題として，男女間の不平等，格差，貧困と飢餓，紛争が人間開発の最大の脅威となっていることなどに加え，気候変動と環境悪化が達成すべき目標を阻んでいることも指摘している[27]。その上で，誰ひとり置き去りにすることなく全ての人々の尊厳が確保されるような世界をめざし次の15年の開発目標として

---

(26)　UNISDR, *Terminology on Disaster Risk Reduction* (2009), p. 24.

17のゴール，169のターゲットが策定された[28]。MDGs よりもゴール・ターゲットともに増加したが，これらは互いに連動しており，統合的に扱うことが望ましいとの考え方のもと設定された。SDGs の最大の特徴は，持続可能な環境や社会を実現するためにすべての国が取り組むという「ユニバーサリティ」と民間企業や市民社会を含むあらゆるアクターが役割を果たす「グローバル・パートナーシップ」の重要性が盛り込まれている点である[29]。

2030アジェンダの宣言において，原則および約束に関し，新アジェンダが国際法の尊重を含む国連憲章の目的と原則によって導かれ，世界人権宣言，国際人権条約，ミレニアム宣言および2005年サミット成果文書にも基礎を置くとしている。また，環境と開発に関するリオ宣言のすべての原則，とりわけ「共通だが差異ある責任」原則を再確認している。さらに過去に国連で開催された持続可能な開発に関する主要な会議の成果に加え，小島嶼開発途上国国際会議や世界防災会議の成果等も再確認するとしている。SDGs は，人権，開発，環境，防災の法規範に立脚していることがわかる。

災害対応に関連した特徴として，持続可能な開発と防災，気候変動の関係が明記されている点が MDGs と大きく異なる点として指摘できる。

ゴール11「包摂的で安全かつレジリエントで持続可能な都市及び人間居住を実現する」の中のターゲットに，次の2つが盛り込まれている。

「11.5　2030年までに，貧困層及び脆弱な立場にある人々の保護に焦点をあてながら，水関連災害などの災害による死者や被災者数を大幅に削減し，世界の国内総生産比で直接的経済損失を大幅に減らす。」

「11.b　2020年までに，包含，資源効率，気候変動の緩和と適応，災害に対す

---

(27) See, United Nations, *Millennium Development Goals Report 2015*（2015），pp. 8-9；国連ミレニアム開発目標報告2015　MDGs 達成に対する最終評価（2015年）（http://www.unic.or.jp/files/e530aa2n8e54dca3f48fd84004cf8297.pdf as of 30 Jan 2016）参照。

(28) See, A/RES/70/1；外務省「我々の世界を変革する：持続可能な開発のための2030アジェンダ（仮訳）」（http://www.mofa.go.jp/mofaj/files/000101402.pdf as of 30 Jan 2016）参照。

(29) See, http://www.mofa.go.jp/mofaj/ic/gic/page3_001387.html as of 14 Jan 2016.

◇ 第 3 章 ◇　災害サイクルに関連する国際法規範の新展開

るレジリエンスを目指す総合的政策及び計画を導入・実施した都市及び人間居住地の件数を大幅に増加させ、仙台防災枠組2015-2030に沿って、あらゆるレベルでの総合的な災害リスク管理の策定と実施を行う。」

また、ゴール9「レジリエントなインフラの構築、包摂的かつ持続可能な産業化の推進、及びイノベーションの推進を図る」のターゲットの中に、「9 a アフリカ諸国、後発開発途上国、内陸開発途上国、小島嶼開発途上国への金融、テクノロジー、技術支援の強化を通じて開発途上国における持続可能でレジリエントなインフラ開発を促進すること」と明記されている。

気候変動と災害両方に関連するものとして、ゴール13「気候変動及びその影響を軽減するための緊急対策を講じる」の中のターゲットの一つには、「13.1 すべての国において、気候関連のハザードや自然災害に対するレジリエンス及び適応力を強化する」が盛り込まれている[30]。

◇ 3．パリ協定

次に、京都議定書の後継として気候変動枠組条約下で温室効果ガスの削減方法等を定めたパリ協定[31]において、災害対応との関連がどのように規定されたかをみてみよう。

まず、第2条において、当該協定の目的を、世界的な平均気温上昇を産業革命以前に比べて2℃より十分低く保つとともに、1.5℃に抑える努力を追求すること、適応能力を向上させること、資金の流れを低排出で気候に強靭な発展に向けた道筋に適合させること等によって、気候変動の脅威への世界的な対応を強化することと規定している。パリ協定においては、温室効果ガス削減のみならず、長期的な気温上昇の抑制の目標を掲げ、各国が気候変動への適応、損失および損害への対処を行うこと、それらに向けてすべての国の適応目標と計画の設定、5年毎の世界状況の把握、資金提供、技術発展と移転、能力強化等が定められている。

第7条では、気候変動に対する適応能力の拡充、レジリエンス（強靭性）の強

---

(30)　See, *supra* note (28), pp. 4-5, 20-23.
(31)　2015年12月12日採択、2016年11月4日効力発生。日本について、同年12月8日効力発生。

化,脆弱性の減少に関する世界全体の目標を設定し,適応努力に関する支援および国際協力の重要性を認識し,情報共有,制度的措置の強化,科学知識の強化,途上国支援などを規定している。また,適応計画立案過程及び行動の実施への取組み,世界全体の目標に向けた進捗状況の検討を行うことも盛り込まれている。

第8条では,損失と損害への対応を規定している。まず第1項では,締約国は,気候変動の悪影響に関連した損失及び損害を回避,最小限化,対処することの重要性を認識するとし,第2項から第5項において,第19回締約国会議で採択された「気候変動の影響に伴う損失及び損害に関するワルシャワ国際メカニズム」を通じた取組みについての規定がなされている。ワルシャワ国際メカニズムは,気候変動の悪影響に伴う損失と損害に対処する包括的リスク管理アプローチの知識と理解の拡充,関連するステークホルダー間の対話,調整,一貫性,シナジーの強化,活動と支援の拡充の役割を担うため設置された[32]が,パリ協定においてそのメカニズムの促進が図られることとなった。締約国は,気候変動の悪影響に伴う損失と損害に関して,適当な場合には,協力的かつ促進的に理解,行動,支援(ワルシャワ国際メカニズムを通じたものを含む。)を強化すべきであり,その分野として,早期警戒体制,緊急事態のための準備,穏やかに進行する現象,回復不可能で恒常的な損失と損害を含み得る現象,包括的な危険の評価及び管理,リスク保険,経済外の損失,並びに地域社会,生計及び生態系のレジリエンス(強靭性)を含み得るとしている。また,ワルシャワ国際メカニズムは,協定内外の既存の組織や専門家グループと協力すると規定されている[33]。

◇ 4. 小 括

上述のように,2015年に採択された3つの文書では,防災,開発,気候変動への対応を連動し,包括的にとらえた目標等を設定した法規範を有し,いずれもレジリエンス(強靭性)と適応能力の強化が謳われており,そのための国際協力の

---

(32) See, http://unfcc.int/adaption/workstreams/loss_and_damage/items/8134.php as of 14 Jan 2016.

(33) パリ協定の規定に関して,See, FCCC/CP/2015/L. 9/Rev.1 Annex, pp. 22, 25-26;外務省「パリ協定の概要(仮訳)」(http://www.mofa.go.jp/mofaj/ic/ch/page23_001436.html as of 18 Jan 2016)参照。公定訳:2016年11月14日公布条約第16号。

◇第3章◇　災害サイクルに関連する国際法規範の新展開

重要性を確認している。当該分野は法的拘束力を有さない，いわゆるソフトローによる目標設定と国際社会の活動調整を特徴として挙げられるが，パリ協定において法的拘束力を有する規定において気候変動の影響に伴う損失および損害への対応を締約国に課したことは，大きな前進といえる。これらの枠組みがどのように発展し各国の取組みに反映され実効的に機能するのか，今後の動向を注視していく必要があろう。

◆ V　おわりに

　災害対応に関する法規範は，独自の法分野として確立しているものではない。災害に関する特定の問題に関する二国家間条約，地域条約，普遍的条約も存在するが，災害という状況に関連する慣習法や既存の国際法分野の多数国間条約等の規定等に基づいて，その状況に適応するような形態，ガイドラインや行動綱領といったソフトローの形で，制定されているものが多い。これらの法規範の制定は，国際機関や多数国間会議を通じてなされているが，起草段階でNGO等の国家以外のアクターの参加やNGO等がすでに制定したガイドライン等を参考にしている場合がある。災害対応には，国家のみならず国際機関やNGO等も連携して活動する場合が多く，多主体間の活動の統合や調整のためのゆるやかな連携のための法規範生成がなされ，ソフトローによる目標設定・審査・評価で実態把握と活動調整を行うといった手法が用いられている点が，特徴の一つとして挙げられる[34]。
　また，開発法と環境法と災害との連動が特徴的であり，特にパリ協定という多数国間条約内にワルシャワ国際メカニズムの強化が盛り込まれたことは災害対応の法規範と制度の前進と捉えることができる。
　さらに，従来の被災国国家への国家間協力の観点に加え，脆弱な立場に立たされる人を対象とする文書も多く，人間中心のアプローチも特徴である。
　本章では，主権国家の併存構造とこうしたグローバルな取組みとの間の問題点については考察対象としてこなかったが，2015年に策定された3つの文書に基づき，今後災害対応の国際的な取組みがどのように進展していくのか，そのような観点からの考察も含め引き続き注目していきたい。

---

(34)　See, Gabriella Venturini, *op. cit.*

第 2 部

人権法の解釈適用による保護範囲の拡張

第4章
拷問等禁止条約第3条における送還禁止基準

◆ I　はじめに

　拷問及びその他の残虐な，非人道的な又は品位を傷つける取り扱い又は刑罰を禁止する条約（以下，拷問等禁止条約と略す）は，1984年12月10日に採択され，1987年6月26日に効力発生した。2005年4月末の時点で，139カ国が締約国となっており，日本は，1999年6月29日に加入している。国際的な拷問禁止の淵源は，世界人権宣言にあるが，その後，世界人権宣言の規定をさらに発展した数々の条約が制定されている。特に，人権及び基本的自由の保護のための条約（以下，欧州人権条約と略す）と市民的及び政治的権利に関する国際規約（以下，自由権規約と略す）は，独自の手続により，拷問及び残虐な，非人道的な又は品位を傷つける取り扱い又は刑罰に関する基準を発展させた。拷問等禁止条約は，拷問等の実行が，すでに国際法のもとで禁止されていることの認知に基づいている。拷問等禁止条約は，多くの措置によって，現存する拷問等の行為の禁止を強化するものである。また，条約の主要な趣旨及び目的は，条約前文からもわかるように，拷問の防止であり，いったん発生した拷問を正すものではない[1]。

　拷問等禁止条約は，拷問のおそれのある他国に送還することを明白に禁じた最初の条約である[2]。拷問等禁止条約第3条1項は他国に個人を引き渡す3つの

---

[1]　拷問等禁止条約起草過程に関して，村上正直「拷問等禁止条約が定める拷問の定義について」『阪大法学』137号（1986年）129-140頁；今井直「拷問等禁止条約の意義——その実体規定の特徴」『早稲田法学会誌』36号（1986年）1-9頁参照；See, Chris Ingeles, *The UN Committee against Torture* (Kluwer Law International, 2001); J. Herman Burgers and Hans Danelius, *The United Nations Convention against Torture: A Handbook on the Convention against Torture and Other Cruel, Inhuman or Degrading Treatment or Punishment* (Martinus NIjhoff Publishers, 1988).

[2]　See, Chris Ingeles, *ibid.*, p. 291.

◆第2部◆　人権法の解釈適用による保護範囲の拡張

方法，すなわち，追放（expulsion），送還（return ("refoulement")）及び犯罪人引渡し（extradition）について言及している。当該規定は，欧州人権条約第3条に関する欧州人権裁判所の判例により想起されている(3)。

　締約国は，拷問等禁止条約第22条のもと，その管轄下にある個人であっていずれかの締約国によるこの条約の規定の違反の被害者であると主張する者により又はその者のために行われる通報を，拷問禁止委員会（以下，委員会と略す）が受理し及び検討する権限を有することを認めることを宣言することができる。2005年4月15日現在，56カ国が第22条に基づき，委員会の権限を認めているが，日本は，個人通報を認めていない。1993年11月から2005年5月の間，委員会は，151件の決定を採択しているが，そのうち132件が第3条に関するもので，96件が本案で審理され，36件が許容可能性の審理で非許容とされた。第3条に関する事例のほとんどが難民不認定後の退去強制の問題に関わるものである。個人通報における委員会の第3条解釈は，拷問の恐れのある出来事における送還禁止の基準を発展させてきた(4)。

　本章は，委員会が拷問等禁止条約第3条のもと難民不認定後の退去強制の禁止をどのような基準により解釈しているかに焦点をあてて考察する。ここでは，慣習法としてのノン・ルフールマン原則ではなく，拷問等禁止条約上の送還禁止基準について論ずることとする(5)。はじめに，拷問等禁止条約第3条と難民の地

---

(3)　拷問等禁止条約第3条に関して，今井・前掲注(1)20-25頁参照；See, J. Herman Burgers and Hans Danelius, *op. cit.*, pp. 125-128.

(4)　今井直「拷問等禁止条約とは何か」『自由と正義』Vol. 52 No. 9（2001年）37-38頁参照；ナイジェル・ロドリー著，海渡雄一訳「拷問禁止委員会による条約実施の権限と手続」『自由と正義』Vol. 52 No. 9（2001年）47-48頁参照；大谷美紀子「日本における拷問等禁止条約の実施における分野ごとの課題——八　個人通報に関する紹介——主要な個人通報事例の紹介」『自由と正義』Vol. 52 No. 9（2001年）73-75頁参照。

(5)　ノン・ルフールマン原則の慣習法化の議論に関して，芹田健太郎『亡命・難民保護の諸問題Ⅰ——庇護法の展開』（北樹出版，2000年）219-221, 234-236頁参照；See, G.S. Goodwin-Gill, *The refugee in international law* (Clarendon Press, 1996), pp. 117-137; Sir Elihu Lauterpacht and Daniel Bethlehem, "The Scope and Content of the Principle of Non-Refoulement: Opinion," in Elika Feller, Volker Tülk and Frances Nicholson eds., *Refugee Protection in International Law UNHCR's Global Consultations on International Protection* (Cambridge University Press, 2003), pp. 140-164.

◇第4章◇　拷問等禁止条約第3条における送還禁止基準

位に関する条約（以下，難民条約と略す）との相異について論じることとする。難民条約と人権条約の保護機能の相異，送還禁止の人的管轄権の相異，難民条約の監督機関たる国連難民高等弁務官事務所（以下，UNHCR と略す）が拷問等禁止条約の解釈にどのような影響を与えているのか，また UNHCR が近年人権条約をどのように考慮しようとしているかを考察する。次に，個人通報の決定を考察することにより第3条の解釈基準を明らかにする。最後に，拷問等禁止条約第3条の基準の発展と課題を明らかにするとともに，日本における難民不認定後の退去強制に与える影響についても若干ふれたい。

◆ II　拷問等禁止条約第3条と難民条約

◇ 1．保護機能の相異

　先に述べたとおり，拷問等禁止条約の目的は拷問行為の防止であり，各締約国は，この目的のために効果的な立法上，行政上，司法上またはその他の措置をとる義務を有する。また，人権法の目的は「すべての人」の保護である。一方，難民条約の主要目的は，難民問題が国家間の緊張の原因となるのを防ぐことである。難民条約前文の文言から当該条約の目的を表すれば，「人間は基本的な権利及び自由を差別を受けることなく享有するとの原則を考慮し」，「国際連合が，…難民に対して基本的な権利及び自由のできる限り広範な行使を保証することに努力してきたことを考慮」して，難民問題解決のため，庇護が特定国の負担とならぬよう国際協力により各国の措置の調整を行うことである。しかし，難民条約上締約国に人権条約のような措置義務を課す条項は存在しない。難民条約第5条で規定されているとおり，難民の権利及び利益の実現を求めるということにおいて，当該条約は消極的機能しか有さず，他の法体系に委ねるという形になっているのである[6]。

　これに関連して，*Seid Mrtesa Aemei v. Switzerland* で，委員会は次のように言及している。

　　拷問等禁止条約第3条の違反の委員会決定は庇護の付与又は拒否に関する国

---

(6)　川村真理『難民の国際的保護』（現代人文社，2003年）142–149参照。

◆第2部◆　人権法の解釈適用による保護範囲の拡張

家当局の決定に影響をあたえない。第3条違反の決定は宣言的性格を有する。結果的に，締約国は庇護の付与に関する決定の修正を要請されない。一方，条約第3条の規定に一致する必要な措置となりうる解決を見出す責任を有する。これらの解決は法的性質であるかもしれないが，政治的性質のものでもある(7)。

　上述のように，委員会は庇護制度と拷問等禁止条約上の人権保護は最終的には基本的人権を保障する目的であっても別体系のものであることを明らかにしている。

◇　2．追放及び送還禁止の範囲の相異
　拷問等禁止条約第3条は，拷問を受ける危険がある国に個人を追放又は送還することを禁じている。拷問禁止については，一般国際法上の *jus cogens* とみる説もある(8)。
　一方，難民条約第33条は，人種，宗教，国籍，特定の社会的集団構成員，政治的意見のために，難民を生命又は自由が脅威にさらされるおそれのある領域の国境へ追放し又は送還することを禁止している。難民条約第33条は逸脱できない規定であり，それから派生したノン・ルフールマン原則は，多くの文書に言及され，それを遵守する国家実行が積み重ねられていることから，現在では，慣習法となっているとみられている(9)。UNHCRは，ノン・ルフールマン原則が，大量流入の場合の庇護申請者のような条約難民と確認されていない者もその適用範囲に含み，国境における入国拒否も含めて考えた基準(10)を設定しているが，国家実行は一律ではない。
　また，難民条約には，第33条2項に第1項の例外規定がある。第2項の適用は，

---

(7)　A/52/44, p. 79: Communication No. 34/1995 Seid Mortesa Aemei v. Switzerland adopted on 29 May 1997, para. 11.

(8)　See, Erika de Wet, "The Prohibition of Torture as an International Norm of Jus Cogens and its Implications for National and Customary Law," *EJIL*, Vol. 15 no. 1 (2004), pp. 97–121; Obiora Chinede Okafor and Pius Lekwuwa Okoronkwo, "Reconfiguring Non-Refoulement? The Suresh decision, 'Security Relativism' and the International Human Rights Imperative," *IJRL*, Vol. 15 no. 1 (2003), pp. 30–67.

(9)　前掲注(5)参照。

(10)　See, Excom conclusion No. 6, No. 22.

◇第4章◇　拷問等禁止条約第3条における送還禁止基準

国家の安全のすべての理由が関連するのではなく，難民が国家の安全の危険を構成しなければならない。「犯罪」の文言は，重大な刑事犯を意味し，以下の2つの条件が満たされなければならない。第一に，難民は常習犯として特定の重大犯罪に関して最終判決により有罪の判決が確定していなければならない。第二に，難民は当該国のコミュニティに対する危険を構成しなければならない。また，比例性の原則に基づき，追放又は送還により難民へ与える危険は，滞在が許可される場合起こりうる公共の安全への脅威より重いかどうかを見なければならない。しかし，第2項は，他国において特定の重大犯罪の有罪が確定している人又は普通犯罪者の滞在を国家が避けるいわば防衛手段を与えた形となっていて，いかに正当性をもって比例性を保つかは大きな問題である[11]。

2001年のアメリカ同時多発テロ以降，この正当性，比例性の基準が大きく取り上げられるようになった。Suresh 事件では，庇護国の安全と追放又は送還の比例性を考える場合の基準の1つを，拷問を受ける危険のある国への追放又は送還の禁止とした。このことをふまえて，拷問の危険がある国への送還禁止をノン・ルフールマン原則の1つの基準，さらには逸脱できない，強行規範的性質であるとみる説もある[12]。

では，委員会では，受入国の安全と追放又は送還の比例性をどのように考慮しているのであろうか。M.B.B. v. Sweden において，委員会は難民条約との相異について言及している。

通報者が難民条約第1条F[13]に関連する罪を犯したことを認める事実を考慮して，難民条約に従い庇護をうけることができないとする出入国管理局の言及に注目する。しかし，拷問等禁止条約第3条は上述の条約規定とは異なり，当該者が罪を犯したかどうか，そしてその罪の重大性に関係なく適用されることを，委員会は再確認する。一方，当該者が滞在を許可される国家の法的地位は，委員会

---

(11)　See, P. Weis, *The refugee convention, 1951* (Cambridge University Press, 1995), 336-342頁。

(12)　See, Suresh v. Canada (Minister of Citizenship and Immigration), [2002] 1S. C.R.3, 2002 SCC1, 11 Jan 2002; Rene Bruin and Kees Wouters, "Terrorism and the Non-Derogability of Non-Refoulement," *IJRL*, Vol. 15 no. 1 (2003), pp. 5-29.

(13)　A/54/44, p. 88: Communication No. 104/1998, M.B.B. v. Sweden adopted on 21 Jun 1999, para. 6.4.

◆ 第 2 部 ◆　人権法の解釈適用による保護範囲の拡張

に関係しない(14)。

　難民条約第 1 条 F は，次のいずれかに該当すると考えられる相当な理由がある者については，当該条約を適用しないとして次の 3 項目を列挙している。
　(a) 平和に対する犯罪，戦争犯罪及び人道に対する犯罪に関して規定する国際文書の定めるこれらの犯罪を行ったこと。
　(b) 難民として避難国に入国することが許可される前に避難国の外で重大な犯罪（政治犯罪を除く）を行ったこと。
　(c) 国際連合の目的及び原則に反する行為を行ったこと。
　上述のように，委員会は，通報者の法的地位や難民条約の第 1 条 F に言及される罪を犯したかどうかは考慮しない。結果的に，拷問等禁止条約第 3 条は，拷問の危険を有する場合は，難民条約下での保護をうけない人にも適用される。
　また，*Mr. Ahmed Hussein Mustafa Kamil Agiza v. Sweden* において，委員会は出身国へ送還後の外交的保証や国家安全保障に関わる審査手続を含めたテロリストに対する措置が，拷問等禁止条約第 3 条違反にあたるかを審査し，次のように述べている。

　　委員会は，条約による保護は，たとえ国家安全保障の文脈においても絶対的なものであり，このような考慮が，適切な審査メカニズムの重要性を強調することを再確認する(15)。

　委員会は，国家安全保障を考慮する場合にも，第 3 条の絶対性を確保する適切な措置をとることを要求している。

◇ 3．拷問等禁止条約の解釈に UNHCR が与える影響

　UNHCR の権限が拷問等禁止条約に与える影響に関して，*V.X.N. and H.N. v. Sweden* で委員会は次のように述べている。

---

(14) 難民条約第 1 条 F に関して，See, Geoff Gilbert, "Current Issues in the Application of the Exclusion Clauses," in Elika Feller, Volker Tülk and Frances Nicholson eds., *op. cit.*, pp. 425-487.
(15) CAT/C/34/D/233/2003, Communication No. 233/2003, Mr. Ahmed Hussein Mustafa Kamil Agiza v. Sweden adopted on 24 May 2005, para. 13.8.

◇第4章◇　拷問等禁止条約第3条における送還禁止基準

　委員会は，追放が1951年難民条約第33条第2項下の国家の義務に矛盾しないかどうかを明らかにするため，UNHCRによって本件がすでに審査されているという締約国の見解に留意する。しかしながら，1951年難民条約やUNHCR規程が国際的調査又は解決の手続創設に関して規定していないことに注目し，特定の事例に関する国際法解釈問題の地域機関又は国際機関による成文意見又は勧告は，本件が国際的調査又は解決に係属していることを示唆しないと考える(16)。

　委員会は，拷問等禁止条約第22条第5項の「他の国際的調査又は解決」の文言は，そのような機能を規定していない難民条約およびUNHCR規程に基づくUNHCRの活動を含まないと考えている。従って，UNHCRの審査や，難民条約上の審査中又は審査が終了していても，第22条に基づき個人通報は検討されうる。

　一方，委員会は事実調査の段階においてUNHCRからの情報を重視していることが判例からみてとれる。例えば，*Pauline Muzonzo Paku Kisoki v. Sweden* で，委員会はスウェーデン政府の見解を却下し，UNHCRの見解に言及しながら，Mrs. Kisokiのザイールへの送還は第3条違反であるとした(17)。

◇　4．UNHCRによる人権基準の考慮

　UNHCR規程8(a)では，UNHCRの難民保護を提供する権限の一つとして，「難民保護に関する国際条約の締結及び批准の促進，条約適用の監督及び改正の提案」を規定している。この条約適用の監督及び改正の提案には，締約国が条約を履行するに必要な措置に関する監督や助言等の活動も含まれるであろう。国連総会の下部機関であるUNHCRは，規程3に従い，総会決議で政策を拡大してきており，現在では，UNHCR援助対象者を条約難民だけでなく「国際的保護を必要とする人」に拡大している。また，国連機関の1つとして国連憲章第55条下で安定と福祉の条件創設および国連の優先的目的たる人権尊重の促進の役割も

---

(16)　A/55/44, p. 145: Communications Nos. 130/1999 and 131/1999, V.X.N. and H.N. v. Sweden adopted on 2 September 2000, para. 13.1.

(17)　See, A/51/44, p. 86: Communication No. 41/1996, Mrs. Pauline Muzonzo Paku Kisoki v. Sweden adopted 8 May 1996 para. 9.5; see also, Manfred Nowak, "Committee against Torture and Prohibition of Refoulement," *NQHR*, Vol. 14 No. 4 (1996), pp. 436-437.

担っている。

　UNHCRの機能に関して，執行委員会（以下，EXCOMと略す）は，国際的保護に関する「結論」を採択して勧告を行っており，これがUNHCRの保護活動の指針となっている。EXCOM結論では，条約制定時に深く議論されていなかった人権への言及が増加してきており，拷問等の禁止に関連する結論も多数みられる。例えば，EXCOM結論No. 81では，庇護申請者の適切な取扱いに関連して，拷問等非人道的な取扱いをうけない権利についての言及がみられる。また，保護に基づく包括的アプローチの主要な要素として，すべての人権の保護を掲げ，その中で拷問等非人道的な取扱いまたは刑罰からの自由に対する権利を生命等とともに列挙している。ノン・ルフールマン原則の重要性を確認する際に難民条約第33条の文言とともに，拷問等禁止条約第3条の文言も列挙している[18]。

◆ Ⅲ　個人通報事例における第3条の解釈

　上述のように，拷問等禁止条約は，庇護制度とは別の法体系において送還禁止を定めている。しかし，規範の適用および解釈の発展から，拷問等禁止条約第3条は，庇護制度，特にその根幹をなすノン・ルフールマン原則を補完している。では，拷問等禁止条約第3条の解釈基準とはいかなるものであるのか。次に委員会による個人通報事例の審査基準および一般的意見からそれを明らかにしていきたい。

◇ 1．公務員又はその他の公的資格で行動する者による侵害

　拷問等禁止条約第1条は拷問の定義[19]を規定しており，その中で拷問にあたる苦痛が，「公務員その他の公的資格で行動する者により又はその扇動により若しくはその同意若しくは黙認の下に行われるもの」としている。*G.R.B. v. Sweden* において，国家の義務が第1条に関連していることを再確認したうえで，「委員会は，政府の同意又は黙認なく，非政府主体により加えられる苦痛の危険

---

(18)　See, Excom conclusion No. 80, No. 81, No. 82, No. 87.
(19)　村上・前掲注(1)140-164頁参照；See, J. Herman Burgers and Hans Danelius, *op. cit.*

◇第4章◇　拷問等禁止条約第3条における送還禁止基準

がある者の送還を禁止する締約国の義務があるかどうかの問題は，条約第3条の適用範囲外であると考える[20]」とし，委員会は，非政府組織による行為について第3条下の検討は行わず，公務員その他の公的資格で行動する者による拷問に関連する行為のみを扱うことを明らかにした。

しかし，1998年11月17日付託，1999年5月25日に決定がなされた *Sadiq Shek Elmi v. Australia* では，他の部族によって標的とされている Shikal 部族出身のソマリア国民 Elmi がオーストラリアに庇護申請したが却下された問題で，委員会は本案で次のように言及した。

　長年，ソマリアには中央政府がなく，国際社会は交戦団体と交渉を行い，Mgadishu において活動するいくつかの交戦団体は準政府制度を設立し，共通の行政の制定を交渉していることに委員会は注目する。事実，これらの団体は通常正当な政府によって行使される権利を行使している。従って，条約適用の目的に関して，これらの団体の構成員は，第1条にある「公務員その他の公的資格で行動する者」の文言に該当する[21]。

このように無政府状態において非政府組織も公的資格で行動する者とみなす場合もある。*H.M.H.I. v. Australia* では，委員会は次のように言及している。

　Elmi 事件から3年が経過し，ソマリアは，最近，暫定国家政府の形態で国家当局を有していることを委員会は考慮する。従って，委員会は，この事件が Elmi の例外的状況に該当するとは考えず，ソマリアの現状でのこの団体の行為は条約第3条の範囲外であるとの見解をとる[22]。

このことから，Elmi 事件は例外的な事例であって，いったん中央政府の制定が認知されれば，委員会による例外的考慮は終了することがわかる。

---

[20]　A/53/44, p. 98: Communication 83/1997, G.R.B. v. Sweden adopted on 10 November 1997, para. 6.5.

[21]　A/54/44, p. 119: Communication No. 120/1998, Sadiq Shek Elmi v. Australia adopted on 25 May 1999, para. 6.5.

[22]　A/57/44, p. 172: Communication No. 177/2001, H.M.H.I. v. Australia adopted on 1 May 2002, para. 6.4.

◆第2部◆　人権法の解釈適用による保護範囲の拡張

◇2．送還禁止対象国

　Mutombo v. Switzerland で「締約国は，Mutombo をザイール又はザイールに追放又は送還されるおそれのあるいかなる他の国へも追放してはならない義務がある[23]」と初めて第3条第1項の「他の国」とはどこを指すのかに言及した。一般的意見において，第3条の「他の国」の文言は，当該者が追放，送還又は引渡しされる国および通報者が後に追放，送還又は引き渡されるであろう国に言及しているというのが委員会の見解であるとしている[24]。*Avedes Hamayak Korban v. Sweden* において，「委員会は，一般的な状況において，締約国がイラクへの通報者の強制送還を禁ずる義務があるとの見解を有する。また，締約国は，ヨルダンからイラクへ追放されるおそれから，ヨルダンへの通報者の強制送還を禁ずる義務をも有する[25]」とし，第3条第1項の「他の国」の文言は，出身国だけでなく，拷問のおそれがある第三国をも含むことを具体的に述べている。

◇3．安全確保

　委員会が初めて第3条違反を下した *Mutombo v. Switzerland* は，後の多くの判例における解釈基準を示している。Mutombo は，ザイール市民で軍隊に入っていたが，政治活動に参加し，軍事キャンプで拷問を受け，軍法裁判で有罪となり軍刑務所で体罰によって身体的損傷を受けたが治療は施されなかった。条件つきで釈放された後，ルワンダ，イタリアを経由しスイスに不法入国し難民申請をしたが不認定となった。Mutombo は，自国に送還されれば拷問をうけるか安全が脅かされる危険があること，ザイールにおいて一貫した形態の重大な，明らかな又は大規模な人権侵害が存在することを挙げ，委員会による審査の間，スイスに追放せず，保護の仮保全措置をとるよう求めた[26]。委員会は，「通報者により提出される事実が疑わしい場合でさえ，その者が危険にさらされないよう安全を確保しなければならない[27]」とし，Mutombo の送還が第3条違反にあたると

---

(23) A/49/44, p. 53: Communication No. 13/1993, Mr. Balabou Mutombo v. Switzerland adopted on 27 April 1994, para. 10.

(24) See, HRI/GEN/1/Rev.6, p. 279, para. 2.

(25) A/54/44, p. 49: Communication No. 88/1997, Avedes Hamayak Korban v. Sweden adopted on 16 November 1998, para. 7.

(26) See, A/49/44, Mutombo v. Switzerland, pp. 45-53.

◇第4章◇　拷問等禁止条約第3条における送還禁止基準

した。

　委員会は，審査手続において，通報者の安全が，通報者によって提出される事実の信憑性より優先されると考えている。このことは，拷問の危険の審査が緩やかであるという意味ではなく，評価は，拷問等禁止条約の主要目的たる拷問行為の防止に一致すべきであるということを意味する。

　また，安全確保に関連して，委員会は，規則108[28]で仮保全措置について，「通報を受理した後及び本案の決定の前のいかなる時においても，委員会，作業部会，又は新たな通報及び仮保全措置に関する報告者は，申し立てられた違反の被害者に対する回復不可能な損害を回避するために，委員会が必要と考える仮保全措置をとる要請を，緊急に検討するように，関係締約国に対し通達できる」と規定している。ここでは may が用いられているので，法的拘束力はない。しかし，仮保全措置を遵守せず送還した事例において，委員会は次のように言及している。

　　委員会が妥当だと判断した場合に要請された仮保全措置の遵守は，委員会の手続の結果を無効にするような回復困難な損害から，問題となっている者を保護するために不可欠である[29]。

　2001年国際司法裁判所の LaGrand[30]事件において，仮保全措置の法的拘束力を認めているが，欧州人権裁判所においても，*Mamatkulov and Abdurasulovic v. Turkey*[31]で，これまで議論のあった仮保全措置の法的拘束力に関して，規則第39条に基づく仮保全措置の指示の不遵守が，欧州人権条約第34条で規定する，個人の申立ての権利の効果的な行使を保障する義務の違反となることを認めている。

---

(27)　*Ibid.*, para. 9.2.: see also, A/50/44, p. 56: Communication 15/1994, Tahir Hussain Khan v. Canada adopted on 18 November 1994, para. 12.3.
(28)　CAT/C/3/Rev.5.（2011）の手続規則で規則114に変更されている。
(29)　See, A/54/44 Communication No. 110/1998, Cecilia Rosana Nunez Chipana v. Venezuela adopted on 10 November 1998, para. 8.
(30)　LaGrand Case (Germany v. United States of America), Merits, 40ILM 1069 (Judgment of 27 Jun 2001).
(31)　Applications Nos. 46827/99 and 46951/99, Mamatkulov and Abdurasulovic v. Turkey (Judgment of 6 February 2003) http://www.echr.coe.int/.

◆第2部◆　人権法の解釈適用による保護範囲の拡張

拷問禁止委員会は，こうした流れをうけて，一般的意見4（2017）において，仮保全措置の要請の不遵守は拷問等禁止条約第22条違反であるとしている(32)。

◇ 4．予見可能性

Mutombo v. Switzerland では，「委員会は，現在の状況下でのザイールへの送還は，Mutombo が実際拘禁および拷問の危険に曝されるという予見可能で必然的帰結を招くと考える(33)」として第3条違反の決定において予見可能性について言及した。*E.A. v. Switzerland* においても，「条約第3条の目的に関して，委員会は，拷問を受けることが予見可能であり，現実に個人的な危険が送還される国に存在しなければならないことを再確認する(34)」と条約目的に照らして予見可能性への言及が見られる。条約目的は拷問の危険の防止に関連しているので，予見可能性は，最も重要な敷居の一つである。予見可能性は，たとえ拷問が，後の段階でのみ起こりうる場合でさえ，それを防止する義務があることを意味する(35)。

◇ 5．危険の現存性

X.Y and Z v. Sweden において，通報者は過去に拷問を受けていたと主張し，Y は彼女が心的外傷後ストレス障害（PTSD）を受けたことを示し，診断書を提出したことに委員会は注目した。委員会は，過去の拷問は第3条の主張を審査する際，委員会によって考慮される要素の一つであるが，通報の委員会審査の目的

---

(32) See, CAT/C/GC/4. para. 37.
(33) A/49/44, p. 52: Mutombo v. Switzerland, para. 9.4.
(34) A/53/44, p. 59: Communication No. 28/1995, E.A. v. Switzerland adopted on 10 November 1997, para. 11.5.; see also, A/53/44, Communication No. 83/1997, G.R.B. v. Sweden; Communication No. 90/1997, A.L.N. v Switzerland adopted on 19 May 1998; Communication No. 94/1997, K.N. v. Switzerland adopted on 20 May 1998; A/54/44, Communication No. 101/1997, Halil Haydin v. Sweden adopted on 16 December 1998; Communication No. 103/1998, S.M.R. and M.M.R. v. Sweden adopted on 11 June 1999; Communication No. 112/1998, H.D. v. Switzerland adopted on 3 June 1999; A/55/44: Communication 118/1998, K.T. v. Switzerland adopted on 18 April 2000.
(35) See, Chirs Ingelse, *op. cit.*, p. 306.

は,通報者がコンゴ民主共和国に送還される場合,現在拷問を受けるおそれがあるかどうかを明らかにすることであると述べた(36)。拷問等禁止条約の主要な目的は拷問の防止であって,過去に起こった拷問を正すことではないので,委員会は審査において過去の拷問よりも現在の拷問の危険が優先するとしている。

◇ 6.個人に対する危険

Mutombo v. Switzerland において,委員会は第3条第2項と第3条第1項の関連に関して次のように言及している。

　委員会は,第3条第2項に従って,一貫した形態の重大な,明らかな又は大規模な人権侵害の存在を含むすべての関連する事項を考慮しなければならない。しかし,決定の目的は,通報者が送還される国において,個人的に拷問を受けるおそれがあるかどうかを明らかにすることである。ある国における,一貫した形態の重大な,明らかな又は大規模な人権侵害の存在が,その国への送還により拷問を受ける恐れがあると決定する実質的な根拠を構成しないこともある。つまり,個人的な危険があることを示す追加的根拠が存在しなければならない。同様に,一貫した形態の大規模な人権侵害の欠如は,通報者が特定の事項において拷問を受ける危険にあるとは考えられないということを意味しない(37)。

この文言は,他の多くの判例にも含まれ,第3条の一般的意見においても,通報者は,拷問の危険が個人的で現在のものであることを立証しなければならない(38)としている。

委員会は,本案において,すべての関連する事項を考慮しなければならないが,個人的な危険が通報に存在するとみなされる実質的な根拠があることを考慮する(39)。すべての関連する事項とは,通報者がすでに拷問を受けた事実,通報者の種族的背景,政治的信念,収監歴,脱走,秘密裏の出国,出身国で犯罪とみなされる他の国への庇護申請,診断書,政治的反体制者の構成員である事実,出身

---

(36) See, A/53/44 pp. 75-78: Communication No. 61/1996 X, Y and Z v. Sweden adopted on 6 May 1998, para. 11.2.
(37) A/49/44, p. 52: Mutombo v. Switzerland, para. 9.3.
(38) See, HRI/GEN/1/Rev.6, p. 280, para. 7.
(39) See, Chris Ingelse, *op. cit.*, p. 299.

◆第2部◆　人権法の解釈適用による保護範囲の拡張

国外での活動および拷問が政治的反体制者に対して行われている証拠などの要素を含む。そして，先にふれたように委員会は個人的な危険が現在も存在し続けているかどうかも審査する[40]。

◇ 7 ．蓋 然 性

Ismail Alan v. Switzerland において，「締約国は，通報者の陳述における矛盾及び不一致を指摘するが，委員会は，完全な正確さを拷問被害者に期待することはまれであり，通報者の事実の提示における不一致は重要ではなく，通報者の主張の一般的な真実性に疑念が起こるものではないと考える[41]」と委員会は言及している。また，*E.A. v. Switzerland* においては，「第3条の実質的な根拠は単なる拷問の可能性以上のものを要求するが，当該規定の条件を満たすような高度な蓋然性を必要としないとの見解を委員会はとっている[42]」としている。そして，第3条の一般的意見において，委員会は，審査基準について次のように言及している。

　　拷問の危険は単なる仮説又は容疑を超えた根拠に基づいて審査されなければならない。しかし，その危険は高い蓋然性の審査に合致しなければならないわけではない[43]。

拷問の犠牲者は，身体的，精神的ダメージを受けているため，正確に証言することができない場合が多い。また，彼らは公務員による侵害を立証することも難しい。だれかが拷問を受けていると立証することが大変困難であるため，委員会は確実な証拠を強要せず，事実の組み合わせに決定の基礎をおいている[44]。

---

(40)　See, *ibid.*, pp. 299-301; see also, A/49/44, p. 45-53: Mutombo v. Switzerland; A/50/44, pp. 46-56: Tahir Hussain Khan v. Canada; A/51/44, pp. 81-87: Communication No. 41/1996, Mrs. Pauline Muzonzo Paku Kisoki v. Sweden; A/52/44 pp. 71-79: Communication No. 34/1995, Seid Mrtesa Aemei v. Switzerland adopted on 29 May 1997.

(41)　A/51/44, p. 74: Communication No. 21/1995, Ismail Alan v. Switzerland, adopted on 8 May 1996, para. 11.3.

(42)　A/53/44, p. 59: E.A. v. Switzerland, para. 11.3. adopted on 8. May. 1996.

(43)　HRI/GEN/1/Rev.6 p. 280, para. 6.

(44)　Chris Ingelse, *op. cit.*, p. 301.

◇第4章◇　拷問等禁止条約第3条における送還禁止基準

また，*Khan v. Canada* で，証拠に関して委員会は次のように言及した。

　難民申請が却下され退去強制手続が始まった後に，初めて通報者の主張を裏づける証拠が提出されたことに委員会は注目する。しかし，委員会はこの行動が拷問の被害者に共通するものであることにも言及する。委員会は，通報者によって提示された事実に疑いがある場合でさえ，その者の安全を危険にさらすことのないよう確保しなければならないと考える(45)。

　疑わしきは通報者に利益を与えるべきである(46)。通報が一致しない話のみであれば，委員会は，この不一致が以前に行われた拷問を原因とする混乱からおきたと自動的にはみなさない。問題となっている者が拷問を受け，拷問の帰結としてPTSDを受けたと医学的に立証する証拠がなければならない(47)。一般的意見において，委員会は，証拠として，一貫した形態の重大な，明らかな又は大規模な人権侵害，過去に拷問又は不当な扱いを受けたとの通報者の主張を支持するための医学的又は他の独自の証拠，通報の信憑性に関する証拠(48)を挙げている。

　また，*T.P.S. v. Canada* で委員会は，*Chahal v. United Kingdom*(49)に言及しながら，通報者が追放を正当化されるような行為又は安全保障に対する明らかに危険な行為を行っていることに関係なく，通報の詳細な調査を実施しなければならない(50)とし，様々な証拠に基づく審査は，条約目的に照らして判断されるべきであることを明らかにしている。

---

(45)　A/50/44, p. 56: Tahir Hussain Khan v. Canada, para. 12.3.; see also Mutombo v. Switzerland, para. 9.2.
(46)　Chris Ingelse, *op. cit.*, p. 296.
(47)　*Ibid.*, p. 297.
(48)　See, HRI/GEN/1/Rev.6, pp. 280-281, para. 8.
(49)　See, Application No. 22414/93 Chahal v. United Kingdom (Judgment of 15 November 1996) http://www.echr.coe.int/.
(50)　A/55/44, p. 108: Communication No. 99/1997, T.P.S. v. Canada adopted on 4 September 2000, para. 15.3.

◆ Ⅳ　おわりに

　以上のように，委員会は，この条約の趣旨目的たる拷問行為の防止に即して，拷問に関連する場合の，送還禁止の基準を発展してきた。個人通報において第3条違反で訴えられているのは，スウェーデン，スイス，オランダ，カナダといった多くの難民を受け入れてきた国々がほとんどであり，その基準は，人権保護の側面から質の高いものといえよう。

　難民条約との比較において，拷問等禁止条約第3条の特徴として以下のことが指摘できる。

　難民条約の目的が，難民問題解決のための国家間のバランスをとるということにおかれているため，国家裁量に配慮が見られる規定になっているのに対し，拷問等禁止条約は，拷問行為の防止措置義務を国家に課すことによる人権保護を目的としている。従って，拷問等禁止条約には，難民条約第1条Fのような例外規定で国家の安全への配慮等の考慮の規定はなく，個人の安全確保が優先されるため難民条約より広い範囲での保護が要求される。難民不認定となる場合にも，拷問等禁止条約の適用において，審査が庇護制度とは別に人権保護のみの観点で行われ，人道配慮による在留許可，あるいは拷問のおそれのない第三国出国等の措置等，法的地位や法的，政治的解決方法を問わず国家に拷問のおそれのある国への送還を回避する適切な措置を求めている。

　また，難民条約第33条が，「生命又は自由が脅威にさらされる」おそれのある領域国境への追放又は送還を禁じているのに対し，拷問等禁止条約第3条は公務員その他公的資格で行動する者による重い苦痛にさらされる「拷問」を受ける危険がある国への追放，送還又は犯罪人引渡しを禁じている。このように，両条約が対象とする禁止事項は異なる。

　さらに，第3条の審査に関して，上述の考察から次の点が指摘できる。拷問等禁止条約の目的に即して解釈がなされねばならず，通報者の安全が，提出される事実の信憑性より優先される。これに関連して，証言および証拠は高い蓋然性を必要とせず，拷問被害者であることを考慮し，証言の矛盾や不一致は重要視せず，疑わしきは通報者に利益を与える。また，委員会は，拷問が現在も通報者に対して行われると予見しうるものであるかを審査基準としてあげている。審査は，一

◇第4章◇　拷問等禁止条約第3条における送還禁止基準

貫した形態の重大な，明らかな又は大規模な人権侵害，医学的な証拠，信憑性に関する証拠等あわせて総合的に行われる。

　受入国で難民認定を受け，難民としての法的地位を得て居住できるほうが地位の安定性があるが，拷問の危険はあるが難民性を問えない場合，受入国での滞在を獲得する緊急，最終手段として第3条の個人通報が用いられ，まず仮保全措置により送還を一時停止した上で，最終的に拷問を受ける危険のある国への送還回避を求める傾向にある。

　個人通報の決定は法的拘束力がない。しかし，ウィーン条約法条約第32条第1項にあるように，「条約は，文脈によりかつその趣旨及び目的に照らして与えられる用語の通常の意味に従い，誠実に解釈するものとする」。考察から，個人通報審査における解釈は，条約の主要目的たる拷問の防止に合致するようになされており，これらの解釈基準が，一般的意見にも反映されている[51]。個人通報を宣言していない締約国も，合目的的条約解釈を行うにあたり，明示されたこうした基準を参照してしかるべきであろう。日本においては，憲法第98条第2項にも関連し[52]，条約の国内適用の問題は，すでに多く議論されている。難民不認定取消請求及び退去強制令書発布処分無効確認に関連する事例の多くで難民条約，UNHCRによる難民認定基準等が争点として挙げられており，拷問等禁止条約第3条による送還禁止も数件の事例で争点となっている[53]。しかし，当該条約に関してはいまだ十分な議論が日本でなされていない。国の安全等国家裁量により難民認定がされない場合にも，人権保護の観点で拷問等禁止条約3条の基準に基づく審査により送還回避が求められうる。日本では人道配慮による在留許可は法務大臣の「自由裁量」に属する恩恵的措置であり，基準の明確化の検討が課題であるとの指摘もある[54]。2005年，新たな難民認定制度が導入されたが，ここに

---

(51)　See, CAT/C/GC/4.
(52)　岩沢雄司「日本における国際人権訴訟」杉原高嶺編『紛争解決の国際法』（三省堂，1997年）251-272頁参照；See, Yuji Iwasawa *International law, human rights, and Japanese law* (Clarendon Press, 1998).
(53)　例えば，大阪地裁平成12年(行ウ)12号，57号平成14年9月20日判『判例タイムズ』1118号(2003年)114-129頁；東京地裁平成10年(ウ)208号平成16年4月20日判『判例時報』1868号(2004年)30-51頁等。
(54)　近藤敦「比例原則に反し恣意的に退去強制されない権利と立憲性質説」『国際人権』15号(2004年)17-25頁参照。

◆第2部◆　人権法の解釈適用による保護範囲の拡張

考察してきた拷問等禁止条約の送還禁止解釈基準が，日本における退去強制問題の基準の1つとして検討されることが望まれる。

第5章
アメリカの「対テロ戦争」と拷問禁止規範

◆ I　はじめに

　2001年9月11日の同時多発テロ以降，アメリカは，いわゆる「対テロ戦争」を展開してきた。アルカイダ，タリバン，それらの関係団体や支援者等の掃討作戦としての武力行使のほか，不法な交戦に従事した者をアフガニスタンおよびグアンタナモにおいて拘禁している[1]。さらに，イラクにおけるアメリカを中心とする多国籍軍の展開[2]においても，安全保障上の理由での被拘禁者および捕虜が，アブグレイブ，キャンプクロッパーおよびキャンプブッカに収容されている[3]。そのほか対テロ政策として出入国管理の強化などの安全確保強化政策がなされてきた。

　これらの対テロ政策の一貫として展開される諸活動のうち，被拘禁者の処遇，拷問，CIAによる不正規移送，外交的保証による退去強制などが，人権問題として国際社会で大きく取り上げられる事態となっている。

　本章は，2006年5月に行われた，第36回国連拷問禁止委員会（以下，委員会と略す）で行われたアメリカの国別報告審査に着目し，「総括所見および勧告」の中の「対テロ戦争」に関わる指摘を取り上げ検討し，問題点を明らかにすることを目的とする。初めに，拷問禁止の法的性格を，国連における議論に着目して明らかにする。次に，第36回委員会でのアメリカの報告審査の中で，アメリカが行った「対テロ戦争」活動が拷問禁止規範に抵触しているとされる諸問題を取り上げて考察を行う。その際，同年7月の規約人権委員会アメリカ報告審査等の議論も適宜参考にすることとする。最後に，考察で明らかとなった問題点を整理し，今

---

(1)　See, CAT/C/48/Add.3/Rev.1, pp. 48-53.
(2)　See, *ibid*., p. 72.
(3)　See, *ibid*., p. 73.

◆第2部◆　人権法の解釈適用による保護範囲の拡張

後の課題を明らかにすることとする。

◆ II　拷問禁止の法的性格

　国際的な拷問禁止の淵源は，世界人権宣言にあるが，その後，世界人権宣言の規定をさらに発展させた数々の条約が制定されている。特に，人権及び基本的自由の保護のための条約（以下，欧州人権条約と略す）と市民的及び政治的権利に関する国際規約（以下，自由権規約と略す）は，独自の手続により，拷問及び残虐な，非人道的な又は品位を傷つける取り扱い又は刑罰に関する基準を発展させた[4]。拷問及びその他の残虐な，非人道的な又は品位を傷つける取り扱い又は刑罰を禁止する条約（以下，拷問等禁止条約と略す）は，拷問等の実行がすでに国際法のもとで禁止されていることの認知に基づいており，当該条約は，多くの措置によって，現存する拷問等の行為の禁止を強化するものである[5]。国連および地域機関の国際文書ならびに各国国内法および各国の実行に基づき，拷問又は残虐な，非人道的な若しくは品位を傷つける取扱い若しくは刑罰の禁止は，すでに慣習法化しているといわれているが，以下，その特徴を考察する。

　拷問等禁止条約第2条第2項では，「戦争状態，戦争の脅威，内政の不安定又は他の公の緊急事態であるかどうかにかかわらず，いかなる例外的事態も拷問を正当化する根拠として援用することはできない」と規定し，拷問の禁止の逸脱不可能性を掲げている。また，欧州人権条約第3条および自由権規約第7条も同様に逸脱不可能な規定となっている。なお，欧州人権条約第3条は，「何人も，拷問又は非人道的な若しくは品位を傷つける取り扱い若しくは刑罰を受けない」と規定しており，拷問等禁止条約の逸脱不可能な行為の範囲がより広くなっている。自由権規約第7条も，「…拷問又は残虐な，非人道的な若しくは品位を傷つける取り扱い若しくは刑罰…」と拷問等禁止条約より広範な行為が逸脱できないとされている。

---

(4) 川村真理「拷問等禁止条約第3条における送還禁止基準」『杏林社会科学研究』21巻1号（2005年）36頁。（本書第4章参照）

(5) 同上，36頁参照；See, Chris Ingeles, *The UN Committee against Torture*, (Kluwer Law International, 2001).

◇第 5 章◇　アメリカの「対テロ戦争」と拷問禁止規範

　拷問禁止の慣習法化および逸脱不可能性という性格に加えて，拷問禁止が強行規範であるとの言及がなされるようになってきた。国連総会決議60/148では，「…多くの国際，地域，国内裁判所は，拷問の禁止が国際法の強行規範であることを認め，残虐な，非人道的な又は品位を傷つける取扱い又は刑罰は慣習法であるとしてきた…」と言及している。旧ユーゴスラビア国際刑事裁判所での1998年 *Furundžija* 事件判決[6]では，1949年ジュネーブ条約共通 3 条の中の拷問について審理が行われた。判決の中で，拷問禁止の主要な 3 つの特徴に関して考察がなされている。第一は，拷問の禁止が，潜在的違反をも網羅するという点である。国家は，拷問を禁じ罰するのみならず，拷問の発生を予防しなければならない。国際規則は拷問を禁ずるのみならず，（ⅰ）履行確保のため必要な国内措置の採択の失敗，（ⅱ）拷問禁止に反する法の可決又は発効の支持をも禁じている[7]。第二は，拷問の禁止が，国家に *erga omnes* な義務を課すという点である。この義務は，相関的な権利を有する各国家，国際社会の他の構成国全体に対して課される[8]。第三は，拷問禁止原則が，国際規範秩序における規則の階層化に関連するという点である。この原則は，それが保護する価値の重要性から，強行規範又は *jus cogens* に発展している。つまり，その規範は，条約およびいわゆる慣習規則より国際的階層化において高位を享受している[9]。条約法条約第53条にあるように，一般国際法の強行規範とは，いかなる逸脱も許されない規範をいう。*Furund zija* 事件では，*jus cogens* が条約関係だけでなく，司法・立法・行政行為に関して国家に影響を与えることを示している[10]。また，拷問が国際法の強行規範によって禁止される事実は，国家間レベルおよび個人レベルにおいて別の効果を有している。国家間レベルにおいて，拷問禁止の *jus cogens* の価値は，拷問を許可するいかなる立法，行政又は司法行為をも国際的に非合法とする。また，拷問を規定する条約又は慣習規則を無効とし，拷問を許可又は容認する国内措置

---

(6)　Prosecutor v. Auto Furundžija case IT-95-17/1-T（10 December 1998）.
(7)　See, *ibid.*, para. 148.
(8)　See, *ibid.*, para. 151.
(9)　See, *ibid.*, para. 153.
(10)　See, Erika de Wet, "The prohibition of Torture as an International Norm of jus cogens and Its Implications for National and Customary Law," *EJIL*, Vol. 15 No. 1（2004）, pp. 99-100.

◆第2部◆　人権法の解釈適用による保護範囲の拡張

又は恩赦法を通じて拷問実行者を免責にする国内措置をとるとする国家発言に影響力を持たせない(11)。個人レベルに関して，国際社会によって与えられた拷問禁止の *jus cogens* 的な性格から派生する1つの結果は，全ての国家が，その管轄権内の領域にいる拷問で告訴された者を捜査，訴追，処罰又は犯罪人引渡しする権限を有しているということである。拷問に対する国家の普遍的管轄権に関する法的基礎は，犯罪の本質的な普遍的性格において他国の裁判所によって判決を下す管轄権の法廷基盤を支持し，強化する(12)。他の結果として，拷問は出訴期限がなく，政治犯不引渡原則の下での犯罪人引渡し免除を禁止する事実が挙げられよう(13)。このように，拷問禁止は，国際社会に適用される規範の水平構造及び垂直構造いずれにおいても逸脱することができず，また主権国家構造における管轄権配分において制限されることなく遵守が求められる高位の規範ということができよう。

　しかし，この強行規範の国内実施は，各国の法秩序によって異なる対応となっているのが現状である(14)。アメリカは，拷問等禁止条約の留保の中で，「当該条約第1条から第16条の規定は自動執行しないと宣言する」としている。*jus cogens* の性格を有する慣習法であり，条約規定である拷問禁止を国内適用する際のアメリカの立場は，すでに岩沢教授の詳細な研究により明らかにされている(15)。岩沢教授によれば，アメリカは，拷問等禁止条約批准(16)前の1980年代から拷問禁止が *jus cogens* であり，慣習法であることを認めている(17)。また，慣習法の国内適用可能性は，規範の明確性および普遍性によって決定され，拷問禁止はそれに該当するとしてきた(18)。しかし，前述のように，拷問等禁止条約1条から16条に関しては，自動執行しないことを宣言するとの留保を付している(19)。アメ

---

(11)　Furundžija case（前掲注(6)）para. 155.
(12)　*Ibid.*, para. 156.
(13)　*Ibid.*, para. 157.
(14)　See, Erika de Wet, *op. cit.*, pp. 97-121.
(15)　岩沢雄司『条約の国内適用可能性』（有斐閣，1985年）157-217頁；「アメリカ裁判所における国際人権訴訟の展開（一）（二・完）——その国際法上の意義と問題点」『国際法外交雑誌』87巻2号（1988年）48-84頁，5号1-42頁参照。
(16)　アメリカの批准は1994年10月21日。
(17)　岩沢・前掲論文注(15)（一）66-67頁参照。
(18)　同上，79頁参照。

◇第5章◇　アメリカの「対テロ戦争」と拷問禁止規範

リカでは、一般に自動執行性のない条約は連邦法や州法に優位しないとされ、コングレスに立法権限が与えられ、国内法および公序の解釈基準になるとされている[20]。これらのことから、現行のアメリカの制度では、拷問等禁止条約を国内実施するには、国内法を整備するか、公序の解釈として当該条約の解釈をあてるか、慣習法たる拷問禁止を直接適用するかを行うこととなろう。しかし、慣習法の解釈や公序の解釈は、不安定なものになりやすい。アメリカが拷問禁止を明確な基準のもと履行するには、国内法の整備が必要となろう。

◆ Ⅲ　「対テロ戦争」と拷問禁止委員会アメリカ報告審査

次に、第36回委員会アメリカ報告審査の内容に基づき、上述のような性格を有する拷問禁止が、アメリカの「対テロ戦争」に関わる活動下でどのように扱われてきたのかを考察する。同委員会開催前に、すでに国際社会から、グアンタナモやアブグレイブ刑務所内での被拘禁者の扱いへの非難の声が上がっており、アメリカに対する審査状況に関心が集まった。審査は、アメリカから提出された2つの政府報告書[21]と委員会の list of issue[22] を下に行われ、最後に、総括所見および勧告[23]が採択された。ここでは、総括所見および勧告の中から、「対テロ戦争」と拷問に関連する問題点を取り上げ、考察を行うこととする。

◇ 1．戦闘時の条約適用

そもそも、「テロ」の定義に関して、唯一で確固とした定義が国際社会で確立しているわけではない。また、「私的」集団によるテロとの「戦争」が国際法上の戦時にあたるのであろうか。

1960年代からハイジャック、爆弾テロなど個別テロ犯罪を規制する条約は数多く制定されてきた。ただし、テロを包括的に規定するには至っていない。しかし、

---

(19)　宣言の有効性について、岩沢・前掲書注(15)184-185頁参照。
(20)　同上、210-214頁参照。
(21)　CAT/C/48/Add. 3 (29 June 2005); CAT/C/48/Add. 3/Rev. 1 (13 January 2006).
(22)　CAT/C/USA/Q/2 (8 February 2006).
(23)　A/RES/60/148 (21 February 2006).

◆第 2 部◆　人権法の解釈適用による保護範囲の拡張

テロの定義が困難であっても，個別テロ犯罪を扱った条約の制定が可能であったのは，行為主体の法的地位にかかわらず，絶対的に禁止されなければならないというコンセンサスが存在したからであろう[24]。9.11のテロ事件後の2001年9月28日に採択された安保理決議1373では，この事件を受けて，テロリズムが国際の平和と安全に対する脅威であり，さまざまな措置をとることを国際社会に求め，その後，反テロリズム委員会の設置などの措置がとられている。ただ，テロリズムがどの行為をさすのかの定義はなされていない[25]。

アメリカでは，移民及び国籍法，犯罪，刑事訴訟関係法，国務省テロ年次報告書にそれぞれ，テロリズム，テロリストの定義がなされている[26]。このうち，移民及び国籍法にあたる合衆国法典第 8 編第1182条 a 項(3)(B)(vi)では，テロリスト組織を次のように定義している。

(1) 合衆国法典第 8 編第1189条に基づき国務長官により指定されたテロ組織，(2) 団体がテロリストの行為のために扇動，関与，計画，準備，情報の収集や物的支援を行ったことが判明した後で，司法長官の要請によるか，司法長官との協議の上で国務長官によりテロリスト組織として指定され，連邦官報に掲載される組織，(3) 2 名以上により構成され，組織化されているか否かにかかわらずテロリスト活動又はテロリスト組織のために資金を懇請し若しくは構成員を勧誘し又は物理的援助を提供し又はテロリスト活動に従事する下部組織を持つ団体[27]。

規約人権委員会は，アメリカの国別報告審査において，例えば，政治的反対意見に関して，不法であるがテロリズムを構成しているとは理解すべきでない行為に適用を拡大するような国内法，特に合衆国法典 8 編第1182条 a 項(3)(B)および行政命令13224の下での，テロリズムの定義の拡大適用の可能性を自由権規約第17条，第19条及び第21条に鑑みて憂慮している。そして，締約国は，対テロ措置が，自由権規約に十分に一致すること，特にこの文脈に採択された制定法は，

---

[24] 新井京「テロリズムと武力紛争法」『国際法外交雑誌』101巻 3 号（2002年）126頁参照。
[25] 植木俊哉「国際テロリズムと国際法理論」『国際法外交雑誌』15巻 4 号（2007年）1-7 頁参照。
[26] 井樋三枝子「9.11　同時多発テロ事件以後の米国におけるテロリズム対策」『外国の立法』228号（2006年）24-59頁参照。
[27] 同上，30頁。

テロリズムに類すること及びそのことの重大な結果を正当化する犯罪に制限されることを確保すべきであるとしている[28]。

このように,「テロリズム」の定義を国務長官の裁量で判断できる余地があることが,テロ組織のレッテルを恣意的に拡大して貼る危険をはらみ,このことが人権侵害につながることが憂慮されている。さらには,「テロ」指定を受けた団体への措置内容,および適用法が問われることとなる。

次に,テロ対策に「戦争」という措置をとることの妥当性および,「対テロ」政策において適用される法について考えてみたい。

ブッシュ大統領は,9.11事件直後からこれが戦争であるとし,戦時と平時の時間的分割を排除し,さらに,これは自由に対する攻撃であり,それへの反撃は自由をめざす世界の戦いとして,戦争と平和の空間的分割も排除し,世界全体が戦争状態であるように認識して法の制定および法執行を行っている[29]。古谷教授の指摘によれば,テロ関係諸条約の共通基盤である「引渡しか訴追か」といった十分な警察・司法権力を有する国家の中立性を前提とした従来の国際刑事法の構造が,9.11事件のような事態に十分に機能しないという限界から,アメリカは,テロリストに対する法執行措置という刑事法的目的で,域外において武力紛争状態を創設したために,武力紛争法の適用に言及するという。ここにアメリカの主観的意図の乖離がうまれ,法適用の矛盾が生じることになる。武力紛争法が適用されるからといって,テロリストに交戦行為としての刑事的免責を与えることはアメリカの意図に反する。逆に,テロリストを平時の単なる犯罪者とするならば,通常の裁判形式で裁かれることとなるが,そうなれば通常の裁判より簡便な遂行のため軍事委員会で裁けるようテロリストを武力紛争法上の「不法戦闘員」として扱う意図に反する[30]。このように,武力紛争法適用においても平時に適用される法においても現行のアメリカが意図する域外法執行措置には矛盾が生じるの

---

(28) See, CCPR/C/USA/CO/3/Rev. 1, para. 11
(29) 小畑郁「9・11を生み出した世界と9・11が生み出した世界——危機の法学のための序論」『法の科学』33号(2003年)103-104頁参照。
(30) 古谷修一「国際テロにいかに対処すべきか——逮捕・裁判に関する制度の「客観化」『法律時報』74巻6号(2002年)11-21頁;「国際テロリズムと武力紛争法の射程——9・11 テロ事件が提起する問題」村瀬信也・真山全編『武力紛争の国際法』(東信堂, 2004年)165-187頁参照。

◆第2部◆　人権法の解釈適用による保護範囲の拡張

である。このことは，武力紛争法と人権法の適用にも陰をおとす。

　グアンタナモでの被拘禁者の自由剥奪に関するアメリカの基本的見解は，戦争法が交戦期間中告発又は弁護士への接見なく，敵戦闘員を拘束することを許可しているというものである。アメリカは，人権法では身体の自由の権利の侵害となる行為が武力紛争時の特別法によって正当化されると理解している[31]。このことをもってして，アメリカは，グアンタナモ湾に収容された者の無期限拘留および「敵戦闘員」として彼らを分類することによって自由の剥奪の合法性に異議申し立てする権利の拒否を正当化している[32]。

　国連のグアンタナモ湾被拘禁者状況報告書では，国際テロリズムに対する世界的な戦いは，国際人道法の適用可能性の目的にかなう武力紛争ではないとしている[33]。この見解は，伝統的な戦争概念および人道法の捉え方からすると妥当であり，戦時であるということでグアンタナモの被拘禁者の処遇を平時の場合と区別することを批判するものである。一方，米州人権委員会は，武力紛争状況において，国際人権法と人道法のもとでの保護は，逸脱できない権利の共通の核や人の生活や尊厳を促進する共通の目的を担い，相互補完的で補強しているという。国際人道法の保護が適用されないとみなされる場合，その者は，少なくとも国際人権法のもとで逸脱できない保護の受益者であるとしている[34]。米州人権委員会は，現実の武力紛争状態には人道法の適用も視野にいれつつ，しかしどのような状況下でも保護義務の逸脱ができない生命や尊厳に関わる最低限の権利保護には人権法が適用されるという見解をとっている。

　委員会は，アメリカの政府報告審査を終えて，アメリカの拷問等禁止条約適用に関して次のように述べている。

　「武力紛争法」は，唯一適用可能な特別法であるという議論に基づき，武力紛争時および武力紛争の文脈において本条約は適用されない。また，本条約の適用は，拷問根絶の目的を損なう種々の条約の重複を招く。このようなアメリカの意

---

(31)　See, "Situation of detainees at Guantanamo Bay," E/CN. 4/2006/120, para. 19.
(32)　*Ibid.*, para. 20.
(33)　See, *ibid.*, para. 21, 83.
(34)　See, IACHR, "Decision on Request for Precautionary Measures, Detainees at Guantanamo Bay, Cuba, March 12, 2002," 41 *ILM* 532 (2002).

◇第5章◇　アメリカの「対テロ戦争」と拷問禁止規範

見を，委員会は遺憾とする（第1条および第16条）[35]。

続けて，委員会は次のような勧告を行っている。

締約国は，（拷問等禁止）条約が平時，戦時又は武力紛争時に関わらず全ての時，管轄下にあるいかなる領域においても適用されること，および本条約規定の適用は，第1条第2項および第16条にしたがって，いかなる他の国際文書の規定をも侵害しないことを認識し確保すべきである[36]。

すでに確認したように，拷問等禁止条約第2条第2項では，戦争状態等いかなる例外的事態も拷問を正当化する根拠たりえないとして，拷問禁止の逸脱不可能性を掲げており，武力紛争時に同条約が適用されないと主張することは同条約違反となる。アメリカが拷問を行っていると非難されている，アフガニスタン・イラク・グアンタナモ基地のあるキューバのうち，イラクは同条約を批准していないが，以下で論ずるように，同条約は，管轄下にあるすべての領域に適用されるため，アメリカのイラクへの軍事展開中においてもアメリカは同条約に拘束される。

◇ 2．管轄権の範囲

拷問等禁止条約第2条第1項は，「締約国は，自国の管轄下にある領域内において拷問に当たる行為が行われることを防止するため，立法上，行政上，司法上その他の効果的な措置をとる」と規定している。また，第5条の裁判権の設定，第13条の国内当局への申立権および第16条の拷問に至らない行為の防止に関しても，「自国の管轄下にある領域内において」との言及がある。

List of Issue では，第2条に関して次のような問題が提起された。(1)アメリカは国内法に当該条約のすべての規定を正式に編入することを積極的に考慮しているか，(2)アメリカの国内法の下，拷問禁止原則からの逸脱は可能であるか，(3)アメリカ領域外でアメリカの管轄下において拘禁されている者は，尋問規則，指示および組織的方法に関して領域内と同様の規範によって保護されている

---

(35)　CAT/C/USA/CO/2, para. 14.
(36)　*Ibid.*, para. 14.
(37)　See, CAT/C/USA/Q/2, paras. 5-12.

◆第 2 部◆　人権法の解釈適用による保護範囲の拡張

か(37)。

　第一の点に関して，拷問の定義は，合衆国法典18編113部に規定されている。そして，同法典18編第2340条および第2340A 条は，（1）被疑者がアメリカ国民であるか（2）犠牲者又は被疑者の国籍に関わらず，被疑者がアメリカにいる場合の領域外拷問行為又は拷問行為未遂に関する連邦刑事管轄権の適用を規定している。また，アメリカは，2001年10月26日の米国愛国者法において，第2340条 A に領域外刑事規程に言及されている犯罪への刑罰の強化とともに明白な共謀罪規定を加える改正を行った(38)。そのほか，拷問の定義は，拷問等禁止条約第3条に関連する出入国および犯罪人引渡し規則(39)ならびに外国政府による拷問等の申立に関連する拷問犠牲者保護法(40)でも扱われている。アメリカは，拷問等禁止条約の定義にあたる拷問行為は，アメリカ内のすべての管轄において事実上，刑事訴追が可能であることは明らかだと言及している(41)。しかし，アメリカは，拷問等禁止条約の実体規定すべての自動執行を認めず，国内法に依拠する立場をとる一方で，拷問等禁止規定を領域内で適用する国内法の整備をしていない。アメリカは，2001年以降愛国者法等でテロの取り締まり強化の着手はめざましいものがある一方で，このような人権保護という観点からみて不均衡な政策をとってきた。

　第二の点に関連する法規として，軍事領域外管轄法（MEJA）と海事及び領域特別管轄（SMTJ; 合衆国法典第18編 7 条，愛国者法の一部）がある。MEJA は，当初，宣言された戦時以外で，外国軍隊によって雇用された，又はそれに付随する文民に関する管轄権のギャップに取り組むよう制定された。SMTJ は，世界的な対テロ戦争を扱う包括的計画の一部として制定された。いずれの規定においても，特に拷問に取り組むよう制定されていないが，両法規ともに事実上，領域外刑事拷問法規の別々の管轄権の範囲を補完するとアメリカは述べている(42)。しかし，このことが拷問禁止原則の逸脱を禁じていることには直結しない。アメリカは事実上の運用で問題ないとの見解を示すものの，アメリカの法制度および行政制度

---

(38)　See, CAT/C/48/Add. 3/Rev. 1, para. 12.
(39)　See, 8 Code of Federal Regulations (C. F. R.) 208.18(a)and 22 C. F. R. 95. 1(b).
(40)　See, 28 U. S. C. 1350.
(41)　CAT/C/48/Add. 3/Rev. 1, para. 16.
(42)　See, CAT/C/48/Add. 3/Rev. 1, para. 48.

◇第5章◇　アメリカの「対テロ戦争」と拷問禁止規範

を鑑みて(43)，拷問等禁止条約の第1条から第16条の自動執行をみとめず国内法も整備されていない状況において，運用上，逸脱の可能性は払拭されない。委員会は，逸脱の可能性がないよう国内法において拷問の絶対的禁止原則を履行するための明確な法規定を採択すべきだとしている(44)。

　第三の点に関して，グアンタナモ，アフガニスタン，アブグレイブ等でのアメリカ軍による被拘禁者への拷問等の行為が，条約適用の際の地理的管轄権の問題を提起する。外国におけるアメリカ軍又は他のアメリカ政府派遣団もしくは政府本体を含むためSMTJの領域を拡大したことにより，SMTJは，領域外刑事拷問法規の適用範囲を狭める効果を有することとなった。領域外刑事拷問法規は，当初「アメリカ合衆国」を「SMTJ（合衆国法典第18編7条）の5および7および49編46501（2）に言及されるいかなる場所をも含むアメリカ合衆国の管轄下にあるすべての地域」を含むよう定義されていた。しかし，愛国者法がSMTJまで広まった際，領域外刑事拷問法規はもはやSMTJに含まれる地域に適用されなくなった。この変則的な事態は，合衆国法典第18編第2340条（3）を改正した2005年度国家防衛当局法第1089条によって次のように改正された。「アメリカ合衆国は，合衆国の州，コロンビア特別区および合衆国のコモンウェルズ，領域及び所有地を意味する。」合衆国の定義を狭めることおよび領域外刑事拷問法規の定義にそれを当てることによって，当該法規の適用範囲を想定内におさめ，SMTJの拡大によって生じる異常事態を現在回避している(45)。このことが，アメリカが事実上支配しているグアンタナモ等の地域と法律上アメリカの領土との適用法の範囲を区別することにつながっている。

　委員会は，第2条，第5条，第13条，第16条で言及されている「自国の管轄の下にある領域内」とは，軍当局又は文民当局によって管理されているかにかかわらず，締約国の事実上有効な管理下にあるすべての地域を含むという見解を示しており，これらの規定が自国の法的領域内に地理的に制限されるというアメリカの見解を遺憾なものであるとした(46)。そして，次のような勧告を表明している。

---

(43)　岩沢・前掲書注(15)157-217頁参照：同・前掲論文(15)（一）48-84頁（二・完）1-42頁参照。
(44)　See, CAT/C/USA/CO/2. para. 19.
(45)　See, CAT/C/48/Add. 3/Rev. 1, para. 49.
(46)　See, CAT/C/USA/CO/2. para. 15.

◆ 第2部 ◆　人権法の解釈適用による保護範囲の拡張

締約国は,「自国の管轄の下にある領域」に適用可能と表明している当該条約規定が,どのような人か,世界のいずれの地にいるのかにかかわらず,当局の実効的管理下にある全ての人に適用され,十分に享受されることを認識し確保すべきである(47)。

◇ 3．不正規移送

　不正規移送 (rendition) とは,国際法上の用語として確立しているものではないが,近年,アメリカが行っている不正規移送の問題をさす用語として使用されていることが多い。アメリカでは,執行権限に関する憲法上の制限として,デュープロセスなく,ある者を捕らえ,国外へ移送することを禁じているが,不正規移送は一般的に2つの方法で行われている。1つは,アメリカで裁判にかけるため他国から容疑者を確保するための方法である。もう1つの形態は,アメリカ政府が一国から他国へある者を移送する手配を行うもので,刑事手続にかけるためのものも時々あるが,多くは尋問のために行う(48)。通常,他国で見つかった者の身柄を確保しようとする国は,当該国の犯罪人引渡し手続に従う。同様に,他国へある者を出国させようとする国は,自国の犯罪人引渡し,退去強制および移送手続に従う。しかし,不正規移送は,法的手続とは対照的なものであり(49),いかなる司法又は行政手続に従うことなく行われ,たいてい秘密裏に行われる(50)。不正規移送は,1995年,クリントン政権時に始まったが,9.11以降,拡大していったとされている(51)。

　不正規移送の被害者の一部は,グアンタナモ湾のようなアメリカ政府の拘禁施設に最終的に収監される。他の者は,アメリカの機関によって逮捕されるかアメ

---

(47)　*Ibid.*, para. 15.
(48)　See, Johan T Parry, "The Shape of Modern Torture: Extraordinary Rendition and Ghost Detainees," *MelbJIL*, Vol. 6 (2005), p. 529.
(49)　See, *ibid.*, p. 528.
(50)　Amnesty International, "Rendition" and Secret Detention: A Global System of Human Rights Violations, POL30/003/2006 (1. Jan. 2006) (http://web.amnesty.org/library/print/ENGPOL300032006, as of 11 December 2006).
(51)　See, John T Parry, *op. cit.*, p. 259; Amnesty International, *ibid.*

◇第5章◇　アメリカの「対テロ戦争」と拷問禁止規範

リカの収容施設に送られた後，失踪している。CIAは，フロントカンパニーによってリースされた改造飛行機をしばしば使用して，エジプト，ヨルダン，モロッコ，パキスタン，サウジアラビアおよびシリアを含む国に人々を移送している。アメリカがこれらの人々を移送する国のほとんどは，尋問の際に拷問および他の虐待を行っていることで知られており，それらの国々が尋問のために拘禁者を引き受けるよう特別に選択されていること，および被拘禁者がこのような国に移送されるとアメリカの尋問者に脅迫されていることが伝えられている(52)。また，CIAが不正規移送中に被拘禁者に対して行う，いわゆる「セキュリティーチェック」において，拷問の基準には達しないようだが，特に，それを受ける人に屈辱を与えるよう，非人道的又は品位を傷つける方法がとられているとの報告がある(53)。

　さらに，世界中で，アメリカは失踪，秘密拘禁，および非合法な国家間移送の秘密の「くもの巣」を徐々に張り巡らせてきており，欧州の数カ国を含む多くの国が秘密裏に，民主的正当性なく，それに協力しているとも報じられている(54)。

　では，このような行為は，拷問等禁止条約に照らしてどのように考えられるのであろうか。拷問等禁止条約第3条第1項は，「締約国は，いずれの者をも，その者に対する拷問が行われるおそれがあると信ずるに足りる実質的な根拠がある他の国へ追放し，送還し又は引き渡してはならない」と規定する。規定の文言は，ある者の移送を締約国領域から他の領域への移送に制限するのか否か，また，締約国領域外での移送すべてを含むのか否かを特定していない。この範囲に関して，アメリカ議会は，アメリカにいるかどうかに関わらず，拷問が行われるおそれがあると信ずるに足りる実質的な根拠がある国に追放，引渡し，又は強制送還しないという立場を表明している(55)。また，難民条約第33条から派生したノン・ルフールマン原則適用の特徴として，近年の実行を踏まえ，国内か国外かという場

---

(52) See. Amnesty International *ibid*.
(53) See, Dick Marty, "Alleged Secret Detentions and Unlawful Inter-State Transfers of Detainees Involving Council of Europe Member States," Council of Europe Parliamentary Assembly Doc. 10957, (12 June 2006), pp. 22-24 (http://www.coe.int as of 11 December 2006).
(54) See, *ibid*., p. 2.
(55) See, Johan T Parry, *op. cit*., p. 530.

◆第2部◆　人権法の解釈適用による保護範囲の拡張

所の如何を問わず適用されるという点が指摘されている(56)。この点について，国際社会から激しく批判された米国政府によるハイチ難民の海上追い返し措置に関するアメリカ連邦最高裁判所判決(57)が想起されるが，アメリカは，国連機関の会合など公的な機会において，難民条約上のノン・ルフールマン原則について，適用範囲を領域内に限定することなく遵守することを繰り返し表明してきた(58)。

委員会は，アメリカの国別報告の総括所見および勧告において，拷問等禁止条約第3条下のノン・ルフールマンの義務が，自国領域外で拘禁されている者に及ばないとアメリカが考えていることを，憂慮し，いかなる司法手続もなく，容疑者を拷問の真の危険に直面する国家へ不正規移送を行うことも憂慮する(59)と言及している。そして，委員会は，以下のような勧告を行っている。

締約国は，すべての被拘禁者にノン・ルフールマンの保証を適用すべきである。また，本条約第3条下の義務を遵守するため，特に，締約国の情報機関による，拷問の真のリスクに直面する国への，容疑者の不正規移送をやめるべきである。締約国は，容疑者がルフールマンの決定に異議申し立てをできることを常に確保すべきである(60)。

拷問禁止委員会は，*Agiza v. Sweden*(61)において，スウェーデンが行った申立人のエジプトへの送還が第3条違反にあたるとしているが，CIAがスウェーデン領域内で行った通報者への虐待およびスウェーデン警察の黙認は，第16条違反にあたるとしている(62)。なお，自由権規約第7条においては，拷問とそれに至らない行為は同一規定で扱われているため拷問等禁止条約と異なり同一規定内で不正規移送の送還先の取扱いとそれにいたるまでの間になされた行為について判断がなされることになる(63)。同様に，欧州人権条約第3条の適用においてもこ

---

(56) 本間浩『国際難民法の理論とその国内的適用』（現代人文社，2005年）115頁。
(57) Sale, Acting Commissioner, INS, et al. v. Haitian Centers Council, Inc., et al., 509 U.S. 155; 113 S. Ct. 2549, 21 June 1993.
(58) 本間・前掲注(56)117頁。
(59) CAT/C/USA/CO/2, para. 20.
(60) *Ibid.*, para. 20.
(61) Agiza v. Sweden, CAT/C/34/D/233/2003 (24 May 2005).
(62) See, *ibid.*, para. 13.4, 13.5.

◇ 第 5 章 ◇　アメリカの「対テロ戦争」と拷問禁止規範

の区別がないため，非人道的な又は品位を傷つける取扱い又は刑罰も対象となる。また，欧州審議会は，不正規移送中の CIA のいわゆる「セキュリティーチェック」の行為が欧州人権条約第 3 条違反を構成するとしている[64]。

◇ 4．外交的保証

　外交的保証とは，ある者を他国に追放，送還，移送又は引き渡す際に，受入国側で拷問をうけないように外交ルートを通じて保証をとりつけることをさす。外交的保証がなされるのは，ある者を自国に留めておくことが自国の安全にとって危険であるとの政治的判断によって他国へ送還する場合であり，近年の不正規移送と連動して行われている。「対テロ戦争」の広がりとともに注目されることとなった外交的保証の実施にあたっては，受入国で送出国の外交官が面会するなどの対応が行われているようであるが，前述の不正規移送とともに人権侵害を防止するには不十分であると国際社会から問題視されている。

　外交的保証に関して，委員会では前述の *Agiza* 事件で審理しており，規約人権委員会においては *Alzery v. Sweden* で審理している。いずれも，スウェーデンが CIA の不正規移送を利用してエジプトに退去強制を行った事例である。以下，簡単に *Agiza* 事件の事実と委員会の決定を概観することとする。

　1982年，エジプト国籍を有する Agiza は，親族がサダト前エジプト大統領暗殺に関与したとして逮捕されていた関係で，逮捕され拷問を受けた。Agiza は大学でイスラム運動に従事していたが，1986年大学卒業，結婚した。1991年，刑務所で受けた被害に関して内務省に訴えた際，警察の取調べを避け，弁護士の逮捕などもあり，安全上の理由でサウジアラビアに渡った後，パキスタン，シリアと移動した後イランに落ち着いた。1998年，エジプトでテロリスト集団に所属した罪で，25年の禁固刑の判決が下された。2000年，エジプトとイランの関係改善からエジプト送還のおそれがあるため，Agiza は，家族とともにカナダへ向かう途中のトランジットの間にスウェーデン，ストックホルムで庇護申請を行った。2001年，審査がなされた際，移民局は，Agiza が難民の地位を有する資格がある

---

(63) See, Mohammed Alzery v. Sweden, CCPR/C/88/D/1416/2005（10 November 2006）.

(64) See, Dick Marty, *op. cit.*, p. 22.

とみなしていたが，公安警察の評価は異なるものであり，双方の見解の調整をスウェーデン政府が行うこととなった。2001年12月18日，スウェーデン政府は，Agizaとその妻の難民申請を却下し，退去強制を命じ，同日，Agizaはエジプトに退去強制された[65]。Agizaのスウェーデンからエジプトへの移送は，CIAがスウェーデン公安警察に機材の使用を提示し，公安警察が外務省に通達した後，了承された。アメリカ安全保障担当官が飛行機に搭乗し，追放者に対してセキュリティーチェックを行いたいとの通達が同日昼に公安警察に入った。そして，ストックホルムのブロマ空港の警察詰所でチェックが行われるように手配がなされた。スウェーデン政府は午後に決定を下し，午後9時にはアメリカ機が到着，アメリカ安全保障担当官はセキュリティーチェックの同意をうけて，それを執行した[66]。

2002年1月，在エジプトスウェーデン大使がMazraat Tora刑務所でAgizaに面会した。移送の決定前に，スウェーデン政府はエジプトから外交的保証を受けていた。この保証は援助覚書交換公文の形態でなされた[67]。スウェーデン大使又は外交官は，Agizaとの面会を許可されていたが，2003年3月まで，刑務所の状態は過酷なものであっても拷問はうけていないと認識していた。一方，Agizaは，両親には電気ショック，トイレの制限，狭く暗く寒い独房で手足を縛られるなどの状況を訴えていた。2003年3月5日スウェーデン大使が人権特命全権公使とともに面会に来た際，Agizaは，はじめて拷問を受けていることを訴えた[68]。

委員会は，前述のように，スウェーデン領域内でなされたCIAによる行為とそれを黙認したスウェーデン警察の第16条違反とし，スウェーデンからエジプトへの送還を第3条違反とした。また，外交的保証の獲得は，その執行に関するメカニズムがなんら用意されておらず，この明らかな危険から保護するには十分ではない[69]とした。

---

(65) See, CAT/C/34/D/233/2003, paras. 2.1-2.5.
(66) See, *ibid.*, paras. 12.28-12.30.
(67) See, Gregor Noll, "Diplomatic Assurances and the Silence of Human Rights Law," *MelbJIL*, vol. 6 (2006), pp. 3-4 (http://www.austlii.edu.au/au/journals/MelbJIL/2006/6.html as of 12 December 2006); CCPR/C/88/D/1416/2005. paras. 3.6-3.7.
(68) See, CAT/C/34/D/233/2003, paras2.6-2.10.
(69) See, *ibid.*, para. 13.4.

◇第 5 章◇　アメリカの「対テロ戦争」と拷問禁止規範

　委員会は，アメリカの国別報告において，「「外交的保証」，又はある者が他国へ追放，送還，移送，又は犯罪人引渡しをされた場合，拷問をうけないことを保証する他の保証の，締約国による行使を憂慮する。委員会は，司法調査の欠如および当該保証が履行されているかを評価するための監視メカニズムの欠如を含む手続の秘密主義を憂慮する(70)」として，次のような勧告を行った。

　本条約第 3 条下のノン・ルフールマン義務の適用を決定する際，締約国は，個別事案の本案審査の後に，条約規定の組織的違反のない国家に関してのみ「外交的保証」を頼みとすべきである。締約国は，審査のための適切な司法メカニズムと送還後の実効的監視取極をもってして，外交的保証を行うための明確な手続を設置し履行すべきである。締約国は，2001 年 9 月 11 日以降，保証が与えられた全ての事案に関して委員会に詳細な情報を提供すべきである(71)。

　Alzery も，エジプト人で，本国でのイスラム組織の活動で逮捕され拷問を受けた後，スウェーデンで難民申請をしたが，スウェーデン政府に却下され，Agiza と同日に同様の手法でエジプトに送還された。その後エジプトの刑務所においてスウェーデン外交官の面会があったものの拷問を受けていた。規約人権委員会は，外交的保証がその執行にあたって監視メカニズムがなく，保証に関する文書以外になんらの手配がなされていないことを指摘した。さらに，スウェーデン大使および外交官の最初の訪問の遅滞，訪問が私的な方法でなかったことや，虐待を受けた後に適切な医療および法医学の専門家を訪問に加えなかったことから，訪問の手法が国際的なグッドプラクティスの主要な措置に合致していないことを指摘した。その上で，外交的保証は，実際，自由権規約第 7 条に見合うレベルで虐待の危険を排除していないことから当該事件において十分であるとはいえないとし，Alzery の送還を第 7 条違反とした(72)。また，規約人権委員会は，2006 年 7 月に開催されたアメリカの国別報告審査においても，外交的保証の実施の際には細心の注意を払い，実効的な監視メカニズムと審査のための適切な司法メカニズムに明確で透明性が確保された手続を採用すべきだとしている(73)。

（70）　CAT/C/USA/CO/2, para. 21.
（71）　*Ibid.*, para. 21.
（72）　See, CCPR/C/88/D/1416/2005, para. 11.5.

◆第2部◆　人権法の解釈適用による保護範囲の拡張

◇5．被拘禁者の申立権

　グアンタナモの被拘禁者に関する法は，2001年11月13日対テロ戦争における外国人の拘禁，処遇及び審理に関する軍事命令（以下，軍事命令と略す）で規定されている。同命令は，被疑者が，告訴又は審理なく無期限に拘禁されること，又は軍事委員会で審理されることを認めている[74]。人権委員会特別手続の5名の報告者によるグアンタナモの被拘禁者の状況に関する報告書では，被拘禁者の申立権について以下のように言及している。「アメリカ軍は，アフガニスタンおよびその他の国で戦闘活動に従事し続けているが，目下，ジュネーブ第3条約および第4条約の2当事者間の国際武力紛争に従事しているのではない。継続中のアメリカ軍の非国際的武力紛争において，自由権規約第9条に規定されている保証を尊重しない拘禁を許可する特別法は，その拘禁の根拠としてもはや適切ではない[75]。また，グアンタナモ湾での多くの被拘禁者は，拘束時に，アメリカが関与する武力紛争のない場所で捕らえられていた。したがって，アメリカが告訴又は弁護士への接見なく戦闘員を拘束することを許可する法規定は，彼らの拘禁を正当化するために援用されえない[76]。このような自由の剥奪は，人権法，特に自由権規約第9条および第14条によって統制される[77]。身体の自由と関連の手続的保護を規定する自由権規約第9条と公正な裁判を受ける権利を規定する第14条は，第4条に列挙される逸脱できない権利ではないが，規約人権委員会は，一般的意見29（2001）で，「手続的保護は，逸脱できない権利の保護を回避する措置に従属されない」と指摘している。それゆえ，人身保護請求，無罪の推定，および最低限の公正な裁判を受ける権利のような，第9条および第14条の主たる要素は，緊急状態であっても十分に尊重されなければならない[78]。」

　拷問等禁止条約第13条は，「締約国は，自国の管轄の下にある領域内で拷問を受けたと主張する者が自国の権限のある当局に申立てを行い迅速かつ公平な検討を求める権利を有することを確保する」と規定している。また，拷問等禁止条約

---

(73)　See, CCPR/C/USA/CO/3/Rev. 1, para. 16
(74)　See, E/CN.4/2006/120, para. 18.
(75)　See, *ibid.*, para. 24.
(76)　See, *ibid.*, para. 25.
(77)　See, *ibid.*, para. 26.
(78)　See, *ibid.*, para. 14.

◇第5章◇　アメリカの「対テロ戦争」と拷問禁止規範

第2条2項では，拷問禁止の逸脱不可能性を規定し，第2条1項は，司法上の措置を含む拷問防止のための効果的措置の履行を規定している。

したがって，アメリカは，自国のみならず，域外であっても実効的管理下にある地域にいる者も差別することなく自国民と同様に，戦時又は平時にかかわらずいかなる場合にも申立権を有することを確保する義務がある。委員会は，「締約国は，拘禁状況の審査のための独立し迅速で徹底した手続および被拘禁者の地位は，本条約第13条によって要請されているように，すべての被拘禁者に対して有効であることを確保すべきである[79]」と勧告している。

連邦最高裁が，グアンタナモ基地被拘禁者に関する人身保護請求を扱った事例のうち，*Rasul v. Bush*[80]では，グアンタナモ基地がアメリカの完全な管轄権と支配権の下に置かれていることから人身保護請求を却下することはできないとし，*Hamdi v. Rumsfeld*[81]では，敵戦闘員として拘束されたアメリカ国民たるHamdiに対し，中立的決定者の前で，事実に基づく論拠の告知，反論する公平な機会を含む，拘禁に関して争う重要な機会が与えられなければならないとした。この2件の判決後，アメリカは，2004年7月にグアンタナモ湾戦闘員資格審判所（CSRT）の設立を決定した。この決定により，被拘禁者には資格再審査を受ける権利が告知され，申請すれば3名の審査官による審査を受け，敵戦闘員でないことを証明する機会が与えられた。しかし，被拘禁者は，弁護人を自ら選任することができず，証拠へのアクセスも大幅に制限されている[82]。また，2004年5月に，アメリカは，各被拘禁者の拘禁の年次審査を行う行政審査会（ARB）を設立している。グアンタナモ被拘禁者状況報告書で，恣意的拘禁作業部会議長と特別報告者は，これらの機関は，自由権規約第9条第3項および第4項ならびに第14条の要請を満たしていないとしており[83]，規約人権委員会も，2006年のアメリカの国別報告で，両機関がデュープロセスの適切な確保を行っていないとして，特に，以下の点を指摘している。（1）行政および軍からの独立の欠如，（2）すべ

---

(79)　CAT/C/USA/C012, para. 27.
(80)　Rasul v. Bush, 542 U.S. 466, 124 S. Ct. 2686 (2004), 28 June 2004.
(81)　Hamdi v. Rumsfeld, 542 U.S. 507, 124 S. Ct. 2633 (2004), 28 June 2004.
(82)　新井京「いわゆる「違法戦闘員」の法的地位」松井芳郎編集代表『判例国際法（第2版）』（東信堂，2006年）625-629頁参照。
(83)　See, E/CN.4/2006/120, para. 28.

◆第 2 部◆　人権法の解釈適用による保護範囲の拡張

ての手続および証拠へアクセスする被拘禁者の権利の制限，（3）証人召喚の困難性，（4）2005年被拘禁者待遇法1005条のもと，証拠的価値のため強制によって入手した証拠を重視する可能性[84]。

　グアンタナモ被拘禁者状況報告書では，いかなる裁判所または裁判官も，キューバのグアンタナモ湾において国防省に拘禁されている外国人による申請又は当該外国人のための人身保護令状申請を審査又は検討する管轄権を有さないと規定する，2005年被拘禁者待遇法[85]がCSRTおよびARBの手続の欠点による懸念をさらに悪化していると指摘している。この点に関する例外は，コロンビア特別区控訴裁判所がグアンタナモ湾戦闘員資格審判所の最終決定の有効性を決定する管轄権を有していることである。しかし，当該控訴裁判所は，戦闘員資格審判所決定の本案ではなく，手続が適切か否かの審査のみを扱っている[86]。

　このように，グアンタナモの被拘禁者に関し，CSRTおよびARBを設置し，被拘禁者待遇法を制定したがいずれも被拘禁者の人権上の問題をはらんでいる。

　2006年6月29日 *Hamdan v. Rumsfeld*[87]の判決では，ジュネーブ条約共通3条(1)(d)の「裁判上の保障」の定義がなされていないものの，国際慣習法として認められる最低限の保障を含むと解されねばならず，Hamdanの審査手続は，その要請を満たしていないとした。その後，2006年10月17日，戦争法違反及び他の目的に関する軍事委員会審理を許可する法（2006年軍事委員会法）が採択された。同法は，不法敵戦闘員を戦争法違反および他の犯罪に関して裁く手続を規定している。ジュネーブ条約共通3条は，軍事委員会設立の根拠として位置づけられているが，軍事委員会で審理される不法敵性戦闘員がその者の権利の淵源として同条約に訴えることができない。また，同法は，外国法又は国際法をアメリカの裁判所判決の規則の基礎として援用することができないとし，大統領がジュネーブ条約の解釈権をもつ。したがって，軍事委員会の審理において，慣習法，拷問等禁止条約および自由権規約等関連する人権規範は，解釈基準として援用できないともとれる。また，すでに触れた規約人権委員会の手続に関する指摘や人身保護

---

(84)　See, CCPR/C/USA/CO/3/Rev. 1, para. 18; *ibid.*, para. 28.
(85)　Pub. L. No. 109-148, 119 Stat. 2739 (2005).
(86)　See, E/CN.4/2006/120, para. 29.
(87)　Hamdan v. Rumsfeld, 548 U.S. 557, 126 S. Ct. 2749 (2006), 29 June 2006.

◇第5章◇　アメリカの「対テロ戦争」と拷問禁止規範

請求に関しては，いずれも改善されていない(88)。したがって，2006年軍事委員会法の下において，拷問等禁止条約第13条および自由権規約第9条ならびに第14条違反の抜本的解決は難しいと思われる。

◆ Ⅳ　お わ り に

ブッシュ大統領は，2004年6月26日の拷問犠牲者支援のための国連国際デーに，「…テロ組織は我々の快適な生活や原則を脅かす。アメリカは，命を救うことのできる情報を持っているテロリストを尋問する必要性を真摯に受け止めていく。しかし，我々は，法の支配または我々を強力にする価値と原則に妥協はしない。拷問はどこで発生しようとも違法であり，アメリカは至る所で拷問の根絶のための戦いを先導し続ける」と発言している(89)。

しかしながら，アメリカは，これまでの国内法の未整備からもわかるとおり領域内における拷問等禁止条約の履行確保には積極的ではなかった。加えて，アメリカの「対テロ戦争」に関連する行為は拷問禁止条約違反を構成している。このことは，アメリカの「新しい」「戦争」の概念の導入により，すべての人の生命および尊厳の確保という社会に課された大きな使命よりも，人を「敵」と「味方」に区別し自らの域外執行措置政策の一手段として武力紛争状態を生み出すほど，「対テロ戦争」遂行を優先してきたことの表れともとれる。そして，これまでの国家間協力に基礎をなす国際刑事法の枠組みを越え，さらに，人道法，人権法の適用が，その政策実現のため変容された形で行われた結果でもあろう。武力行使自体，生命と尊厳を大きく揺るがすものであるが，ここで焦点をあてた拷問禁止も生命と尊厳の確保には重要な要素の1つであって，国際社会全体が最低限確保すべき課題である。そして，そのための客観的に正当性を有する制度構築が必要である。アメリカの「対テロ戦争」は，そうした観点を置き去りにしてきていた。また，このことは，アメリカ1国の問題ではなく，例えば不正規移送や外交保証のように他国に広がりを見せていく。このような潮流は，拷問等禁止条約を含む人権法規範全般の解釈・適用，また，国際法構造の基盤を揺るがすことに

---

(88)　See, 109 P. L. 366.
(89)　See, CAT/C/48/Add.3/Rev. 1, para. 5.

◆第2部◆　人権法の解釈適用による保護範囲の拡張

もつながるであろう。

　国連総会は，2006年9月に「国連反テロリズム・グローバル戦略」決議を採択したが，その中の行動計画の4つの柱の1つに，対テロ戦争の基本的基準としてすべて人の人権と法の支配の尊重を確保する措置がある。そこでは，国際法，特に人権法，難民法，および国際人道法の義務の遵守や実効的かつ法の支配に基づく国内刑事裁判システムの発展と維持などが掲げられている[90]。

　ここに考察した拷問禁止委員会の審査等を契機として，国際社会全体でテロ対策と人権のバランスの再考に取り組むことが望まれる。

---

(90)　See, A/RES/60/288.

第6章
外国における人権侵害とノン・ルフールマン原則
──難民法・人権法の適用範囲と実効性──

◆ I はじめに

　ノン・ルフールマン原則は，日本語で追放・送還禁止と訳されているが，ルフールマンとは，もともと欧州の出入国管理手続の文脈での用語であり，ノン・ルフールマン原則は，国家主権が最も表出すると言っても過言ではない出入国管理権限に対し制限を課すという特徴があり，国際的保護に関連し，主権と国際的責務の齟齬が生じる局面で，保護の「かなめ石」と称されている。ノン・ルフールマン原則とは，異なる法体系や多様な法規範で構成されており，適用範囲や義務の性質等が異なる規範群の総称であり，関連する国際法として，難民法，人権法，人道法のほか犯罪人引渡条約，強制失踪条約等がある。なお，ノン・ルフールマン原則は，追放・送還を禁じるのであって，在留に関する制度における法的地位とは分けて捉える必要がある。本章では，難民条約第33条，拷問等禁止条約第3条および自由権規約第6条・第7条を比較考察し，ノン・ルフールマン原則が外国における人権侵害から逃れてきた人にいかなる保護を与えるのか，その適用範囲と実効性を明らかにするとともに現代国際社会における課題を指摘することを目的とする。

　条約の実効性の問題は，解釈と適用のギャップとして生じるが，変容する国際情勢や国家の多様性の中で様々な課題を抱えている。実効性の原則は，条約法条約第31条第1項の「条約は，文脈によりかつその趣旨及び目的に照らして与えられる用語の通常の意味に従い，誠実に解釈するものとする」に具体化され，特に「誠実に解釈する」に読み込むことができる。加えて，真の解釈の一般的な規則を反映した格言「およその事物はこれを無効ならしむるより有効ならしむを以って可とする（ut rēs magis valeat quam pereat）」に基づき類推することができる。この「有効性」という点で言及される目的論的解釈の程度はいかなるものかとい

うことが問題となろう。考察においては，条約およびその他の国際機関の文書や人権条約実施機関の見解・一般的意見等をどのように解釈に反映させ統合するのか，現実にその解釈が各国家に受容され適用されることにより条約が有効に機能しているのかといった点を念頭に置き，以下検討していくこととする[(1)]。

◆ II　ノン・ルフールマン原則と外国における人権侵害からの保護

◇ 1.　難民条約第33条の適用範囲と保護機能

　難民条約制定以前は，事件ごとに難民問題に対応していたが，国際社会が一国家の状況に介入する状況にもなく，国外への避難と国籍はく奪は一対であり，定住による庇護が恒久的解決の基本であった。庇護は，人が安全を見出す場所のみでなく，その場所が人に与える保護であり，庇護付与の国家の権利は，国々の自由の原則の表現であり領域主権の再確認であって，領域内庇護が問題となる場合は，庇護付与の自由を制限する国際法規範が存在する場合のみで，庇護付与を正当化するためには領域主権の行使としてのほかの特別の根拠は必要ではない。庇護は，出身国の権限行使に対抗して行使される主権，国の安全又は公の秩序に関連する国家の出入国規制権限，庇護を求め，享受する人の人権の3側面での問題として取り上げられる[(2)]。

　難民条約は，1951年までの特定の問題に関して，冷戦構造の中，国連憲章および世界人権宣言の基本的権利および自由を差別なく享有するとの原則のもとに制定されている。起草時の問題は，第二次世界大戦に滞留した人々の保護の国際協力が中心であった。難民条約は，前文で理想を掲げる趣旨で人権にふれているが，条約本体は，難民自身の人権問題に対するものではなく，主権と人権の微妙なバランスをとる性格を有し，難民問題の取り扱いにおける妥協点を見出すように，国際協力を要請する国際社会の理想と国家が直面する現実とのバランスとる機能

---

(1)　坂元茂樹『条約法の理論と実際』（東信堂，2004年）167-201頁；『人権条約の解釈と適用』（信山社，2017年）5-33頁参照。

(2)　芹田健太郎『憲法と国際環境（補訂版）』（有信堂，1992年）291-292頁；『亡命・難民保護の諸問題I――庇護法の展開』（北樹出版，2000年）参照。

◇第 6 章◇　外国における人権侵害とノン・ルフールマン原則

を有する条約である。外国における人権状況には立ち入らず，難民の庇護の求めの状況により国家の権利行使により庇護を与え，基本的に定住の形で受け入れる機能を有する条約として制定されている。当該条約の核は人間の尊厳であり，個別の人権へのアプローチとはなっていない。出身国において迫害を受けるおそれがあり，保護を受けることができない場合，難民の地位の認定により，出身国にかわって諸権利を保護する。この場合，受入国は，避難を求める外国人に対し，出身国が負う人権保障義務と同様のすべての権利を保障することは期待されず，核となる人権の重大侵害の場合のみに保護義務が生じる[3]。

　難民条約は，立法措置や認定手続などの履行確保のための国家の義務規定がない。同条約第35条では，国連難民高等弁務官事務所（UNHCR）の条約の適用を監督する責務の遂行に際し便宜を与えることを締約国に義務づけているものの，一義的責任は国家にあり，UNHCR は補助的な役割しか有さず，国家に実施措置を課すものではなく脆弱なものとなっている。条約解釈のガイドライン，ハンドブック等は執行委員会（EXCOM）結論により示されるが，これらに法的拘束力はない。2016年に，国際法委員会は「条約の解釈における後の合意と後の慣行」の結論草案を特別報告者ノルテの報告書をもとに，とりまとめているが，結論 5 で後の実行は締約国に帰属する行為から構成されるとし，非国家主体によるものを含む他の行為は条約法条約第31条および第32条の後の実行を構成しないとした。結論 5 のコメンタリーにおいて，UNHCR ハンドブックそれ自体を国家実行とする見解はオーストラリア連邦裁判所により否定されていることを例に挙げ，条約法条約第31条の後の実行とみなしてはいないが，国家実行を反映し，国家実行の指針となる重要な文書としている[4]。

　難民条約第33条のノン・ルフールマン原則は，逸脱不可能な規定となっているが，同条第 2 項で国の安全および重大犯罪の考慮による同条第 1 項の適用除外が規定されている。同条約第33条第 1 項の人的範囲は「難民」とあるように，同条約 1 条 A 項（2）の難民の定義に列挙される人種，宗教，国籍，特定の社会的集

---

(3)　See, A. Zimmermann ed., *The 1951 Convention Relating to the Status of Refugees and Its 1967 Protocol A Commentary* (Oxford, 2011), pp. 3-73, 225-243, 346-350；川村真理『難民の国際的保護』（現代人文社，2003年）143-145頁参照。

(4)　See, A/CN.4/660, p. 52；A/71/10, pp. 149, 151-153.（本書第 2 章参照）

◆第 2 部◆　人権法の解釈適用による保護範囲の拡張

団の構成員，および政治的意見の 5 要件と，迫害の適用範囲および同条 F 項の除外条項等をふまえて解釈される。しかし，正式に難民として認定されたか否かにかかわらず，庇護申請者も人的範囲に含まれる[5]。同条約第 33 条第 1 項は，「生命又は自由への脅威にさらされるおそれのある領域の国境へ追放し又は送還してはならない」とし，その解釈適用は，同条約第 1 条 A 項(2)の「迫害」の適用範囲の拡大と連動して拡大してきた。同条約第 1 条 A 項(2)と第 33 条第 1 項に文言の違いがあるが，「生命又は自由が脅威にさらされる」は「迫害」に値するすべての取扱いを含むよう広く解釈される[6]。適用範囲の拡大は，条約制定時以降の国際情勢の変化への対応および人権条約の発展をうけてのことであり，同条約第 33 条の目的論的解釈，UNHCR のハンドブック，ガイドラインや EXCOM の結論といった法的拘束力のない規範によるものであり，EXCOM 結論 No. 103 では難民法は動的な法体系である[7]としている。「迫害」概念の学説上のアプローチの変遷[8]に関して，難民条約制定時からの初期，グラールマッセンは，迫害を生命又は身体自由の損失の見込みとしていたが[9]，90 年代，ハザウェイらが，人権条約の諸権利に基づく分類を試み[10]，加えて，比例性を重視した説[11]を論じた学説が有力になったことが特徴として指摘できる。現在の迫害の解釈は重大な人権侵害と連動して解釈がなされる傾向にあり，またここに

---

(5) See, EXCOM Conclusion No. 6(c), 79(j)81(i); Sir Elihu Lauterpacht and Daniel Bethlehem, "The Scope and Content of the Principle of Non-Refoulement: Opinion," Erika Feller, Volker Türk and Frances Nicholson eds., *Refugee Protenciton in International Law* (Cambridge, 2003), pp. 115-118; UNHCR ハンドブック para. 28 参照。

(6) See, A. Zimmermann, *op. cit.*, pp. 346, 1387-1389; Lauterpacht and Bethlebem, *ibid.*, pp. 123-126; K. Wouters, *International Legal Standards for the Protection from Refoulement* (Intersentia, 2009), pp. 56-57.

(7) See, EXCOM Conclusion No. 103(c).

(8) See, A. Zimmermann, *ibid.*, pp. 351-352; V. Chetail, "Are Refugee Rights Human Rights? An Unorthodox Questioning of the Relations between Refugee Law and Human Rights Law," in Ruth Rubio-Marin ed., *Human Rights and Immigration*, Chapter 1 (Oxford 2014), pp. 23-28, in V. Chetail ed., *International Law and Migration* Vol. II (Elgar, 2016), pp. 597-650.

(9) See, A. Grahl-Madsen, *The Status of Refugees in International Law,* Vol.I (A.W. Shijthoff, 1966), pp. 194-197.

(10) See, J. C. Hathaway, *The Law of Refugee Status* (Butterworths, 1991), pp. 105-112.

◇第 6 章◇　外国における人権侵害とノン・ルフールマン原則

ふれた 3 つの学説を踏まえたものになっており，欧州連合（EU）資格指令第 9 条[12]はその例として挙げられよう。同条第 1 項の迫害にあたる行為は，欧州人権条約の逸脱不可能な人権，即ち生命権，拷問禁止，奴隷の禁止といった基本的人権の重大な侵害の性質又は反復性によって十分に深刻であること，様々な措置の累積であることとしている。また，同条第 2 項では，差別的又は比例性を欠く様々な措置等，迫害行為にあたる形態を例示列挙している。このように，今日では迫害を外国における人権侵害と関連づけ，難民審査においても出身国の事実，証拠に基づく客観的評価を行うことが国家実行でも示されている。ただし，先にふれたように条約監視機関の役割は脆弱で，法的拘束力のない規範群での発展をうけた解釈の国内適用に関しては，各国家の実行に相当のギャップがみられる。また，条文の解釈のみならず難民認定手続における事実認定においても，各国の

---

(11)　See, J.-Y. Carlier ed., *Who is Refugee? A Comparative Case Law Study* (Kluwer Law International, 1997), p. 702.
(12)　EU Qualification Directive (recast) (2011/95/EU) Article 9
　1. In order to be regarded as an act of persecution within the meaning of Article 1(A) of the Geneva Convention, an act must:
　　(a) <u>be sufficiently serious by its nature or repetition as to constitute a severe violation of basic human rights, in particular the rights from which derogation cannot be made under Article 15(2) of the European Convention for the Protection of Human Rights and Fundamental Freedoms; or</u>
　　(b) be an <u>accumulation</u> of various measures, including violations of human rights which is sufficiently severe as to affect an individual in a similar manner as mentioned in point(a).
　2. Acts of persecutions as qualified in paragraph 1 can, inter alia, take the form of:
　　(a) acts of physical or mental violence, including acts of sexual violence;
　　(b) legal, administrative, police, and/or judicial measures which are in themselves discriminatory or which are implemented in a discriminatory manner;
　　(c) prosecution or punishment which is disproportionate or discriminatory;
　　(d) denial of judicial redress resulting in a disproportionate or discriminatory punishment;
　　(e) prosecution or punishment for refusal to perform military service in a conflict, where performing military service would include crimes or acts falling within the scope of the grounds for exclusion as set out in Article 12(2);
　　(f) acts of a gender-specific or child-specific nature.　（傍線川村）

◆ 第2部 ◆ 人権法の解釈適用による保護範囲の拡張

国家実行は一律ではない。迫害リスクの評価では，送還先の国の状況および個人のプロフィールを考慮されるとするのが一般的であり，リスクの程度の基準は各国により異なる文言によって設定されている(13)。

◇ 2．拷問等禁止条約第3条の適用範囲と拷問防止機能(14)

拷問等禁止条約および自由権規約等人権条約は難民条約とは異なる機能を有している。そこで，まず人権条約の機能について概観しておきたい。第二次世界大戦の反省から人権の国際的保障が必要との認識で，国連憲章および世界人権宣言に基本的人権と自由の尊重が謳われたが，条約としては難民条約制定より後に発展していった。人権保障は一義的には国家が行うが，各人権条約には独立した専門家で構成される委員会が設置されている。各委員会には報告制度およびフォローアップ制度等の実施措置制度があり，実施措置制度での一般的意見，総括所見，勧告，見解等に法的拘束力はないが，制度をとおして締約国の条約実施の評価を行い，解釈基準を提示し，権利実現のための対話を促進し，条約の実効性の確保にむけての努力が行われる。人権条約締約国は，自国管轄下の人権保障に責任を負い，一般に他国の管轄下で生じる個人の権利侵害に責任を負わず，権利保障も明白に要請されないことから，法構造の特徴として垂直構造であると称される。冷戦終結後，人権の不可分性，普遍性，主流化が提唱され，ウィーン宣言では，国連の目的の実施に不可欠な人権分野の国際協力の強化が掲げられ，難民を含む脆弱な立場に置かれた人々を特に重視すること，また，外国における人権侵害を客観的に評価すること，「人」の保護は国籍国あるいは定住先に限定されず他国での保護も想定して国際協力活動にあたる傾向が顕著となってきた。その際，負担分担，連帯の精神による国際機構および国家間の調整による協力が求められるが，普遍的人権保護のための負担分担に係る国際協力の制度はいまだ脆弱である(15)。

拷問等禁止条約の目的は，拷問の防止であり，第3条第1項は，「締約国は，いずれの者をも拷問が行われるおそれがあると信ずるに足りる実質的な根拠があ

---

(13) See, A. Zimmermann, *op. cit.*, pp. 1389-1393.
(14) 川村真理「拷問等禁止条約第3条における送還禁止基準」『杏林社会科学研究』21巻1号（2005年）36-56頁参照。（本書第4章参照）

◇第6章◇　外国における人権侵害とノン・ルフールマン原則

る他の国へ追放し，送還し又は引渡してはならない」とし，明示的にノン・ルフールマン原則を規定している。人的範囲はすべての人であり，法的地位や難民条約1条F項に言及される罪を犯したか否かを考慮しない。「他の国」とは，出身国に限らず，拷問のおそれがある第三国を含む(16)。また当該規定は逸脱不可能な規定であり，強行規範(17)とされている。拷問の定義は第1条になされており，「拷問にあたる苦痛は，公務員その他の公的資格で行動する者により又はその扇動により若しくはその同意若しくは黙認の下に行われるもの」との条件が付されており，非国家主体による行為は適用範囲外となる。ただし，この非国家主体の範囲について，委員会は，ソマリアの無政府状態時で準政府制度を設立し，共通の行政制定交渉時の団体を公的資格で行動するものとみなしたが，暫定国家政府の形態になった後には非政府団体は範囲外とされるとしている(18)。

　拷問等禁止条約第3条の適用範囲，解釈基準は，委員会の見解や一般的意見により発展をしたが，これらには法的拘束力がない。同条約第3条関連の個人通報は，ほとんどが難民不認定後の退去強制事案であり，通報を通じ送還禁止基準を「拷問」という事項的範囲に関して提示してきた。委員会の決定は，庇護の付与又は拒否に関する国家当局の決定に影響を与えず，同条約第3条違反の決定は宣言的性格を有する。締約国は，個人通報の決定により庇護付与の決定の修正を要請されないが，同条に一致する必要な措置となりうる法的又は政治的解決を見出す責任を有するとしている。このことからも拷問等禁止条約上のノン・ルフールマン原則と庇護制度は別体系であるといえる。

　個人通報の事案を通じた拷問等禁止条約解釈の最大の特徴は，拷問防止の目的に即した安全確保であるが，それに関連して4つの特徴がある。第一に，個人通報において，たとえ通報者が示した事実に疑いがある場合でも，安全を確保しな

---

(15)　岩沢雄司「自由権規約委員会の監視活動の展開」『国際人権』21号（2010年）95-99頁；坂元茂樹「条約実施機関の解釈機能——自由権規約2条1項の解釈をめぐって」坂元茂樹編『国際立法の最前線　藤田久一先生古稀記念』（有信堂，2009年）101-135頁；川村・前掲注(3)145-148頁参照。

(16)　See, Mutombo v. Switzerland CAT/C/12/D/13/1993, 27 April 1994, para. 10; Hamayak Korban v. Sweden, CAT/C/21/D/88/1997, 16 November 1998, para. 7.

(17)　See, Peaz v. Sweden, CAT/C/18/D/36/1996, 28 April 1997, para. 14.5.

(18)　See, Sadiq Shek Elmi v Australia, CAT/C/22/D/120/1998, 14 May 1999, para. 6.5.

ければならないとする点が挙げられる(19)。第二に、テロリスト等の事案に関して、外交的保証や国家安全保障を考慮する場合も同条約第3条の絶対性を確保する適切な措置を求める点が挙げられる(20)。第三に、帰国した場合、通報者に対し現在も拷問の危険が存在しているか、即ち「真のリスク」が判断の基準になっており、判断の際には、これらの基準に加えて、予見可能性、蓋然性、同条約第3条2項に規定されるような、一貫した形態の重大な、明らかな又は大規模な人権侵害を含むすべての関連事情の考慮もなされる必要があるとしている点が挙げられる。この場合、同条約第3条第2項の事態だけでは十分ではなく、個人的なリスクがあることを示す追加的根拠が存在しなければならない。事実認定の際には、一般的意見1にあるように、追放し、送還し又は引き渡した場合、拷問が行われるおそれがあると信ずるに足りる実質的根拠があるかどうかが問われ、拷問の危険は、単なる仮説又は容疑を超えた根拠に関して評価されなければならないが、高い蓋然性の審査に合致しなければならないわけではない(21)。第四に、回復不可能な危害を避ける必要性の考慮から仮保全措置が挙げられる。仮保全措置は規則114に規定され、仮保全措置の不遵守は同条約第22条違反としているが、これは国際司法裁判所および欧州人権裁判所の影響を受け発展した点である(22)。

◇ 3. 自由権規約第6条・第7条の適用範囲と人権侵害防止機能

自由権規約は、拷問等禁止条約とは異なりノン・ルフールマン原則を明示的に規定する条項はなく、規約人権委員会による目的論的解釈、一般的意見・見解等

---

(19) See, Mutombo, para. 9.2; Thalir Hussain Khan v. Canada, CAT/C/13/D/15/1994, 15 November 1994, para. 12.3.

(20) See, Agiza v. Sweden, CAT/C/34/D/233/2003, 24 May 2005；今井直「国際法における拷問禁止規範の現在――「対テロ戦争」の文脈を中心に」拷問等禁止条約の国内実施に関する研究会編著、村井敏邦・今井直監修『拷問等禁止条約をめぐる世界と日本の人権』(明石書店、2007年) 29-59頁；今井直「拷問禁止規範の絶対性のゆらぎ――ノン・ルフールマン原則を中心に」『国際人権』18号 (2007年) 68-75頁；川村真理「アメリカの「対テロ戦争」と拷問禁止規範」『杏林社会科学研究』22巻3号 (2006年) 75-80頁参照。(本書第5章参照)

(21) See, A/53/44. p. 52, para. 6；川村・前掲注(14)46-50頁参照；T.M. v. Republic of Korea, CAT/C/53/D/519/2012, 21 November 2015, para. 9.3; K v. Australia, CAT/C/56/D/591/2014, 25 November 2015, para. 10.4.

(22) See, CAT/C/GC/4, para. 37.

◇第6章◇　外国における人権侵害とノン・ルフールマン原則

の法的拘束力のない規範の発展により，当該原則の解釈を導きだしているのが特徴である。これは，欧州人権裁判所のリーディングケース，1989年の *Soering v. The United Kingdom*(23)以降の判例，拷問禁止委員会の見解等の影響を受けての変容といえる。規約人権委員会によって，拷問，非人道的および品位を傷つける取扱いの一般的禁止から派生したノン・ルフールマン原則の黙示的責務が示されることで，普遍的レベルでこの認識が広まることとなった(24)。また，この解釈は，国家が人権侵害を控える消極的義務だけでなく，基本的権利の実効的享受を確保するため人権侵害を予防する積極的義務も示している。一般的意見31では，「第6条及び第7条に想定される回復不可能な危害が生じる真のリスクについての実質的根拠がある場合，移送先の国，又はその後に移送される他の国への引渡し，送還，追放，又は他の方法での移送を禁止する(25)」としており，これはすべての規定に対応されるとしている。自由権規約の個人通報においては，第6条・第7条とともに第9条，第13条，第14条，第26条等の違反が主張されている。しかしながら，ノン・ルフールマン原則に関わる部分で自由権規約違反とされる場合，第6条および第7条が軸となるため，本章では第6条と第7条のみを考察対象とする。自由権規約第6条の生命に対する権利は至高の権利とされ逸脱不可能な規定となっている(26)。また，同規約第7条の「拷問又は残虐，非人道的若しくは品位を傷つける取扱い若しくは刑罰の禁止」も逸脱不可能かつ強行規範(27)とされている。

　自由権規約の人的範囲は，領域内およびその管轄内にいるすべての人(28)である。同規約第6条の事項的範囲は，戦争，ジェノサイド，大規模な暴力行為の予防，恣意的な生命のはく奪からの保護，個人の失踪の予防に加えて，同条では死刑の禁止義務はないものの死刑が厳格に制限される(29)。同規約第7条は，「拷問

---

(23) Soering v. The United Kingdom, ECHR (1989) No. 14038/88, 08 July 1989.
(24) See, V. Chetail, *op. cit.*, pp. 33-35.
(25) See, CCPR/C/21/Rev.1/Add.13, para. 12.
(26) See, General Comment No. 6 (16th session 1982).
(27) See, CCPR/C/CAN/CO/5 para. 15; Ahami v. Canada CCPR/C/80/D/1051/2002, 29 March 2004, para. 10.10.
(28) See, CCPR/C/21/Rev.1/Add.13, para. 10.
(29) See, General Comment No. 6.

◆第2部◆　人権法の解釈適用による保護範囲の拡張

又は残虐，非人道的若しくは品位を傷つける取扱い若しくは刑罰」を禁止しているが，同条の概念の定義は特に定められていない。同条の目的は尊厳および身体的精神的保全としているが，同条の禁止行為の列挙，異なる刑罰又は取扱いについての区別に関する解釈基準は示されていない。また，禁止行為の主体は，公的資格又は私的資格にかかわらない。これらの区別は行為の性質，目的，適用される取扱いの重大性により，身体的苦痛のみならず精神的理由も含むとされ，教育機関や医療機関等での懲罰，訓練措置等および拘禁者の長期におよぶ独房での監禁等も事項的範囲の範疇となる(30)。

　ノン・ルフールマン原則に関連する自由権規約の個人通報で第6条が援用されている事案は死刑に関するものである。*Kindler v. Canada*(31)がリーディングケースとして知られているが，当時は，規約の下で死刑自体の違法性は問わず，手続的保障や執行方法などによる死刑の制限との関連が争点であり，提出された事実は，同規約第6条違反を証明していないと結論づけている。その後，*Judge v. Canada*(32)では，国際的世論の動向，カナダ国内判決の発展，欧州人権裁判所の発展的解釈をうけ，規約を生きている文書として解釈し，先例を覆して，死刑廃止国たるカナダが死刑実施国への引渡しを同規約第6条第1項の恣意的生命はく奪の禁止の違反と認めた。以後，表1にあるように，死刑実施のおそれがある場合は，同条の違反を踏襲している。

　自由権規約第7条に関する個人通報において，例えば，拘禁状態で拷問を受ける様々な暴行や劣悪な状況等は "torture or other ill-treatment," "torture or cruel, inhuman, or degrading treatment or punishument" と列挙されている。行為主体は，拷問等禁止条約と異なり公的資格で行動する者と私人の区別をすることがなく，スリランカのLTTEといった非国家主体や，人身売買関係者，FGMなどを施術する私人の行為も政府の関与や実効的保護の欠如等の評価を経ることなく対象となる(33)。

---

(30) See, General Comment No. 20 (44th session 1992) Replaces General Comment No. 7 (16th session 1982).

(31) Kindler v. Canada, CCPR/C/48/D/470/1991, 30 July 1993.

(32) Judge v. Canada, CCPR/C/78/D/829/1998, 05 August 2002；坂元茂樹「死刑廃止国に対する新たな義務」『研究紀要』（世界人権問題研究センター）11号（2006年）1-26頁参照。

◇第 6 章◇　外国における人権侵害とノン・ルフールマン原則

　ノン・ルフールマン原則に関連する自由権規約第 7 条違反の個人通報を表 1 にまとめているが，全般的傾向として，2002年の *C v. Australia*[34]以降に，ノン・ルフールマン原則関連事案が増加していることがわかる。このことは，国連で人権の主流化が謳われ，補完的保護が広まる潮流と連動している。また，それ以降のすべての通報で仮保全措置[35]が取られている。仮保全措置は規則94に定められており，仮保全措置の不遵守は，同規約第一選択議定書第 1 条違反とされている。このことは拷問禁止委員会の影響を受けていると思料される[36]。ルフールマンの形態は，犯罪人引渡し，薬物使用等の刑事罰を受けた後の退去強制のほか，テロリスト・反政府活動に従事した者の事案で国の安全の考慮からの外交的保証による送還も扱われ，*Alzery v. Sweden*[37]は，同時期の拷問禁止委員会の *Agiza v. Sweden*[38]の見解や欧州人権裁判所の判例を反映したものとなっている。通報で，多数を占めるのは，難民および国際的保護の申請後の退去強制である。同規約第 7 条違反となった外国における人権侵害の形態は，国家主体による拘禁中の残虐な身体刑の様々な形態へのおそれが多いが，先ほどふれた私人による非人道的行為のほか，精神疾患を理由とした事案もある。

　こうした事案のリスク評価の基準は，回復不可能な危害の真のリスク，個別性に加え一般的人権状況を含むすべての関連事情の考慮となっている[39]。規約人権委員会では，*ARJ v. Australia*[40]等で，真のリスクは必然的かつ予見可能な結果を意味するとしていたが，*X v. Sweden*[41]等に述べられているように，リスク評価は，回復不可能な危害の真のリスクの存在を確証する実質的な根拠を提供

---

(33)　表 1 参照；K. Wouters, *op. cit.*, pp. 377-391.
(34)　C v. Australia, CCPR/C/76/D/900/1999, 28 October 2002.
(35)　坂元茂樹「個人通報制度における仮保全措置——自由権規約委員会の実行をめぐって——」『神戸法学雑誌』53巻 4 号（2004年）1-42頁参照。
(36)　See, CCPR/C/3/Rev.11.
(37)　Alzery v. Sweden, CCPR/C/88/D/1416/2005 25, October2006；戸田五郎「国の安全を理由とする追放とノン・ルフールマン——アルゼリー対スウェーデン事件」『国際人権』第19号（2008年）179-181頁参照。
(38)　注(20)参照。
(39)　See, P. T. v. Denmark, CCPR/C/113/D/2272/2013, 01 April 2015 para. 7.2; K v. Denmark, CCPR/C/114/D/2393/2014, 16 July 2015, para. 7.3.
(40)　See, ARJ v. Australia, CCPR/C/60/D/692/1992, 28 July 1997, paras 5.8-6.14.
(41)　See, X v. Sweden, CCPR/C/103/D/1833/2008, 01 November 2011, para. 5.18.

◆ 第2部 ◆　人権法の解釈適用による保護範囲の拡張

表1：ノン・ルフールマン原則に関連して自由権規約第7条違反となった通報事案（115会期までの事案）

通報	番号	争点	外国における人権侵害の形態
Ng v. Canada	469/1991	犯罪人引渡し	窒息性ガス処刑
C. v. Australia	900/1999	退去強制	精神疾患の治療が見込めない
Ahani v. Canada	1051/2002	退去強制	危害・拷問（暗殺訓練された徴集兵）13条 (in conjunction with article 7)
Byahuranga v. Denmark	1222/2003	退去強制	拷問＋（ウガンダ陸軍将校）
Alzery v. Sweden	1416/2005	外交的保証	拷問＋（イスラム反政府活動）
Maksudov, Rakhimov, Tashbaev and Pirmatov v. Kyrgystan	1461, 1462, 1476&1477/2006	犯罪人引渡し	拷問・死刑（6条2項・7条）（テロ等で起訴）
Kwok v. Australia	1442/2005	保護・退去強制	死刑・拷問＋（6条・7条）（夫の死刑）
Hamida v. Canada	1544/2007	難民・退去強制	拷問＋（政治犯への支援）
Kaba v. Canada	1465/2006	難民・退去強制	FGM　㊗
Pillai et al v. Canada	1763/2008	難民・退去強制	PTSD・拷問＋（LTTE支援の疑い）
X v. Sweden	1833/2008	庇護・退去強制	拷問＋殺害（6条・7条）国家・㊗（LGBT）
Jama Warsame v. Canada	1959/2010	退去強制	危害（6条1・7条）（ソマリア情勢）
Thuraisamy v. Canada	1912/2009	庇護・退去強制	拷問＋（LTTEメンバーの疑い）
X v. Republic of Korea	1908/2009	難民・退去強制	迫害・死刑/拷問＋（6条1・7条）（改宗）
X v. Denmark	2007/2010	庇護・退去強制	迫害・拷問＋（兵役拒否）
M.I. v. Sweden	2149/2012	庇護・退去強制	拷問＋（LGBT）
Valetov v. Kazakhstan	2104/2011	犯罪人引渡し	拷問（殺人罪等で逮捕）
Ali Aarrass v. Spain	2008/2010	犯罪人引渡し	拷問＋（テロリスト）
Khakdar v. Russian Federation	2126/2011	庇護・退去強制	拷問＋㊗（旧ソ派の元戦闘員）
A.H.G. v. Canada	2091/2011	退去強制	精神疾患
Omo-Amenaghawon v. Denmark	2288/2013	庇護・退去強制	殺害・拷問＋（6条・7条）㊗（人身売買被害者）
Warda Osman Jasin v. Denmark	2360/2014	一次庇護国へ送還	弱者への配慮を欠いた取扱い
X v. Denmark	2389/2014	庇護・退去強制	迫害・拷問＋（政治活動・クルド）
Jenirthan Rasappu and Janarthan Rasappu v. Denmark	2258/2013	庇護・退去強制	拷問＋（LTTE関連）

注：拷問＋：拷問＋残虐,非人道的又は品位を傷つける取扱い又は刑罰；㊗：行為主体が非国家主体
　　保護・退去強制：保護ビザ申請後の退去強制；難民・退去強制：難民申請後の退去強制；庇護・退去強制：庇護申請後の退去強制
　　（川村作成）

◇第 6 章◇　外国における人権侵害とノン・ルフールマン原則

する高い敷居がなければならないとし,今日ではこの基準が援用されている。また,評価が明らかに恣意的又は裁判の否定に値するのでなければ,一般的に締約国裁判所が事実および証拠の評価を行うのであって,委員会はその再評価を行うのではないとの立場を示し,委員会の権限を越えない範囲で見解を導く立場を示している[42]。

◆ Ⅲ　ノン・ルフールマン原則の実効性と課題

◇ 1. 難民法・人権法の相互作用と解釈適用の変容

国際社会の変容に伴い,異なる法体系が相互に影響を及ぼしつつ,目的論的解釈と法的拘束力のない規範群により適用範囲を拡大して,条約の実効性の確保が図られてきた。人権条約間については,拷問等禁止条約においてノン・ルフールマン原則に関する豊富な個人通報の蓄積によりリスク評価の基準が示され,それが自由権規約のリスク評価にも影響を与え同様の基準に収斂していることはすでに述べたとおりである。

難民法と人権法も相互に作用しているが,条約の目的および適用範囲が異なり,法制度そのものは統合されず両立して存続している。両者の適用範囲を比べると,重複部分もあるが総じて人権法のほうが難民法に比べ広いといえる。それは,次の点から導きだすことができる。1 点目は,人権法のノン・ルフールマン原則が,難民条約の難民の定義にある 5 つの要素により制限されないという点である。2 点目は,難民条約第 33 条第 2 項および第 1 条の除外条項が保護から排除される者を規定している一方で,人権条約のノン・ルフールマン原則は,強行規範とされ難民条約のような制限がないという点である。加えて,人権条約による保護は,領域的庇護と異なり自国における定住を前提とせず他国領域への外交的保証等や安全な第三国への移送等も考慮されうる[43]。

難民法と人権法の補完性について,EXCOM 結論 No. 81 は,「(e) 難民が実効的に保護されることを確保するためのすべての必要な措置をとることを国家に要請する。それは,国内法を通して,難民保護に関連する国際人権法と人道法の文

---

(42)　See, Hamida v. Canada, CCPR/C/98/D/1544/2007, 18 March 2010, para. 8.4.
(43)　See, Chetail, *op. cit.*, pp. 35-38.

◆第 2 部◆　人権法の解釈適用による保護範囲の拡張

書の義務に従い，UNHCR の国際的保護機能の行使および難民保護に関する国際条約適用監督への完全な協力を通してなされることを含む[44]」としている。また，EXCOM 結論 No. 95 では，「(k)難民問題と人権の多面的なリンケージを認識し，難民の経験は，いずれの場合も，国家がどの程度人権と基本的自由を尊重しているかに影響を受けることを再確認する。(l)国際難民法と人権法の補完的性質及び当該分野における国連人権メカニズムの役割に注目し，国連人権条約機関の国家報告制度において国家が強制移動の状況に取り組むことを奨励し，人権条約機関がその権限内において強制移動における人権問題を検討するよう提唱する[45]」としている。

難民条約と人権条約の重複，収斂についても，2 点指摘できる。1 点目は，「迫害」と「拷問及び残虐な，非人道的又は品位を傷つける取扱い又は刑罰」の範囲についてである。2 点目は，難民法の「生命又は自由が脅威にさらされるおそれ」，「迫害を受けるおそれがあるという十分に理由のある恐怖」と人権法の「リスク」の評価に関してであるが，これまでみてきたように出身国情報の客観的評価の手法への収斂がみられる[46]。

ルルフは，ただ一つの法分野又は一つの規定により付与された保護は，その範囲の中にノン・ルフールマン原則を制限し，困窮する人々に付与する保護を制限する計り知れないリスクがあり，一律の解釈適用を見いだせないことを鑑みて，パラレルな法の適用は必要であるとしている[47]。シュテイルも，「実効的人権の尊重も難民法の最終的な合目的性を構成するので，ノン・ルフールマンの構造的機能は 2 つの法体系の規範的合併を強化する[48]」と評価している。

---

(44)　See, EXCOM Conclusion No. 81, para.(e).
(45)　See, EXCOM Conclusion No. 95, para.(k),(l).
(46)　See, Chetail, *op. cit.*, pp. 35-38.
(47)　See, C. Lulf, "Non-Refoulement in International Refugee Law, Human rights Law and Asylum Law," in Hans-Joachien Heintze eds., *From Cold War to Cyber War* (Springer, 2016), pp. 185-186.
(48)　See, Chetail, *op. cit.*, p. 37.

◇第6章◇　外国における人権侵害とノン・ルフールマン原則

◇2．履行確保の課題――実効性との関連で――
(1) 解釈適用に関する国家間の実行のギャップ

　難民条約は，UNHCRによる条約の実施措置の機能が脆弱で，国家による解釈適用が基本であるため，解釈における評価手法，適用範囲も国家によって異なる。また，難民条約第5条は，「締約国がこの条約に係わりなく難民に与える権利及び利益を害するものと解してはならない」と規定しており，国内法又は他の条約による保護を妨げない。人権条約の実施措置における見解や一般的意見も法的拘束力がなく，各国の遵守の意思がなければ，実効性確保へのインパクトは限定的におかれることは否めない。表2では6か国の国際的保護の対象者を列挙している。日本以外は自由権規約第一選択議定書締約国であり，難民以外の国際的保護対象者に関して拷問等禁止条約第3条，自由権規約第6条・第7条への言及がみられる。しかし，日本は，条約難民以外の国際的保護対象者への在留許可は国家裁量で，ガイドラインで人道配慮の項目があるものの，人権条約に依拠した基準はない。人道配慮による在留許可に関する入管法の法的枠組みとしては，在留許可の付与という観点で「特定活動」，「定住者」の在留資格があり，送還の猶予という観点で「仮放免」，「特別放免」の許可態様がある。日本の司法判断において難民条約は直接適用されており[49]，難民該当性判断に加えて退去強制令書発付が同条約第33条第1項に反する結果とならないかについて吟味する必要があるとして判決において検討がなされている[50]。しかし，EXCOM結論，UNHCRハンドブックやガイドラインは解釈基準と認めていない[51]。拷問等禁止条約第3条も直接適用されているが，委員会の一般的意見等をふまえた解釈はされていない。自由権規約についても直接適用されており，国内的効力を認めている。一般的意見を援用する判決もあるが，法的拘束力がないとして援用に否定的な判決も

---

(49)　岩沢雄司「日本における国際難民法の解釈適用」『ジュリスト』1321号（2006年）16-25頁参照。
(50)　例えば，東京地判平27・8・28平25(行ウ)237等LEX/DB25540979；東京地判平19・3・23平16(行ウ)462等LEX/DB25420866；東京地判平17・12・26平15(行ウ)393等LEX/DB28131617参照。
(51)　例えば，東京地判平16・5・28平11(行ウ)31・平13(行ウ)258LEX/DB28102293参照。ただし，UNHCRハンドブックを引用・参照した事例もある。名古屋高判平28・7・13平27(行コ)71LEX/DB25544116参照。

◆ 第 2 部 ◆　人権法の解釈適用による保護範囲の拡張

表 2：国際的保護対象者の国別比較

国名	国際的保護の対象者
日本	難民：難民条約の難民 　人道配慮による在留許可→法務大臣裁量 　ノン・ルフールマン：入管法第53条（送還先）⇒同条第3項（難民条約第33条第1項・拷問等禁止条約第3条第1項・強制失踪条約第16条第1項に規定する国への送還禁止．）
韓国	難民：難民条約の難民 　人道的在留者：難民には該当しないが，拷問等の非人道的な処遇若しくは処罰又はその他の状況により生命又は身体の自由等を著しく侵害されるおそれがあると認めるに足りる合理的な理由がある者で在留許可を受けた外国人（大統領令の定めにより法務長官による在留許可） 　ノン・ルフールマン：難民・人道的在留者・難民申請者→難民条約第33条第1項・拷問等禁止条約第3条
ドイツ	難民：難民条約の難民（非国家主体による迫害含む）・迫害→EU資格指令第9条 　補充的保護（subsidiary protection）：EU資格指令第15条・第18条・ノン・ルフールマン 　→死刑・拷問，非人道的又は品位を傷つける取扱い若しくは刑罰・国際的又は国内武力紛争下で生命及び身体への実質的具体的危険 　退去強制禁止：人権条約下で許容されえない場合・実質的具体的危険又は過度の一般的危険に直面する場合の退去強制の禁止
カナダ	難民：難民条約の難民（非国家主体による迫害含む） 　保護を必要とする者：拷問等禁止条約1条の拷問又は自由権規約にいう非人道的な取扱い若しくは刑罰を受けるおそれがある場合 　事前退去危険評価：ノン・ルフールマン原則に照らし，出身国への送還により拷問等を受けるおそれがないかを事前評価 　人道的・酌量の事由に基づく永住許可：事前退去危険評価に係る本国での非人道的取扱い等の事情に限定されず，出身国で適切な医療保護を受けられない事情等を含む
オーストラリア	Onshore：保護 　難民条約の難民（非国家主体による迫害含む）・ノン・ルフールマン原則に基づき退去させることにより重大な危害を受けるに足るべき十分な理由があると大臣が認める者（拷問等禁止条約3条及び自由権規約6条・7条に基づく保護義務対象者） 　合法入国者⇒保護ビザ（定住）不法入国者⇒一時保護ビザ（3年）・セーフヘブンエンタープライズビザ（5年） 　＊offshore：再定住
ニュージーランド	難民：難民条約の難民（非国家主体による迫害を含み得る） 　保護される者：拷問等禁止条約第3条又は自由権規約第6条及び第7条のノン・ルフールマン原則上保護が必要な者 　大臣介入：人道的見地から特別に一時滞在許可（大臣裁量）

＊日本以外の5ヵ国：自由権規約第一選択議定書締約国（各国政府Web等参照して川村作成。）

◇第6章◇ 外国における人権侵害とノン・ルフールマン原則

多く、自由権規約の解釈適用に十分に生かされているとはいいがたい。退去強制に係る判決において、自由権規約第7条に関し、国は、「外国人の外国における同条規定の権利を保障するものではなく、したがってそのような保障のない国に外国人を送還することが禁止されていると解すこともできない(52)」としてきており、一般的意見や見解に関し、各締約国が参考とすることがもとめられているにすぎないのであって法的に拘束するものではないという立場をとってきた(53)。しかし、平成27年11月27日の大阪高裁判決で、イランに送還された場合死刑に処せられる蓋然性が高いことを理由に、入管法第53条第2項の適用が自由権規約の第6条第1項・第2項の趣旨に合致するとして、イランを送還先に指定した部分が違法となるとした(54)。難民条約の監督機関であるUNHCRの解釈基準および人権条約実施機関の見解等の解釈基準は法的拘束力を有しないものの、人権の主流化・普遍化の流れとともに相互作用し、出入国管理の側面においても、各国内における人権保護を含め高い基準を示して各条約の実効性を高めようとする動きをすでに考察してきたが、国際法規範による制限以外、出入国管理権限に関する国内法制は各国の自由裁量であり、条約の解釈適用は各国法制に委ねられている。各国家の情勢および法制度は多様であり、適用の差異が生じるのは当然なことであって、法的拘束力のない国際法規範による高い基準設定と統制にも限界がある。

(2) 間接的ルフールマンの禁止および安全な第三国

国際的保護を必要とする人を第三国へ移送した際、移送先の国から彼らに危険がおよぶ領域への送還される危険があること、又は移送先の国自体が保護しえない状況にあること等が問題となっている(55)。難民条約第33条第1項の「いかなる方法によっても」の文言は、間接的ルフールマンを禁じている。他方で、難民法、人権法およびEUの庇護法制は国際的保護を求める者や国際的保護を必要とする者を一次庇護国又は安全な第三国の概念に基づいて安全な第三国に送還する

---

(52) 例えば、広島地判平17・6・30平成15(行ウ)16裁判 Web 参照。
(53) 例えば、大阪高裁判平27・11・27平26(行コ)106判時2298号参照。坂元茂樹『人権条約の解釈と適用』(信山社、2017年) 239-273頁参照。
(54) 同上；川村真理「退去強制における送還先の違法」『ジュリスト平成28年度重要判例解説』(2017年)参照。(本章末〈判例紹介〉参照)
(55) See, K. Wouters, *op. cit.*, pp. 140-147.

◆第 2 部◆　人権法の解釈適用による保護範囲の拡張

可能性を認めている。しかし，この「安全」の基準が問題となる。UNHCR は，一次庇護国とは，ある者が，入国前に滞在していた国で国際的保護をすでに受けており，今もなお当該保護が受けることができ，かつ，その保護が有効なものである場合に適用される概念であるとし，安全な第三国とは，ある者が，入国前に滞在していた国において，国際的な保護を申請することができたが，申請しなかった場合，又は，保護を求めたが地位が決定されなかった場合に適用される概念としている[56]。2013年の改正 EU 庇護手続指令[57]（手続指令）においては，第35条で一次庇護国，第38条で安全な第三国を規定している。手続指令第35条では，一次庇護国に関し，難民として認定されその保護をまだ受けることができる，又はノン・ルフールマン原則を含む十分な保護を享受していることを規定しているが，この十分な保護の基準についての規定はないため，国家間で対応の差異が生じる。同指令第35条によって，EU 加盟国ではない国が申請者にとって一次庇護国とみなされる場合，同指令第33条第 1 項および第33条第 2 項(b)により，加盟国は国際的保護申請を受理されないものとみなすことができる。手続指令第38条では，安全な第三国に関し，①民族，宗教，国籍，特定の社会的集団の構成員であること又は政治的意見を理由に生命および自由が脅かされないこと，②指令2011/95/EU で定義される深刻な危害のおそれがないこと，③ジュネーブ条約（難民条約）に従ってノン・ルフールマン原則が尊重されること，④国際法に定められる拷問および残虐な，非人道的な又は品位を傷つける取扱いからの自由に反する退去の禁止が尊重されること，⑤難民の地位を求め，また，難民と認められた場合，ジュネーブ条約に従って保護を受ける可能性が存在すること，の 5 つの基準を示している。手続指令第38条によって，EU 加盟国ではない国が安全な第三国とみなされる場合，同指令第33条第 1 項および第33条第 2 項(c)により，加盟国は国際的保護申請を受理されないものとみなすことができる。

　2016年 3 月の EU・トルコ合意は，トルコからギリシャへの不正規移動者をト

---

(56) UNHCR「移民危機に対応する EU トルコ合意の一貫として「安全な第三国」および「一次保護国」の概念に基づいて庇護希望者・難民をギリシャからトルコに送還する際の法的考慮事項」（2016年） 1-2 頁参照。

(57) Directive 2013/32/EU of the European Parliament and of the Council of 26 June 2013 on Common Procedures for Granting and Withdrawing International Protection (recast).

◇第 6 章◇　外国における人権侵害とノン・ルフールマン原則

ルコに送還するのと引き換えにトルコの難民の支援，トルコ人への EU ビザ緩和等を行うこととしている(58)。しかし，現在のトルコの状況が上述の基準を含む手続指令の基準および手続的保障ならびに人権条約等の基準を満たす状況にあるかどうかが憂慮されている(59)。

　間接的ルフールマンを禁止する近年の事例として，EU 内でのダブリン規則に基づくイタリア，ギリシャ等の一次庇護国への移送問題に関する自由権規約の個人通報事案である，*Warda Osman Jasin v. Denmark*(60)を概観する。通報者はソマリア人で，ドメスティック・バイオレンスによりソマリアから逃亡し，逃亡中に子どもを出産，イタリアにおいて補完的保護が認められたものの，在留許可を受けた後，路上生活を送り生活に困窮し，当該母子はデンマークに逃れ庇護申請を行った。しかし，ダブリン規則に基づきデンマークが一次庇護国たるイタリアへ退去強制を行うことにつき，同規約第 7 条違反とされた事案である。委員会は，デンマークが，通報者の個人的経験と，イタリアへの退去強制による予見可能な結果の十分な分析，および退去強制の際，通報者に対する保証手続をとらなかったことを違反の理由としている。個別意見では反対，賛成両方の意見が示されており，反対意見として，この通報を同規約第 7 条違反とみなすことは，庇護申請者と難民が，一次庇護国よりも良い生活条件を求め 1 国から他国へ移動することを正当化することになると指摘している。さらに，自由権規約は採択後50年にわたる新たな状況に応じ得る生きた文書として考慮されるべきだが，当該事案に表明される状況に対し，同規約第 7 条の範囲を拡大することは間違いなくリスクがあるとしている。他方，賛成意見では，通報者は単なる経済的貧困者ではな

---

(58)　See, European Council, EU-Turkey Statement, 18 March 2016, 〈http://www.consilium.europa.eu/press-releases/2016/03/18-eu-turkey-statement, as of 07 March 2016〉; European Commission, "Communication from the Commission to the European Parliament, the European Council and the Council Next Operational Steps in EU Turkey Cooperation in the Field of Migration," COM (2016) 166 final Brusseles, 16.3.2016. 〈https://ec.europa.eu/transparency/regdoc/rep/1/2016/EN/1-2016-166-EN-F1-1.PDF, as of 07 March 2016〉.

(59)　See, European Commission, Fact Sheet, Implementing the EU-Turkey Statement-Questions and Answers, Brusseles, 8 December 2016. 〈http://europa.eu/rapid/press-release-MEMO-16-3204_en.htm, as of 07 March 2016〉.

(60)　See, Warda Osman Jasin v. Denmark, CCPR/C/114/D/2360/2014, 22 July 2015.

く，通報者と子どもの特有の地位が問題だとした。その上で，補完的保護に関するEXCOM結論 No. 103およびEC343/2003（ダブリン規則Ⅱ）にふれ，出身国又は安全ではない第三国への送還禁止と，基本的経済的社会的権利の享受の必要性を説き，ノン・ルフールマン原則適用の問題点を指摘している。それは，ノン・ルフールマン原則適用により，出身国には送還しないが避難国で耐えられない生活条件下に置くことは，自国で待ち受ける重大な人権侵害の真のリスクにもかかわらず帰国にいたるかもしれないということである。欧州人権裁判所でも *M.S.S. v. Belgium and Greece*[61]等同様の問題に関する事例があり，シュテイルは，間接的ルフールマン禁止に関して，欧州人権裁判所は，庇護申請の審査責任を割り当てるダブリン規則のような国際協定の締結が，国家に人権法の義務を免除しないことを明示したと評価している[62]。しかし，他国における人権状況をどこまで客観的に評価し判断するかも問われ，自由権規約の場合は，欧州以外の国々にもこの解釈が影響を及ぼすこととなり，現実に経済的社会的権利の享受を含めどこまで実効的保護を保証できるか，各国事情が大きく異なる中で問題となろう。

また，欧州以外の地域では，オーストラリアのいわゆる「パシフィックソリューション」も間接的ルフールマンにあたるとして問題視されている。これは，密航船等でオーストラリアのクリスマス島等に到着し，庇護を希求する者を，ナウル又はパプアニューギニアに移送し，収容施設に収容し，そこで難民認定された者には第三国への定住等の措置をとるものである。オールトラリア海軍による域外での庇護申請者の入国の阻止等も行われている。ナウルおよびパプアニューギニアの収容施設の状況が劣悪であること等により安全および保護の実効性が問われている[63]。

---

(61) M.S.S. v. Belgium and Greece, ECHR (2011) No. 30696/09, 21 January 2011.
(62) See, Chetail, *op. cit.*, p. 38.
(63) 浅川晃広「オーストラリアの移民政策と不法入国者問題——「パシフィック・ソリューション」を中心に」『外務省調査月報』2003 No. 1 (2003年) 1-32頁参照；See, Janet Phillips, "The 'Pacific Solution' Revisited: a Statistical Guide to the Asylum Seeker Caseloads on Nauru and Manus Island," Parliament of Australia, (2012) (http://www.aph.gov.au/About_Parliament/Parliamentary_Departments/Parliamentary_Library/pubs/BN/2012-2013/PacificSolution, as of 07 March 2017).

◇第6章◇　外国における人権侵害とノン・ルフールマン原則

(3) 大 量 流 入

　大量流入の際のノン・ルフールマン原則の適用は，難民条約の条文には明記されていないが起草時から大量流入の場合に同条約第33条第1項の義務は伴わないものとするか否かが問題となっていた(64)。1967年領域内庇護宣言第2条第2項では，「国家が庇護を付与すること又は付与を継続することを困難と認める場合には，諸国は，個別的に又は共同して又は国際連合を通じて，国際連帯の精神により，当該国家への負担を軽減する適切な措置を考慮しなければならない」とし，同宣言第3条第2項で「前項の原則に例外を設けることができるのは，国の安全という圧倒的理由によるか，又は人の大量流入の場合のように，住民を保護するためのみとする」としているが，同条第3項では「国家は同条第1項に述べる原則に対する例外が正当とされると決定した場合でも，暫定的庇護その他の方法で，適切と考える条件の下に，他の国家に赴く機会を当該関係人に付与する可能性について考慮しなければならない」としている(65)。EXCOM結論No. 22では，大量流入は特定国に不当に重い負担をかけるとの認識から国際連帯と負担分担の枠組みの中での国際協力の重要性を強調し，大量流入の場合，庇護申請者は，最初の避難を求めた国において入国が許可されるべきであり，当該国が，永住を基礎として彼らを入国させることができない場合，少なくとも一時的に入国を許可されるべきであるとし，すべての場合において，基本的なノン・ルフールマン原則（国境における拒否の禁止を含む）は，厳正に遵守されなければならないとしている(66)。EXCOM結論No. 100では，大量流入の場合の包括的行動計画において，特に，ノン・ルフールマン原則を含む国際難民法，人道法および人権法を尊重した，国際的保護の必要な人々への対応基準を満たすことを求める(67)としている。学説上，難民条約第33条第1項を大量流入にも適用可能とする見解をとっているものが多いが，例外をみとめる見解もある(68)。

　一時的に保護したとしても，人権規範に基づく責任分担が連動した難民保護システム構築がなされなければ，保護の不安定化を招くおそれがあり，ノン・ル

---

(64) See, A. Zimmermann, *op. cit.*, p. 1377.
(65) 芹田・前掲注(2)『亡命・難民保護の諸問題Ⅰ』98-188頁参照。
(66) See, Excom Coclusion No. 22 paras. II.A.1, 2, IV.1.
(67) See, Excom Coclusion No. 100 paras.(a),(i).

◆ 第2部 ◆　人権法の解釈適用による保護範囲の拡張

フールマン原則，ひいては国際的保護の実効性は確保されない。このことは，シリア難民の欧州への大量流入によって明らかとなっている(69)。

(4) 域外適用

　難民条約第33条は国境を含む国家領域に適用され，域外適用，例えば，公海上又は他国の空港における入管職員による事前審査措置等は可能か，規定ぶりからは明確ではない。UNHCRの見解として，難民条約第33条第1項の適用は締約国領域内に限定されない(70)としており，学説上も，自国領域外の実効的又は事実上の管轄権がおよぶ範囲に適用されるとする見解が多い(71)。しかし，国家実行の一例として，*Sale v. Haitian Center Council, Inc.,* では，難民条約第33条は域外的効果を有するように企図されていない(72)としている(73)。

　人権条約に関しては，拷問禁止委員会および規約人権委員会において域外適用を認めており，いずれも領域内のみならず管轄権の及ぶ範囲に適用するとしている(74)もののこれらの文書には法的拘束力はなく，国家実行も伴っているとはいえない。

　欧州人権裁判所の *Hirsi v. Italy*(75)では，申立人であるソマリア人とエリトリア人が，リビアからイタリアにむけ大型船で航行中，海上でイタリア当局に捕え

---

(68) See, A. Zimmwemann, *op. cit.,* pp. 1378-1379; Guy S.Goodwin-Gill and J.McAdam, *The Refugee in International Law,* Third Edition (Oxford, 2007), pp. 335-339; Lauterpacht and Bethlehem, *op. cit.,* pp. 119-121; J.C.Hathaway, *The Rights of Refugees under International Law* (Cambridge, 2005), pp. 355-363.

(69) 川村真理「難民・移民問題と国際秩序の揺らぎ――EUが直面する課題を中心に――」馬場啓一・小野田欣也・西孝編著『グローバル・エコノミーの論点――世界経済の変化を読む――』(文眞堂，2017年) 32-44頁参照。

(70) See, UNHCR, "Advisory Opinion on the Extraterritorial Application of Non-Refoulement Obligations under the 1951 Convention Relating to the Status of Refugees and its 1967 Protocol," (2007), p. 11-19.

(71) Lauterpacht and Bethlebem, *op. cit.,* pp. 110-111; Goodwin-Gill and McAdam, *op. cit.,* pp. 244-253; Hathway, *supra* note 68, pp. 335-342.

(72) Sale v. Haitian Centers Council, Inc., 509US155, 21 June 1993.

(73) See, A. Zimmermann, *op. cit.,* pp. 1361-1362.

(74) See, CCPR/C/21/Rev.1/Add.13, para. 10; CAT/C/USA/CO/2, 25 July 2006, para. 15. (本書第5章参照)

(75) Hirsi Jamaa and Others v. Italy, Application No. 27765/09, 23 Feb 2012.

◇第6章◇　外国における人権侵害とノン・ルフールマン原則

られリビアに送還されたことについて，欧州人権裁判所第3条のノン・ルフールマン原則の域外適用が認められた。まず，公海上を航行中の船舶は旗国の排他的管轄権に服すること，加えて，欧州人権条約第1条の「管轄権」は，本質的には領域であるが，欧州人権裁判所の判例の発展から，国家が領域外で管轄権を行使していたとする例外的事情が存在するかどうかの問題は，十分かつ排他的管理といった特定事実に鑑みて決定されなければならないことの2点を考慮して，裁判所は，申立人はイタリアの管轄権内にあったことを認めた[76]。次に，リビアの状況に関する信頼できる文書を参照し，リビアへの送還により申立人が残虐な，又は非人道的な扱いを受けるリスクにさらされたこと[77]，さらに，リビアから申立人の出身国であるソマリア，エリトリアへの恣意的送還のリスクにさらされた事実から欧州人権条約第3条に違反するとした[78]。さらに同条約第4議定書第4条および同条約第13条違反としている[79]。

欧州人権条約の域外適用に関して，領域外での活動が，同条約第1条の管轄権の行使にあたるとする，例外的な事情の存在の有無の判断が，重要な要素となっている。その上で，個別の事例の，警備または送還等の運用および手続において，出身国情報を鑑みて，ノン・ルフールマン原則遵守が問われることを，*Hirsi v. Italy* は示している[80]。

◆ Ⅳ　おわりに

考察してきたように，難民法と人権法は相互に作用し，目的論的解釈により適用範囲を変容させ，外国における人権侵害から逃れてきた人に対する実効的な保護を確保するため発展してきた。市場経済，民主主義，人権のグローバリゼー

---

(76) See, *ibid.*, paras. 70-82.
(77) See, *ibid.*, paras. 122-138.
(78) See, *ibid.*, paras. 146-158.
(79) See, *ibid.*, paras. 183-186, 201-207.
(80) See, Seunghwan Kim, "Non-Refoulement and Extraterritorial Jurisdiction: State Sovereignty and Migration Controls at Sea in the European Context," *Leiden Journal of International Law*, 30 (2017), pp. 49-70; Lisa Heschi, *Protectiong the Rights of Refugees Beyond European Borders* (Intersentia, 2018), pp. 80-94.

◆第2部◆　人権法の解釈適用による保護範囲の拡張

ションを背景に人権の普遍化が謳われ，領域内庇護に加え人権基底の包括的アプローチが模索され，人権条約に基づく補完的保護の進展もみられた。

　しかし，人権条約実施機関の見解や一般的意見等の文書における目的論的解釈は，国家の同意を介さず法的拘束力がないからといって，各国が国内適用の際に全く考慮しなければ，実施機関が志向するような条約目的の達成は難しくなり，逆に条約目的達成を理由として国家の意思や実施機関の権限を顧みず適用範囲を拡大しても実効性を確保することはできないという問題をはらんでいる。また，すでに考察で指摘したように，領域外あるいは他国のノン・ルフールマン原則の適用に関しての各国の対応に関する規範や国際協力制度が整備されているわけではなく，国家実行においては領域内での措置と域外適用や間接的ルフールマンの禁止について違いがみられる。大量流入のような一国の裁量で対応しえない状況については，人権規範に基づく負担分担が連動した難民保護システム構築がなされなければ，保護の不安定化を招くおそれがあり，ノン・ルフールマン原則，ひいては国際的保護の実効性は確保されず，普遍的人権保障，人権の不可分性に基づく基本的人権の保護の具現化といった点にも影を落とすことになる。今日的課題に対するノン・ルフールマン原則の実効性確保に関し，今後も多角的な取り組みが必要であると思われる。

◇第6章◇　外国における人権侵害とノン・ルフールマン原則

〈判例紹介〉
退去強制における送還先の違法
―― 退去強制令書発付処分取消請求控訴事件 ――

(大阪高裁平成27年11月27日判決：平成26年(行コ)第106号〔判時2298号17頁〕)

◇1．事実の概要

　イラン・イスラム共和国（以下，イラン）の国籍を有するX（原告・控訴人）は，偽造旅券を行使して本邦に不法入国した後，名古屋市内において，イラン人男性でイスラム教徒である知人を刃物で刺して殺害し（以下，本件犯行），名古屋地方裁判所において，殺人および入管法違反（不法在留）の罪により懲役10年の判決を受けて服役した。服役中，大阪入国管理局（以下，大阪入管）入国審査官から入管法24条1号（不法入国）に該当する旨の認定・通知を受け，この認定に服し，口頭審理の請求を放棄した。そこで，同主任審査官は，イランを送還先とする退去強制令書発付処分（以下，本件処分）をした。

　Xは，イランに送還された場合，イラン・イスラム刑法に基づき，本件犯行により死刑に処されるおそれがあるから，送還先をイランとする本件処分は違法であるなどと主張し，Y（国――被告・被控訴人）に対し，その取消しを求めて本件訴訟を提起した。原審（大阪地判平成26・5・23LEX/DB25542148〔平23(行ウ)215号〕）は，本件処分は適法としてXの請求を棄却し，Xはこれを不服とし控訴した。

　Xの主張の要旨は，Xの送還先をイランとすることは，①憲法13条違反，②市民的及び政治的権利に関する国際規約（以下，B規約）6条1項・2項，7条違反，③二重処罰禁止違反などの理由により違法であるというものである。

◇2．判　旨

　本件処分のうち送還先をイランと指定した部分を取り消し，その余の請求を棄却した（確定）。

　入管法47条3項・5項に基づく手続に従い，退去強制令書を発付することに主任審査官の裁量の余地はないが，同令書に記載する送還先については，合理的裁量判断が求められている。また，同法52条4項・5項・6項からすると，退去強制令書発付処分の違法性を判断するに当たり，同処分のうちの送還先を指定した

◆第2部◆　人権法の解釈適用による保護範囲の拡張

部分をその余の部分と切り離して判断することができる。そこで，本件処分において大阪入管主任審査官が送還先をイランと指定した判断に裁量権の逸脱又は濫用があったと認められるか否かについて検討する。

　イランの法制度の下では，外国で既に刑罰に処された犯罪であっても，一事不再理効があるとの立場は採用されていない。国外犯がイランに帰国した場合，イランにおいて刑に処され得るという原則に対する例外が現実に存在することの立証はない。イランにおいて故意による殺人罪は同害報復刑（キサース）の対象となり，これを免れるには犯罪者と被害者相続人との合意により「血の代償金」を支払うことが必要である。しかし，Xの親族等からの手紙によると，本件被害者相続人の宥恕は得られていない。以上のことから，Xがイランに帰国した場合，本件犯行により，再びイランで起訴されて裁判が行われ，死刑に処される蓋然性は極めて高く，イランにおける死刑の執行方法等からすると，公開の場における絞首刑の方法で行われる可能性も相当程度ある。

　入管法53条1項ないし3項は，送還に際しての被送還者の利益に配慮し，特に生命等の重要な権利については最大限の考慮を払うことを要するとの趣旨に出たものと解される。同条2項にいう国籍国等に「送還することができないとき」とは，送還先の国が戦争状態にあるなどの事情により事実上送還することが不可能な場合が主としてこれに該当すると解されるものの，そうした場合に限られず，被送還者の生命に対する差し迫った危険が確実に予想されるような場合もこれに含まれると解するのが相当であり，このように解することは，B規約6条1項・2項の趣旨にも合致する。そうすると，主任審査官が指定した送還先において，被送還者の生命に差し迫った危険の発生することが相当程度の蓋然性をもって予想され，かつ，その結果が我が国の法制度や刑罰法規の定めおよび刑事手続の運用等に照らして到底容認しがたいものといわざるを得ないようなときは，たとえ，それが送還先となる国の法令の定めに従い，裁判等の適正な手続を経た上で行われる合法的な処罰であっても，入管法53条2項の「送還することができないとき」に当たり，主任審査官がそのことを看過して送還先を指定した場合，当該指定部分は合理的な裁量権の範囲を逸脱したものとして違法となる。本件については，入管法53条2項の「送還することができないとき」に該当する事情があり，大阪入管主任審査官が本件処分においてXの送還先をイランと指定したことは違法である。

◇第6章◇　外国における人権侵害とノン・ルフールマン原則

◇ 3．解　説
(1) 退去強制とノン・ルフールマン原則
　国際慣習法上，国家は，外国人の出入国に関して広範な裁量が認められているとされる。我が国では入管法において，「出入国の公正な管理」のため，退去強制を中心とした公権力行使に関する制度や手続を規定しているが，送還に対する制限事由として，国際法上のノン・ルフールマン（追放・送還禁止）原則がある。ノン・ルフールマン原則とは，異なる法体系や多様な規範で構成されており，それらの適用範囲や義務の性質等が異なる規範群の総称であり，関連する国際法として，難民法，人権法，人道法のほか犯罪人引渡条約，強制失踪条約等がある。入管法53条3項1号ないし3号は，難民条約33条1項，拷問等禁止条約3条1項および強制失踪条約16条1項に規定するノン・ルフールマン原則を明文化したものである。難民条約33条1項に規定する送還が禁止される領域とは，人種，宗教，国籍もしくは特定の社会的集団の構成員又は政治的意見のためにその生命又は自由が脅威にさらされるおそれのある領域を指す。難民条約33条は逸脱不可能な規定であるが，除外条項が存在する。他方，人権法のノン・ルフールマン原則は，人権侵害の防止の趣旨・目的に沿い，自国管轄下にいる者を他国に送還した場合，被送還者が人権侵害を受ける真の危険にさらされることは間接的に当該行為に荷担することにつながるため，それを防止するために送還を禁ずる。人権法のうち拷問等禁止条約3条は，拷問防止目的のため明示的に追放・送還を禁止し，逸脱不可能かつ強行規範であり，除外条項も存在しない。しかし，B規約にはノン・ルフールマン原則の明文規定はなく，B規約委員会の一般的意見や個人通報の見解等における発展的解釈によって同原則を導いてきた。これらの規範は法的拘束力がないとされるが，諸外国においてはB規約6条・7条の解釈によるノン・ルフールマン原則を国内適用し，いわゆる「補完的保護」の根拠としている例がみられる。条約ごとに機能の差異および解釈の幅はあるものの，ノン・ルフールマン原則は国際慣習法化しているとされ，国家に追放・送還禁止義務を課すことにより，主権の「壁」によって他国における迫害・拷問等人間の尊厳を脅かす事態から逃れてきた者の人権保護を確保する礎となっている。したがって，主任審査官が送還先を指定する場合には，ノン・ルフールマン原則の趣旨・目的に適った判断が合理的裁量の一部をなすといえる。

◆第2部◆　人権法の解釈適用による保護範囲の拡張

(2) 入管法53条2項の「送還することができないとき」の解釈とB規約

　本判決では，入管法53条の趣旨およびB規約6条1項・2項の趣旨との整合性を根拠として，被送還者の生命に対する差し迫った危険が確実に予想される場合も入管法53条2項の適用範囲に含むと判示した。ただし，B規約を直接適用したわけではなく，入管法53条の解釈にB規約6条1項・2項の解釈を内在させて判断している。Yは，本判決において，入管法53条各項およびB規約を区別して主張を構成している。Yは，入管法53条2項にいう「送還することができないとき」とは，事実上送還が不可能な場合に限られるとし，Xをイランに送還することができない事情はないとした。また，Xがイランにおいて死刑に処せられるとしても，「拷問」に当たらないとの見解を示しており，Xについては，イランが入管法53条3項各号に規定する国に該当しないと主張した。B規約について，Yは，イランの死刑制度はB規約6条2項に適合するイランの合法的制裁であり，そもそもB規約6条2項・7条は，締約国がその国内での権利を保障することを定めたもので，外国人の外国における権利を保障するものではないからB規約6条2項・7条に違反するといえないと主張した。この立場は，イランに送還されると大麻密輸罪で死刑等のおそれがあるなどとして退去強制処分の取消しを求めた広島地裁判決（広島地判平成17・6・30平15(行ウ)16号　裁判所Web）に判示された解釈を踏襲したものといえる。また，原審では，イランにおいてXが死刑に処せられ得るということが，B規約6条・7条に違反するといえないとしてYの主張を認めている。これに対し，本判決は，我が国の管轄下にあるXを送還した場合，イランの国家裁量や合法的処罰か否かにかかわらず，我が国の法制度等に照らし容認されがたい生命権の侵害にさらされる蓋然性が高く，入管法53条2項の事情があると判断し，Xの生命権の保障を看過した点を違法とした。送還を実施する国は，送還先の国の制度ではなく，自国における制度を前提として自国管轄下にいる者の生命権の保障を検討する手法により入管法53条2項の解釈適用を行ったことは注目に値する。

　人権条約において，欧州人権条約のゾーリング事件（Soering v. the United Kingdom no. 14038/88 07 July 1989）やB規約委員会のキンドラー事件（Kindler v. Canada CCPR/C/48/D/470/1991 30 July 1993）を先例として，死刑存置国への犯罪人引渡しや送還に関する事例が多数みられる。B規約は死刑廃止を義務づけてはいないが，一般的意見31（CCPR/C/21/Rev.1/Add13）では，B規約6条・7条に想

◇第6章◇　外国における人権侵害とノン・ルフールマン原則

定される回復不可能な危害が生じる真のリスクについての実質的根拠がある場合，引渡し，送還，追放又は他の方法での移送を禁止するとしている。ジャッジ事件（Judge v. Canada CCPR/C/78/D/829/1998 05 August 2002）では，国際社会の動向等をうけ，死刑不執行の保証を得ることなく死刑存置国へ犯罪人を引き渡すことはB規約6条1項の恣意的生命はく奪の禁止に違反するとした。我が国は，死刑存置国としてB規約6条2項の適用範囲でのみ死刑を許容し，同条1項に規定されている自国管轄下にいるすべての者の生命権を保障する義務を負うと解される。しかし，本判決では，B規約委員会の見解等に直接触れているわけではない。本判決で判示されている内容からすると，入管法53条2項の「送還することができないとき」の趣旨は，上述のノン・ルフールマン原則の趣旨を含むと解される。同条3項各号はノン・ルフールマン原則の明文規定を有する条約の義務を明確にするため入管法改正時に追加された規定であって，「送還することができないとき」の一部を列挙したものと位置づけられる。死刑のおそれが「送還することができないとき」に当たると解すことは，ノン・ルフールマン原則の国際的な解釈の潮流および規範の発展に照らせば，B規約6条1項・2項の今日的解釈に合致すると捉えられ，入管法53条2項の解釈につながったと解される。なお，本判決では，B規約7条に照らした判断はなされなかった。本判決における入管法53条2項の「送還することができないとき」の解釈は，今後の判断の参考になると思われる。

(3) 蓋然性の評価

本件の原審と本判決では，送還した場合におけるXに対する危害発生の蓋然性の評価が分かれた。原審では，イラン司法権法務室の非拘束的見解に依拠すれば刑に処せられない可能性があり，和解委員会の活動等によっても死刑に処せられる可能性が高かったとはいえないとし，死刑の蓋然性が高いとする証拠として提出された親族等からの手紙に基づく主張も採用しなかった。本判決では，司法権法務室の非拘束的見解や和解委員会の活動は採用せず，司法権司法部の見解を採用し，国際的な二重処罰に当たる場合でも，イランにおいて刑に処せられ得るとする原則の例外が現実に存在することの立証がないとした。また，親族等からの手紙を死刑の蓋然性の判断の証拠として採用し，Xが口頭審理請求を放棄したこと，身上調査書に被害者遺族に対して慰謝料を支払ったとの記載がある旨等の

◆第2部◆　人権法の解釈適用による保護範囲の拡張

Yの主張を退けた。このように，原審では，Xが死刑に処されない可能性につながる事実を採用し，死刑の蓋然性が高いとするXの主張については具体的な事実の立証を求める立場をとっている。本判決では，イランの一般情勢とXの主張に沿い，イランへ送還した場合，死刑に処されないとする具体的な事実の立証がなされない場合は死刑に処される蓋然性が高いと判断している。本判決は，出身国情報と提出された証拠および主張から事実認定を行い，将来起こり得る状況の判断が求められる退去強制処分において，蓋然性を判断する際の着眼点の変容を示している。この点も今後の判断に影響を与えるものと思われる。

［参考文献］
○坂元茂樹「死刑廃止国に対する新たな義務——ジャッジ対カナダ事件（通報番号829/1998）をめぐって」『研究紀要』（世界人権問題研究センター）11号（2006年）1-26頁
○村上正直「退去強制をめぐる日本の裁判例と人権条約」『研究紀要』（世界人権問題研究センター）14号（2009年）1-41頁
○前田直子「公開死刑に処せられる蓋然性が高い国籍国への送還の違法性」『新・判例解説 Watch』Vol. 19（2016年）319-322頁

第7章
出入国管理における家族統合と子どもの最善の利益
──庇護申請に関連する事案を中心に──

◆ I　はじめに

　国連難民高等弁務官事務所（UNHCR）の統計によれば，2017年，難民の52％は18歳未満の子どもであり，17万3800人が保護者のいない子どもであった[1]。子どもの難民の処遇や家族統合は，難民の国際的保護の中で大きな問題の１つであり，出入国管理の分野のみならず，保護に関わるあらゆる活動における家族と子供の処遇について議論がなされている。出入国管理と家族統合の考慮においては，様々な場合が考えられる。例えば，受入国での在留資格が合法か不法か，難民，庇護申請者，補完的保護等の人道配慮による在留許可のいずれにあたるか，配偶者又は子どもの国籍が受入国国籍か出身国国籍か又は第三国の国籍か，子どもは何歳まで家族統合の対象か，家族の全部又は一部が退去強制命令を受ける場合か，退去強制事由が犯罪又は国の安全の場合か，収容中の処遇の問題か，家族の再統合のための出国手続の場合かなど，それぞれに議論のあるところである[2]。本

---

[1]　UNHCR, *Global Trends 2017* (2018), p. 3.
[2]　See, Silvia Scarpa, "The Sovereignty of States, the Right to Family Life, and the Right of Non-Nationals to Enter, Reside and Avoid Expulsion: Towards a More Balanced Approach?," Guy S. Goodwin-Gill, Philippe Weckel eds., Academie de Droit International De La Haye, Hague Academy of International Law, *Protection des Migrants et des Rèfugiès au XXIe siècle Aspectes de Droit International Migration and Refugee Protection in the 21st Century International Legal Aspects*, (Martinus Nijhoff Publishers, 2015); Kate Jastram and Kathleen Newland, "Family Unity and Refugee Protection," Erika Feller, Tülk Volker, Nicholson Frances eds., *Refugee Protection in International Law: UNHCR's Global Consultations on International Protection*, (Cambridge University Press 2003) pp. 555-610; 水鳥能伸『亡命と家族』（有信堂，2015年）参照。

章では，庇護申請後の退去強制手続又は子どもの呼び寄せにおいて，家族統合と子どもの処遇の考慮から国家の出入国管理の権限にいかなる制限がかかるのか，国際法上の判断基準に焦点をあてて検討する。国家による出入国管理には極めて広範な国家裁量の余地があるが，国際法による制限は，ノン・ルフールマン原則と，近年の人権条約の発展による家族統合と子どもに関する領域が良く知られるところである(3)。ノン・ルフールマン原則は，国際慣習法として認められているところではあるが(4)，家族再統合については，「家族」の定義についても，様々な議論があり(5)，保護はどの範囲でなされるべきかという点についても，常にケースバイケースで判断される分野ではあるところ，国際法，とりわけ人権条約の解釈適用の考慮がなされるようになってきた。関連する条約としては，難民条約，ジュネーブ第4条約，第一追加議定書，第二追加議定書，自由権規約，子どもの権利条約，武力紛争における子どもの関与に関する子どもの権利条約選択議定書，移住労働者権利保護条約，欧州人権条約，欧州社会憲章，米州人権条約，アフリカ人権憲章などがある。ここでは，難民条約，人権規約，子どもの権利条約，欧州人権条約において，出入国管理権限の制限をどのような解釈基準によって検討しているのかを概観する。

◆ II 難民条約における家族統合と子ども

　難民条約には，家族統合や子どもについての規定はない。しかし，1951年の難民及び無国籍者の地位に関する国際連合全権会議の最終文書 IVB では，以下のような勧告がなされている。

　会議は，
　社会の自然的かつ基本的な集団である家族の統合が難民に不可欠な権利である

---

(3) 小畑郁「移民・難民法における正義論批判――『地球上のどこかに住む権利』のために」『世界法年報』第34号（2015年）114-117頁参照。

(4) See, Andreas Zimmermann ed., *The 1951 Convention Relationg To The Status of Refugees and Its 1967 Protocol A Commentary,* (Oxford, 2011) pp. 1327-1423.

(5) 例えば，欧州の「家族」の定義について，See, ECHR "Guide of Article 8 of European Convention on Human Rights," (2018).

◇第7章◇　出入国管理における家族統合と子どもの最善の利益

こと及びこのような家族の統合が常に脅威にさらされていることを認識し，

　無国籍及び関連する諸問題に関するアドホック委員会の公式の注釈によると難民に与えられた権利は難民の家族の構成員にも与えられることに満足の意をもって留意し，

　難民の家族の保護のため，特に下記の事項に関して，政府が必要な措置をとるよう勧告する。

（1）特に家族の長がある国への入国に必要な条件を満たしている場合に難民の家族の統合が維持されるよう確保すること

（2）未成年である難民，特に同伴者のない子どもや少女を，特に後見や養子縁組に留意しつつ，保護すること[6]

　1948年の世界人権宣言第12条では，私生活，家族に対する恣意的干渉を禁じ，法律により保護を受ける権利が規定され，第16条第3項において，「家族は，社会の自然かつ基本的な単位であり，社会及び国による保護を受ける権利を有する」と規定されており，難民及び無国籍者の地位に関する国連全権会議においても，人権としての家族の権利が認められていたことがわかる。上述の最終文書IVBは法的拘束力を有していないが，難民保護において考慮すべき指針となっており，その後の難民の家族および子どもの保護をめぐる各国政府の措置およびUNHCR等の国際機関の諸活動の累積を踏まえ，執行委員会（EXCOM）では家族や子どもに関する結論を採択してきた。家族統合については，EXCOM結論No. 24において，家族一体性の原則を掲げ，すべての者のいずれの国からも離れる権利を認め，家族の再統合を促進すべきであるとしている。また，付き添いのない未成年者の親又は近親者を見つけるための努力についても触れられている[7]。また，子どもについては，EXCOM結論No. 59において，難民の子どもに関するガイドライン，EXCOM結論No. 41と47にふれつつ，難民の子どもの

---

[6]　See, UN Conference of Plenipotentiaries on the Status of Refugees and Stateless Persons, *Final Act of the United Nations Conference of Plenipotentiaries on the Status of Refugees and Stateless Persons*, 25 July 1951, A/CONF.2/108/Rev.1 p. 8（http://www.refworld.org/docid/40a8a7394.html as of 14 Mar 2019）；UNHCR『難民認定基準ハンドブック（改訂版）』（2015年）62頁。

[7]　See, EXCOM Conclusion No. 24（XXXII）（1981）, A/36/12/Add.1; also,EXCOM Conclusion No. 9.

◆第2部◆　人権法の解釈適用による保護範囲の拡張

特別のニーズへの対応の必要性に言及している[8]。さらに，EXCOM 結論 No. 84では，子どもの権利条約に言及しつつ，「各国および関係当事者に対し，国際人権法および国際人道法に一致しており，かつ国際的な難民保護，特に難民の子どもおよび難民の青少年を保護することに特別な関連のある諸権利および諸原則を，次の事項を含めて，尊重し遵守するよう要請する」として，「子どもの最善の利益という原則および難民の子どもと難民の青少年の保護および福祉に関わる社会の基本的集団としての家族の役割」を挙げている[9]。EXCOM 結論 No. 107 は，子どもの権利条約第1条で定義された子どもであって，庇護希望者，難民，国内避難民もしくは UNHCR の援助および保護を受けている帰還民，又は無国籍者である者について，とりわけ危機に瀕する可能性がいっそう高まっている子どもの状況を扱っている。ここでも子どもの権利条約が子どもの保護のための重要な法的，規範的枠組であるとし，子どもの最善の利益の第一義的考慮と，子どもを権利の積極的主体と認め，権利を基盤とするアプローチをとることとしている。また子どもおよびジェンダーに配慮した国内的庇護手続を発展させ，難民条約を年齢およびジェンダーに配慮しながら適用することを考慮するよう助言している[10]。その他の難民の国際的保護に関わる文書として，例えば，UNHCR 最善の利益認定ガイドラインに関するフィールドハンドブック[11]といった文書を策定し，各国政府への参照を求めている。この中で子どもの最善の利益を考慮した家族統合の評価等の指針を提示している。このように，難民の国際的保護制度においては，非拘束的文書の形で，難民条約とは異なる趣旨目的を有する人権条約の制度で発展してきた法規範を取り込んで家族の権利および子どもの権利の尊重を求め，難民保護政策等の指針を提示している。難民法のこうした法体系は，条約法条約第31条第3項(c)に規定されるように，「当事国の間の関係において適用される国際法の関連規則」を文脈とともに考慮するという条約解釈の体系的統

---

(8) See, EXCOM Conclusion No. 59 (XL) (1987), A/44/12/Add.1.
(9) See, EXCOM Conclusion No. 84 (XLVIII) (1997), A/52/12/Add.1.
(10) See, EXCOM Conclusion No. 107 (LVIII) (2007). (c), (g), A/AC.96/1048.
(11) UNHCR, *Field Handbook for UNHCR BID Guidelines* (2011) (https://www.refworld.org/pdfid/4e4a57d02.pdf as of 14 Mar 2019).
(12) See, Jason M. Pobjoy, *The Child in International Refugee Law,* (Cambridge University Press, 2017) pp. 37-39.

合を体現しているとも捉えうる⁽¹²⁾との見解もある。しかし，解釈において相互作用することはあっても，難民法制度と人権法制度自体は統合されるものではなく，あくまで難民法の適用を子ども特有の問題にあわせうる質の向上に作用するものと思料される。

◆ Ⅲ 自由権規約第17条の解釈基準

自由権規約では，第17条第1項で私生活，家族等に対する恣意的又は不法な干渉を禁じている。また，第23条第1項において，「家族は，社会の自然かつ基本的な単位であり，社会及び国による保護受ける権利を有する⁽¹³⁾」と規定し，第24条第1項では，「すべての児童は，…いかなる差別なく，未成年者としての地位に必要とされる保護の措置であって家族，社会及び国による措置についての権利を有する」と定めている。庇護申請が認められなければ，退去強制手続に従って送還されるが，その際に家族を分離することとなる送還が，家族の権利，子どもの権利を侵害することとなる家族に対する恣意的な干渉となるか否かが問われる場面があり，ここではそのような事案について検討することとする。一般的意見15では，「規約は，加盟国領域内に入国又は居住する外国人の権利を認めない」とする一方，「例えば，非差別，非人道的取扱いの禁止及び家族生活の尊重の考慮が生じる場合，ある事情の下で，外国人は入国又は居住に関しても規約の保護を享受することがある⁽¹⁴⁾」としており，出入国管理の分野においても，家族生活の尊重の考慮により国家主権を制限することがありうることを示している。一般的意見16では，「恣意性の概念の導入は，たとえ法に定められた干渉であっても，規約の規定，目的及び趣旨に従い，いかなる場合にも，特定の事情において合理的であることを確保するよう意図されている⁽¹⁵⁾」としており，退去強制手続が国内法に従って執行されていても，規約に適った合理的な判断であるかが問われることを示している。こうした規約人権委員会（以下，委員会）の解釈に

---

(13) 家族の理解が，国家，地域等により様々であることについて，See, CCPR General Comment No. 19 (1990) para. 2.
(14) See, CCPR, General Comment No. 15 (1986) para. 5.
(15) See, CCPR, General Comment No. 16 (1988) para. 4.

沿って，個人通報により退去強制が家族に対する恣意的干渉となるかの解釈基準が示されている。

退去強制が家族と子どもの保護について違反にあたるかを争った*Canepa*事件では，規約違反は認められなかったものの，第17条の恣意性の判断要素を示している。それは，手続的な恣意性に限られず，干渉の合理性および規約の趣旨，目的との適合性に及ぶとし，通報者の犯罪歴，公の利益および公の安全確保のために退去強制が必要であるか，通報者の年齢，家族状況，家族との関係等を考慮した比例性の審査であった[16]。*Winata*事件[17]では，はじめて退去強制が第17条，第23条第1項及び第24条第1項違反とされた。当該事件は，婚姻同様の関係にあり，以前はインドネシア国籍を有していたが通報時には無国籍であった，14年以上の居住歴を有する不法滞在者2名とその息子（オーストラリア国籍，13歳）が通報者である。息子がオーストラリアの国籍取得後，両親にあたる2名がインドネシアで迫害を受けるおそれのため保護ビザを申請したところそれが認められず，退去強制の執行を巡り自由権規約の個人通報を行った。見解では，子どもがオーストラリアにとどまるか，両親に同行するかにかかわらず，長期にわたり定着してきた家族生活の実質的な変更が生じるおそれのある場合には，家族に対する干渉にあたるとした。この干渉が恣意的なものではないとするためには，通報者の長期の居住歴および子どもが出生以来オーストラリアで成長したことを考慮して，締約国には，単なる法執行をこえて，両親の退去強制を正当化する追加的要素を示す責任があるが，それがなされていないことから，規約違反と判断している。この見解では，家族に対する干渉が恣意的なものか否かが争点となっており，関連する事情をすべて考慮して法執行の正当性を示す説明責任を果たしたか否かが判断ポイントとなっている。さらに，子どもについて，未成年者としての必要な保護措置をとらなかったことに対して第24条第1項違反としたが，ここでは，子どもの最善の利益への言及はなされていなかった[18]。*Bakhtiyari*事件では，第24条第1項の検討の際，委員会は，子どもに影響が及ぶすべての決定において，最善の利益が主たる考慮事項とすべきであるという原則が，第24条第1項により，

---

(16) See, Canepa v. Canada CCPR/C/59/D/558/1993 03 Apr 1997.

(17) 判例紹介として，村上正直「Winata v. Australia 事件（Winata v. Australia, Communication No. 930/2000）」『国際人権』13号（2002年）107-109頁参照。

◇第7章◇　出入国管理における家族統合と子どもの最善の利益

未成年者としての地位に必要とされる保護措置であって，家族，社会及び国による措置についての子どもの権利の不可欠な部分を形成するとしている[19]。このように，第24条第1項の判断において，子どもの権利条約第3条に規定されている「子どもの最善の利益」を主たる判断基準に据えることを明示している。

　庇護申請後の退去強制手続が家族生活および子どもの権利に影響が及ぶ場合の自由権規約の判断基準は，個人通報の蓄積により確立されてきており，判断要素が明示されるようになってきた。例えば，D.T. and her son, A.A. 事件[20]では，第17条第1項の「恣意性」の判断要素および子の最善の利益の判断要素を明示している。当該事件要旨は以下のとおりである。ナイジェリア国籍のD.T.（母）は，本国の夫家族からハラスメントを受けていたが，夫の死後，妊娠していたD.T.への夫の家族からの迫害が増したことから，カナダに逃れ，A.A.（子）を出産，A.Aは出生によりカナダ国籍を取得した（通報当時7歳）。A.Aは複数の病気を患っており，治療が必要で，教育も特別な計画が必要であり，専門家から，行動療法，社会療法，家族療法および心理療法を含む介入の連結した方式の提案があった。D.T.は，庇護申請を行ったが不認定となり，その後，人道および特別配慮永住申請を行ったが認められず，さらに出国前リスクアセスメントを申請したがこれも認められず，退去強制命令発付となった。D.T.は，カナダ政府が規約第17条，第23条第1項及び第24条第1項に違反しているとし，D.T.とA.A.は，回復不能な危害のリスクに直面しており，ナイジェリアへの送還がなされるべきでないと主張した。委員会は，第17条の審査において，「恣意性」の構成要素を列挙している。それは，合理性，必要性および比例性の要素[21]と同様に，不適切性，不正義，予見可能性の欠如，法のデュープロセスの要素が含まれる[22]。家族の一部が締約国領域を離れなければならず，家族の他の者が滞在する権利を有している場合，家族生活への特定の干渉が客観的に正当化されうるか否かの評価基準として，1つは，退去強制に関する締約国の理由の重大性，もう1つは，

---

(18) See, Winata v. Australia CCPR/C/72/D/930/2000 26 July 2001.
(19) See, Bakhtiyari v. Australia CCPR/C/79/D/1069/2002 29 Oct 2003. para. 9.7.
(20) See, D.T. and her son A.A. v. Canada CCPR/C/117/D/2081/2011 15 July 2016.
(21) See, *ibid*, para. 7.6; CCPR General Comment No. 35（2014），para. 12.
(22) See *supra* note（20）para. 7.6; Ilyasov v. Kazakhstan CCPR/C/111/D/2009/2010 23 July 2014, para. 7.4.

◆第2部◆　人権法の解釈適用による保護範囲の拡張

退去強制の帰結として生じうる家族およびその構成員の苦難の程度であり，これらを鑑みて考慮されなければならないとしている(23)。また，子どもに影響を及ぼす全ての決定において，子どもの最善の利益を主たる考慮としなければならず，当該事件において，締約国がこれを怠ったことから，結果として，通報者の家族生活への干渉と，その結果として続く通報者の家族に対する不十分な保護が，通報者とその息子に過度な苦難を生じさせたとした。委員会は，入管政策の正当な目的がなぜ通報者の子どもの最善の利益より重視されるべきなのか，退去強制の決定の結果生じる家族の苦難の程度をいかに正当化しうるかについて，締約国が適切な説明を行っていないと指摘し，退去強制命令は不均衡な家族生活への干渉であるとした。これらのことから，委員会は，第17条および第23条第1項違反ならびに第24条第1項の違反を認めた。

◆ Ⅳ　子どもの権利条約第3条の解釈基準

　子どもの権利条約の締約国・地域の数は196（2019年2月現在）であり，最も普遍的な条約の1つである。その意味で，子どもの権利委員会の解釈基準は広く参照されるものといえる。子どもの権利条約において，出入国管理に関連する規定として，第3条の子どもの最善の利益に加えて第9条に規定される親からの分離の禁止および第10条の家族の再統合，第16条の私生活，家族に対する恣意的又は不法な干渉の禁止，第22条第2項に規定される難民である児童の保護および援助ならびに家族再統合のための国際協力がある。

　2005年の一般的意見6では，出身国の外にあって保護者のいない子どもおよび養育者から分離された子どもの取扱いに関する子どもの権利条約の解釈についてまとめられている。その中で，子どもの最善の利益の判断について「国籍を含む子どものアイデンティティ，養育，民族的，文化的および言語的背景，とくに被害を受けやすい立場ならびに保護のニーズに関する包括的な評価が行なわれなければならない」とし，第一次評価および措置，庇護手続へのアクセス，家族再統合，帰還およびその他の形態の恒久的解決等の指針を示している。また，保護者のいない子ども又は養育者から分離された子どもを適切に取扱うにあたり，ノ

---

(23) See, Madafferi v. Australia CCPR/C/81/D/1011/2001 26 July 2004, para. 9.8.

◇第 7 章◇　出入国管理における家族統合と子どもの最善の利益

ン・ルフールマンの義務の尊重を掲げている[24]。家族再統合について、「帰還が子どもの基本的人権の侵害を導く「合理的なリスク」がある場合、出身国における家族の再統合は、子どもの最善の利益にかなうものではなく、したがって追求されるべきではない」。このリスクとは、「難民の地位の付与、又はノン・ルフールマンの義務（拷問等禁止条約第 3 条又は自由権規約第 6 条および第 7 条から派生する義務を含む）の適用可能性に関する権限当局の決定において、明白に記録されている。…出身国の事情が、より低いレベルのリスクであり、例えば、子どもが一般的暴力の無差別的な影響をうける懸念がある場合、このリスクには十分な注意が払われ、権利に基づく他の考慮（さらなる分離がもたらされる結果を含む）との均衡が図られなければならない」としている[25]。こうした一般的意見の文言からも、子どもの権利条約の解釈適用の発展は、自由権規約および後に考察する欧州人権条約の解釈から影響を受けていることがわかる。2013 年の一般的意見 14 では、子どもの最善の利益についての評価および決定のガイドラインを提示している。子どもの最善の利益の概念は、条約で認められているすべての権利の全面的かつ効果的な享受およびホリスティックな発達の双方を確保することを目的としたものである。この概念は、実体的権利、基本的な法解釈原理、手続規則の三層からなっており、複雑かつ柔軟性、適応性を有しており、その内容は、個別事案ごとに判断されなければならない。子どもの権利条約第 3 条第 1 項は、締約国に対し、以下 3 つの異なる態様の義務を課している。(i) 公的機関がとるすべての行動に子どもの最善の利益が適切に統合されかつ一貫して適用されることを確保する義務、(ii) 司法、行政の決定ならびに政策および立法において、子どもの最善の利益が第一義的に考慮されたことが実証されることを確保する義務、(iii) 民間セクター等の決定又は行動において、子どもの利益が評価され、かつ第一義的に考慮されることを確保する義務[26]。評価に関して、「子どもの最善の利益の評価は、個別事案ごとに、子どもが置かれている特定の事情に鑑みて行われるべき独自の

---

[24]　See, CRC/GC/2005/6 (2005) paras. 20, 26, 27, 31, 32, 64-94. 以下、一般的意見の日本語訳は日本弁護士連合会訳を参照した。(https://www.nichibenren.or.jp/activity/international/library/human-rights/child_general-comment.html as of 18 Mar 2019)

[25]　See, *ibid.*, para. 82.

[26]　See, CRC/C/GC/14 (2013), paras. 4, 14, 32.

◆第2部◆　人権法の解釈適用による保護範囲の拡張

活動である。これらの事情には，当事者である子ども（たち）の個人的特質（とりわけ，年齢，性別，発育レベル，経験，少数者グループへの帰属，身体障害，感覚障害又は知的障害），および，両親がいるか否か，両親と生活しているか否か，子どもと家族又は養育者との関係の質，安全に関連する環境，家族，親せき又は養育者が利用可能な良質な他の方法の存在等といった子ども（たち）が置かれている社会的および文化的文脈が関連する」とし，全ての要素が考慮され，各状況を鑑みて比較衡量されなければならないとしている[27]。最善の利益の評価および決定の際に考慮されるべき要素のカテゴリーとして，子どもの意見，子どものアイデンティティ，家族環境の保全および関係の維持，子どものケア，保護および安全，脆弱な状況，健康に対する子どもの権利，教育に対する子どもの権利が列挙されている[28]。さらに，2017年の国際移住の文脈にある子どもの人権についての一般的原則に関する合同一般的意見22（移住労働者権利保護委員会合同一般意見3）では，締約国は，出入国関連法，移住政策の計画，実施および評価ならびに個別事案に関する決定において，子どもの最善の利益が全面的に考慮されることを確保しなければならないとしている。そして，締約国が，子どもの最善の利益の評価・判定を導入すべき以下のような措置を列挙している。(i)自国の立法，政策および実務，(ii)移住政策および移住プログラム，(iii)適正手続の保障措置の確保，監視機構の構築，(iv)入国，在留，第三国定住および送還手続，(v)移住・庇護手続の諸段階，(vi)保護者・養育者から分離された子ども等のもっとも適切な居住形態の決定，(vii)移住者家族の追放，(viii)国境管理所およびその他の出入国管理手続における子ども保護機関等関連機関への付託および保護者・養育者から分離されている場合の後見人の任命，(ix)子どもの最善の利益の原則の運用に関する指針をすべての関連機関に示すこと，および当該指針の適正な実施監督機構の発展，(x)包括的で，安定し，かつ持続可能な解決策の特定と適用，(xi)持続可能な再統合のための個別計画作成[29]。同年の出身国，通過国，目的地国および帰還国における国際的移住の文脈にある子どもの人権についての国家の義務に関する合同一般的意見23（移住労働者権利保護委員会合同一般意見4）においては，

---

(27)　See, *ibid.*, paras. 48-50.
(28)　See, *ibid.*, paras. 52-79.
(29)　See, CMW/C/GC/3-CRC/C/GC/22（2017）paras. 29, 32.

◇第7章◇　出入国管理における家族統合と子どもの最善の利益

家族生活に関して，分離の禁止および家族再統合についての言及がなされている。家族の「分離の禁止」について，家族の分離が，家庭生活に対する恣意的又は不法な干渉に相当する行為の禁止，親の出入国管理法違反に基づく追放における比例性の考慮および子供の権利の考慮等にふれている。家族再統合については，以下の点を指摘している。(i)家族再統合の決定における，子どもの最善の利益，家族の一体性の保全の考慮，(ii)在留資格のない子供について，家族再統合に対する子どもの権利が阻害されないよう配慮した指針の策定および実施，(iii)保護者のいない子どもに対して，遅滞なく解決策を見出す努力の必要，(iv)出身国における家族再統合は，そのような帰還が子どもの人権侵害につながる「合理的リスク」がある場合には追求されるべきでないこと，(v)目的地国が子どもとのおよび（または）その家族との再統合を拒否するときは，目的地国は，拒否の理由および不服申し立てを行う子どもの権利についての詳細な情報を，子どもに対し，子どもにやさしくかつ年齢にふさわしい方法で提供すること，(vi)子どもが正規に移住できるようにするための実効的かつアクセスしやすい家族再統合手続の発展，(vii)家族再統合に対する権利行使が財源等の理由で妨げられないように，国が十分な金銭的支援およびその他の社会サービスを提供するよう奨励されること[30]。また，子どもの権利委員会の個人通報において，例えば，I.A.M事件では，デンマークで庇護申請した夫婦とその子供が不認定となり，退去強制令書が発付されたところ，娘がソマリアに送還されればFGMをうけることになるとして，子どもの権利条約第3条および第19条違反となっており，庇護申請に関する通報の検討もなされている[31]。

このように，子どもの権利条約は，出入国管理において，子どもに対する措置の確保，解釈の基準，地位付与の根拠となる指針を提示している[32]。

---

(30)　See, CMW/C/GC/4-CRC/C/GC/23 (2017) paras. 28-38.
(31)　See, I. A. M v. Denmark CRC/C/77/D/3/2016 25 Jan 2018.
(32)　See, Jason M. Pobjoy, *op. cit.*, pp. 27-31. 日本において，被控訴人法務大臣が自由権規約および子どもの権利条約の精神やその趣旨を重要な要素として考慮しなければならないと言及した事例として，福岡高判平17・3・7平15(行コ)13裁判所 Web.

◆第 2 部◆　人権法の解釈適用による保護範囲の拡張

◆ V　欧州人権条約第 8 条の解釈基準

欧州人権条約第 8 条は，以下のように規定している。

1　すべての者は，その私的及び家族生活，住居及び通信の尊重を受ける権利を有する。
2　この権利の行使については，法律に基づき，かつ，国の安全，公共の安全若しくは国の経済的権利のため，また，無秩序若しくは犯罪の防止のため，健康若しくは道徳の保護のため，又は他の者の権利及び自由の保護のため民主的社会において必要なもの以外のいかなる公の機関による干渉もあってはならない。

欧州人権裁判所では，豊富な判例をもとに，出入国管理分野における上記第 8 条の解釈適用を発展させてきたが，主として退去強制が両親と子どもを分離するような場合，又は家族との統合のために子どもを入国させる場合などの判例がある(33)。退去強制が家族生活の尊重を受ける権利を侵害する干渉にあたるかについて，第 8 条第 2 項の「民主的社会において必要なもの」がいかなるものかの解釈が加わることが自由権規約との対比において異なる点である。この点に関して，*Boultif* 事件において，「締約国は，特に，確立された国際法の権利の表明により，および条約義務に従って，公の秩序を維持し，外国人の入国および在留を管理する」としつつ，「当該分野の国家の決定は，第 8 条第 1 項の下で保護される権利を干渉する限りにおいて，民主的社会において必要なものでなければならず，それは，差し迫った社会の必要性によって正当化され，特に，追求される立法目的に比例することである(34)」とし，判断要素としての必要性および比例性原則が示されている。続けて，裁判所は，一方で申立人の家族生活尊重の権利，他方で無秩序，又は犯罪の防止の間の公平なバランスを確認するとし(35)，当該事件の

---

(33)　See, ECHR, *op. cit.*; Council of Europe, "Realising the Right to Family Reunification of Refugees in Europe," (2017); Jason M. Pobjoy, *ibid.*, pp. 206-207.
(34)　See, Boultif v. Switzerland, (Application no. 54273/00) 2 Aug 2001, para. 46.
(35)　*Ibid.*, para. 47.

◇第7章◇　出入国管理における家族統合と子どもの最善の利益

判断基準として,「申立人による犯罪の性質および深刻さ,在留期間,犯罪から経過した時間およびその間の申立人の品行,関係者の国籍,申立人の家族状況,カップルが現実かつ真正な家族生活を送っているか否かを示す他の要素,配偶者が家族生活にはいった時点で犯罪を知っていたか,婚姻関係における子どもがいるか否か,子どもがいる場合はその年齢,配偶者が申立人の出身国で遭遇するであろう困難さの深刻さ[36]」を列挙している。

　庇護申請の問題に関連する初期の重要判例として,人道配慮の在留許可を付与された夫婦が,出身国に残してきた子どもの再統合のため子どもの在留許可を求めた Gül 事件がある。Gül は,トルコ国籍のクルド人でスイスにおいて庇護申請したが認められず,人道配慮による在留許可が付与された。Gül の妻は,病気治療をうけるためスイスで Gül に合流し,人道配慮による在留許可を付与され,スイスで第3子を出産した。その後,トルコに残してきた2人の息子もスイスに呼び寄せるため,息子の在留許可を求めたが認められなかった。裁判所は,「第8条の本質的な目的は,公権力による恣意的活動から個人を保護することである。加えて,家族生活の実効的な「尊重」に固有の積極的義務がある。同条における国家の積極的義務と消極的義務の間の境界には,正確な定義がない。それにもかかわらず,適用可能な原則は同じである。この両方の文脈において,個人と共同体全体の競合する利益の間になされなければならない公平なバランスを考慮しなければならず,両方の文脈において,国家は評価の余地を享受している[37]」とする。当該事件は,家族生活だけでなく出入国管理にかかわり,移民の親族の入国許可に関する国家の義務の範囲は,一般的利益と当該者の特定の事情により変化するとしつつ,国家は領域内への外国人の入国を管理する権利を有することを確認した上で,関連する事実の比較衡量を行っている。Gül は,何度もトルコを訪れており,トルコにいる息子との家族生活の絆は壊れているとはいえないこと,Gül は,スイスでの定住許可を有しているのではなく単に人道配慮の在留許可であり,スイス法の下で家族統合の権利が与えられないこと,息子はトルコで生活し,トルコの文化的,言語的環境の中で成長していることを指摘し,Gül 家族の

---

(36)　*Ibid.*, para. 48.
(37)　Gül v. Switzerland,（Application no. 23218/94）19 Feb 1996, para. 38; see, Malu Beijer, *The Limits of Fundamental Rights Protection by the EU*,（Intersentia, 2017）.

◆第2部◆　人権法の解釈適用による保護範囲の拡張

状況は人道的観点から大変難しいことを認めながらも、スイスは第8条第1項の義務履行を怠ってはいないとした(38)。一方、Gül 事件と同様に、出身国に残してきた子どもの在留許可を求めた事件で、国側の第8条違反を認めた *Tuquab-Tekle* 事件がある。申立人 Tuquab-Takle は、前夫との間に3人の子どもがいるが、前夫の死後、子どもをエチオピアに残し、単身でエチオピアからノルウェーに逃れ、庇護申請を行ったが、難民不認定となり人道配慮の在留許可を得た。3人の子どものうち、長男はエチオピア、他の2人はエリトリアの叔父および祖母のもとにおかれていたが、申立人が在留許可を得た後、長男はノルウェーで在留許可を得て、ともに暮らすようになった。申立人は、難民の地位で定住している男性とオランダで再婚し、2人の子どもを授かった。申立人とその長男は、オランダで在留許可を受けた。その後、申立人は、エリトリアの祖母に預けていた15歳になる娘 Mehret も家族とともにオランダで暮らすよう在留許可申請をしたが、却下された。裁判所は、当該事件において、子どもの年齢、出身国の状況、両親に依存する範囲の評価を行い、オランダでの定住が、Mehret の家族生活の発展に最も適切な手段であるかについて、庇護申請ではないが定住移民の家族統合をめぐり第8条違反となった *Sen* 事件(39)との比較を行いつつ検討を行った。裁判所は、申立人が自らの自由意思で Mehret をエリトリアに残したとするのは疑わしく、申立人は常に Mehret とともに暮らす意図があったとした。また、Mehret の年齢が15歳で、世話が必要な年齢でなく、出身国の文化的言語的環境で成長していることが検討されたが、エリトリアの慣習に従い、祖母が学校を辞めさせ、Mehret が婚姻年齢に達したことを考慮して、オランダは、Mehret に在留を許可する積極的義務があるとして第8条違反とした(40)。これらの判例から、関連する要素の「公平なバランス」の審査によって、第8条の解釈適用を行っていることがわかる。

　上述の事件は、出身国に子どもを残してきており、受入国の在留許可後に子どもを呼び寄せ家族の再統合を求めるものであったが、難民不認定となった後の退

---

(38)　Gül v. Switzerland, paras. 6-19, 38-43.
(39)　See, Sen v. the Netherlands（Application no. 31465/96）21 Dec 2001.
(40)　See, Tuquab-Tekle and Others v. The Netherlands（Application no. 60663/00）1 Dec 2005, paras. 8-10, 41-52.

◇第7章◇　出入国管理における家族統合と子どもの最善の利益

去強制命令が第8条違反となるか否かについて，保護者のいない未成年者の収容および退去強制が第8条違反となった Mayeka 事件(41)がある。当該事件の判例紹介を章末にまとめているが，当該事件においては，前述の必要性，比例性の審査に加えて，子どもの権利条約第3条に言及して比例性の審査を行っていることが特徴的である。その後の子どもとの家族再統合の判例においては，子どもの権利条約第3条の考慮の蓄積がある。「子どもの最善の利益」の文言を判決で明示した先例として，庇護事案ではないが，üner 事件(42)がある。庇護事案で「子どもの最善の利益」に言及した事件として，例えば，PoPov 事件があるが，これは退去強制執行の際の収容の状況が第3条，第5条第1項(f)，同条第4項および第8条違反か否かを争った事件である。カザフスタン国籍の申立人夫妻は，フランスに逃れ庇護申請をしたが不認定となった。申立人はフランスで2人の子どもを授かり家族4人で生活していたが，退去強制のため収容された。その後，家族4人はカザフスタンへの送還のため空港に移送されたが，フライトキャンセルにより再度収容された。その際，収容施設には子どもに配慮した設備がないなどの問題があった。申立人は，難民再申請を行っていたところ，カザフスタンにおいて行われた当局への調査が，庇護申請の秘密保持を軽視したもので，帰国すれば危険が及ぶとして難民認定された。裁判所は，子どもの収容状況につき，第3条および第5条第1項(f)ならびに同条第4項違反とし，当該家族の収容は目的との比例性を欠き，申立人家族全員に対する第8条違反とした。裁判所は，比例性の審査において子どもの最善の利益を考慮すべきであるとし，子どもの権利条約に言及して，子どもに関するすべての活動において，子どもの最善の利益を主たる考慮事項としなければならないとしている(43)。

---

(41) See, Mubilanzila Mayeka and Kaniki Mitunga v. Belgium（Application no. 13178/03）12 Oct 2006.（本章末判例紹介参照）
(42) Üner v. The Netherlands,（Application no. 46410/99）18 Oct 2006, para. 58.
(43) See, Popov v. France（Application no. 39472/07 and 39474/07）19 Jan 2012, paras. 5-27, 89-148; see, also, Mugemzi v. France（Application no. 52701/09）10 July 2014; Tanda-Muzinga v. France（Application no. 2260/10）10 July 2014.

◆ Ⅵ　おわりに

　難民法，自由権規約，子どもの権利条約，欧州人権条約には，それぞれ独自の条約の趣旨目的があり，条約の適用範囲等が異なるものの，解釈基準に関して相互に影響を与え合いながら発展してきており，特に近年の子どもの権利条約の解釈の発展の影響が顕著である。欧州人権条約でも確認されているように，出入国管理は国家の権利であり，国家が広範な裁量権，評価の余地を有している分野である。しかしながら，人権条約の発展にともない，国家の安全，秩序維持，犯罪防止，公衆衛生等の利益と，家族生活の尊重や子どもの最善の利益との間の公平なバランスをとるための考慮を判断プロセスの中に取り込むことが認められるようになっていることが明らかになった。また，条約難民としては認められないものの，補完的保護の判断要素として家族統合，特に子どもの最善の利益を考慮するといった潮流が確認できた。子どもの最善の利益は，すべての活動の中で第一義的に考慮されるべき原則であり，出入国管理の分野においても，立法，政策，実務，すべての面における考慮を各条約機関は締約国に求めている。その内容は，個別案件ごとに，すべての判断要素の比較衡量により決定される。公平なバランスの審査の際には，合法的であることに限らず，条約の目的に適っているか，特定の事情を鑑みて合理性，必要性，比例性の判断を事案ごとに行うことが求められ，判断の構成要素も事案ごとに重きを置く要素が代わるものであり，例えば子どもの年齢，長期の在留といった要素は重要であるが固定的尺度があるというものではなく，あくまで事案ごとに判断していくものといえよう。国際法上の家族統合および子どもの最善の利益の解釈を，各国家の法制度に反映するためには，関連する政策全般の包括的検証と，実務における個別事業の特殊事情への対応能力強化の両面が求められる。

◇第7章◇　出入国管理における家族統合と子どもの最善の利益

〈判例紹介〉
付き添いのない未成年者の収容・退去強制と家族再結合
―― マィエカ対ベルギー事件[1] ――

（ヨーロッパ人権裁判所　2006年10月12日判決）

◇１．事　実

　ムビランズィラ＝マイエカ（以下，X_1）とその娘であるカニキ＝ミトゥンガ（以下，X_2）の両申立人はともにコンゴ民主共和国（以下，コンゴと略す）国民である。X_1は2000年9月25日にカナダに到着し難民申請を行い，2001年7月23日，難民と認定された。その後，X_1は，オランダ在住のオランダ国民たる兄弟Kに，祖母とコンゴで暮らしている5歳になる娘，X_2を迎えに行くこと，娘と一緒になれるまで彼女の世話することを依頼した。2002年8月17日，Kは，X_2をつれてブリュッセル空港に到着したが，その際，X_2の入国に必要な書類を所持していなかった。

　2002年8月18日，X_2はベルギー入国を拒否され，1980年12月15日の外国人法により要請される書類を所持していないことを根拠に退去を命ぜられた。同日，同法74-5条に従い国境地点の所定の場所にX_2を収容する決定が下された。その決定に従い，X_2はトランジットセンター127に収容され，Kはオランダに帰国した。同日，申立人を援助するため，ベルギー当局によって弁護人が指名され，X_2の難民申請を行った。連邦警察は，X_1に電話で状況説明を行い，娘の連絡先を伝えた。

　2002年8月27日，X_2の難民申請は移民局によって非許容とされ，入国拒否，退去が命ぜられた。X_2は控訴したが，2002年9月25日，難民および無国籍者に関する委員会委員長によってX_2の入国拒否は支持された。2002年9月26日，X_2の弁護人は，カナダ当局がX_2に入国許可を付与するまでの間，X_2の年齢と境遇を鑑みて里親の世話のもとにおくことを移民局に依頼したが，返答がなかった。

　2002年10月9日，X_2の弁護人は，外国人法74-5条（1）に基づきブリュッセル

---

(1) Mubilanzila Mayeka and Kaniki Mitunga v. Belgium, (Application no. 13178/03) Judgment of 12 Oct 2006, Final of 12 Jan 2007.

◆第2部◆　人権法の解釈適用による保護範囲の拡張

第一審裁判所破毀院裁判部に X_2 の放免を申し立てた。移民局は，検察に対し，X_2 をキンシャサへ送還するため，同年10月17日の航空機の手配がすでになされているが，キンシャサで X_2 の受け入れ先となるべきおじが非協力的であるので，同年10月17日まで収容を続けるべきであると同年10月15日付けの書簡で知らせた。同年10月16日，裁判部は，X_2 の収容は，子どもの権利条約第3条第1項および第3条第2項に相容れないとし，即時放免を命じた。検察は，X_2 を留めておくよう控訴の決定を保留した。また，同日，ブリュッセルの国連難民高等弁務官事務所長は，X_2 のカナダの査証申請が手続中のため，X_2 のベルギー滞在許可を要請するファックスを移民局に送付した。しかし，2002年10月17日，控訴期限の24時間が経過していないうちに，X_2 はコンゴに出国させられた。その際，トランジットセンター127からソーシャルワーカーが付き添ったが，航空機内では，乗務員が X_2 の世話をした。X_2 は3名のコンゴ人の成人とともに出国した。コンゴ到着時，X_2 の家族はだれも迎えに来ていなかった。同日，X_1 はトランジットセンター127に電話をかけて初めて娘の出国を知らされた。

2002年10月23日，ベルギー首相およびカナダ首相の介入の結果，家族再統合の許可に関するカナダ首相の同意をもって，X_2 はコンゴを出国した。

両申立人は，X_2 の収容および退去強制が欧州人権条約第3条，第5条，第8条および第13条に違反するとして訴えた。

◇2．判決要旨

裁判所は，全会一致で以下の判決を下した。

① X_2 の収容による第3条下の両申立人の権利侵害

X_2 は，5歳であるにもかかわらず成人と同じ状況で約2ヶ月間収容された。その間，親の付き添いはなく，X_2 の世話をする人も配置されず，カウンセリングや教育支援の措置をとられず，適切な施設もなかった。また，付き添いのない外国人未成年者に関する法も未整備であった。第3条による保護の本質から，X_2 の脆弱な状況の考慮は不法入国者としての地位の考慮に優先される。しかし，ベルギー当局がとった措置は，第3条の積極的義務履行のための適切な措置とはいえない。X_2 の収容状況には非人道的扱いに相当する程度の人道性の欠如が存在する。また，ベルギー当局の X_1 への対応は，娘の収容の事実と電話番号の伝達のみであり，母である X_1 に深い苦痛と不安を与えた。この対応は第3条違反

◇第7章◇　出入国管理における家族統合と子どもの最善の利益

のレベルに相当する。

②　X_2の退去強制による第3条下の両申立人の権利侵害

　X_2の送還時，トランジットセンターからの支援者は，通関手続に限り付き添ったが，その後の移動に関して，ベルギー当局はX_2に付き添う成人を配置しなかったので，X_2は一人で移動しなければならなかった。また，出身国での手配に関して，ベルギー当局は，おじにX_2の到着を知らせただけで，空港の出迎えを要請しなかった。このことは，ベルギー当局が，適切な世話の確保，帰国に際しての状況の顧慮に努めなかったことを示している。このような状況下での退去強制は，人道性を欠いており，ベルギー当局は，必要な措置および予防措置をとる積極的義務に違反している。また，X_1は，当局から娘の退去強制の連絡を受けておらず，本件は，第3条の苛酷さの必要基準に達していると裁判所は判断する。

③　X_2の収容による第8条下の両申立人の権利侵害

　収容の結果，X_2は付き添いのない外国人未成年となり，申立人の再統合が著しく遅れた。第8条第2項の「民主的社会において必要なもの」に照らし，干渉が緊急の社会的必要，とりわけ正当な目的との比例性によって正当化されるか否かを，裁判所は審査する。収容は，不法入国を撲滅しうるものであると同時に，子どもの権利条約を含む国際的義務を遵守する場合にのみ許容される。また，「私生活」，すなわち，身体的精神的健全，外部からの干渉を受けることなく他者との関係において個人の人格の発達を確保するという見地から，当局の監督を逃れる危険がないのにもかかわらず，隔離された成人用施設でX_2を収容することは不必要であった。当局は，子どもの権利条約第3条にみあった他の措置をとることができた。また，当局には家族の再統合を助長する義務がある。これらのことから，家族生活を尊重する両申立人の権利に不均衡な干渉があった。

④　X_2の退去強制による第8条下の両申立人の権利侵害

　X_2の退去強制にあたり，当局は再統合を支援せず，キンシャサでのX_2の世話を確保しなかった。これらのことから，裁判所は，ベルギーが積極的義務の遵守を怠り，家族生活を尊重する両申立人の権利に不均衡な干渉をおこなった。

⑤　X_2の収容による第5条第1項下のX_2の権利侵害

　収容は，国内法および条約の文言両方について合法でなければならない。つまり，条約は，国内法の実体規定および手続規定を遵守する義務をおき，自由の剥

◆第2部◆　人権法の解釈適用による保護範囲の拡張

奪は，個人を恣意性から保護するという第5条の目的に一致すべきであると要請する。裁判所は，考慮される制定法のみならず，当該者に適用可能な他の法規則の質も評価しなければならない。この意味で，質とは，自由の剥奪を許可する国内法が，恣意性の全ての危険をさけるため十分に利用可能であり正確でなければならないことを指す。X_2は，外国人法に従って収容されたが，当時，同法に未成年に関する特定の規定がなかった。X_2の収容は，第5条第1項(f)に関連する。この場合，自由の剥奪を許可する根拠と収容する場所および状況の間に関連がなければならない。X_2は，成人と同じ状況で不法入国者のための隔離されたセンターに収容されていた。これらの状況は，付き添いのない外国人未成年という非常に脆弱な立場に対し不適切であった。これらの事情から，ベルギーの法システムは，X_2の自由の権利を十分に保護しておらず，第5条第1項の違反である。

⑥　第5条第4項下のX_2の権利侵害

第13条の要件は第5条第4項の要件より厳密ではないため，第13条の下での申立は第5条第4項の下での申立に吸収される。それゆえ，裁判所は第5条第4項の下でのみ申立を審査する。ベルギー政府は，退去強制が破毀院の決定前に手配されており，ベルギー当局の行為が，破毀院の決定によって指図されないことを認識していた。X_2の退去強制と，救済の執行又はそれが付与された事実の間に関連性がなかった。これらの事情から，裁判所は，破毀院へのX_2の訴えは効果がなかったとして，第5条第4項の違反を判示した。

⑦　第41条の適用

裁判所は，第41条に基づき，非金銭的損害に関して，35,000ユーロ，訴訟費用および経費に関して14,036ユーロを支払うようベルギーに命じた。

◇3．解　説

ここでは，本件の発展的解釈および目的論的解釈に着目し，（1）第3条の非人道的取扱いおよび苛酷さの基準，（2）第8条下の正当な目的との比例性判断と子どもの権利条約の関連性について触れることとする。

(1) 第3条の非人道的取扱いおよび苛酷さの基準

欧州人権条約の非人道的取扱いの基準は，従来の判例において検討がなされてきた。非人道的取扱いとは，予謀されたものであり，実際の身体的被害または強

◇第7章◇　出入国管理における家族統合と子どもの最善の利益

度の身体的および精神的苦痛をひきおこすもの[2]といえる。また，イペク事件では，息子の失踪の事実とその状況を知ることができないことから，苦痛と不安を被り続けた父による訴えに対し，トルコ当局がとった方法が第3条に相容れない非人道的取扱いを構成する[3]としている。家族が被害者か否かの敷居は，重大な人権侵害の犠牲者の親族に不可避的におこるであろう感情的苦痛とは異なる特徴や特質を申立人の被害に与える，特別な要因の存在による。関連する要因は家族の絆の緊密性（それに関連して，親子の絆は必然的に重要である），関係の特別な事情および当局が親の問い合わせに対してとった対応方法を含む[4]。不当な取扱いは「苛酷さの最低レベル」を満たさねばならないが，その評価は，取扱いや刑罰の性質や文脈，執行の方法および手段，期間，肉体的又は精神的影響，および，場合によっては，被害者の性別，年齢および健康状態といった，事例のすべての事情による[5]。また，条約は，今日の状況に照らして解釈されなければならない生きた文書である。民主社会の基本的価値の侵害を評価するにあたり，人権および基本的自由の保護の分野で要求されるより高い基準は，相応じて，必然的により確固としたものを要求する[6]。不当な取扱いの訴えは適切な証拠に基づかねばならない[7]。両申立人に関する第3条違反は，上述のようなこれまでの判例に基づく今日の欧州社会で要求される基準に沿って判断がなされたといえる。

(2) 第8条下の正当な目的との比例性判断と子どもの権利条約

従来，欧州人権裁判所は，第8条第2項の正当な目的との比例性の検討の際，最善の利益を考慮してきたが，必ずしも十分な考慮がなされてきたとはいえない[8]。その考慮は，子どもの権利条約の原則よりも，伝統的形態である福祉国

---

(2) See, V. v. the United Kingdom, (Application no. 24888/94) 16 Dec 1999, para. 71.
(3) See, Ipek v. Turkey, (Application no. 25760194) 17 Feb 2004, para. 183.
(4) See, Mubilanzila Mayeka and Kaniki Mitunga v. Belgium, (Application no. 13178/03), 12 Oct 2006 para. 61.
(5) See, Soering v. the United Kingdom, (Application no. 14038/88) 07 Jul 1989, para. 100.
(6) See, Selmoumi v. France (Application no. 25803/94) 28 Jul 1999 para. 101.
(7) See, Labita v. Italy, (Application no. 26772/95) 06 Apr 2000, para. 121.

家主義的政策概念に関連する最善の利益原則を反映している。さらに、考慮される要因が何か、どのレベルで最善の利益が第8条に両立するのかが明らかでなかった(9)。本判決では、子どもの権利条約への言及が特徴の1つとなっている。このことは、近年のいわゆる補完的保護(10)、rights based approach の発展、欧州における保護の最低基準の導入(11)、子どもの権利委員会における付き添いのない子どもに関する解釈の精緻化(12)などが影響している。欧州の最低基準では、子どもの権利条約第3条第1項の文言に即して、子どもの最善の利益は、主として考慮されるものである(13)としている。また付き添いのない未成年に関する最低基準として、未成年のための特別収容センターの設置、年齢や発達段階にあわせた最善の利益の考慮、できるだけ早く家族を捜す努力などが列挙されている(14)。子どもの権利委員会の一般的意見 No. 6 では、最善の利益の原則がすべての段階で尊重されるべきであり、最善の利益の判断要因を列挙し、特に、脆弱さや保護のニーズを明瞭かつ包括的に評価することを要請するとしている(15)。また、補完的保護を受ける子どもは、すべての人権を享受する権利を有しているとしている(16)。

本件では、入国管理政策と子どもの権利条約を含む国際義務との両立に関する比例性が考慮された。欧州人権条約以外の国際義務への言及、制定法だけでなく

---

(8) 村上正直「家族の在留資格：ロドリゲスザシルバ対オランダ事件」『国際人権』17号（2006年）135-138頁参照。

(9) See, Ursula Kilkelly, *The Child, and the European Convention on Hunman Rights* (Ashgate, 1999), pp. 201-202.

(10) See, Excom Conclusion No. 103 (LVI) 2005.

(11) Council Directive 2004/83/EC of 29 April 2004 on Minimum Standards for the Qualification and Status of Third Country Nationals or Stateless Persons as Refugees or as Persons who otherwise Need International Protection and the Content of the Protection Granted.

(12) See, Jane Mcadam, *Complementary Protection in International Refugee Law* (Oxford, 2007), pp. 173-196; General Comment No. 6 (2005) Treatment of Unaccompanied and Separated Children outside their Country of Origin, CRC/GC/2005/6, 2005.

(13) See, *supra* note (11), para. 12.

(14) See, *ibid.*, art. 30.

(15) See, CRC/GC/2005/6, paras. 19, 20.

(16) See, CRC/GC/2005/6, paras. 77, 78.

◇第 7 章◇　出入国管理における家族統合と子どもの最善の利益

適用可能な他の法規則の質の評価への言及は，上述のような国際的動向の反映であり，これまでの判例で法解釈が十分確立してこなかった人道的課題に対し人権の高い基準に基づき判断が下された。こうした解釈に対して，各国の国内法の発展と共通性に十分に根拠を置いていないとの批判もあろう[17]が，欧州の共通基準の設定とその遵守に向かう欧州社会の変容の現われといえよう[18]。今後もあらゆる人権規範の包括的考慮が求められることとなるため，その基準をみたす手続や適切な措置の確保が欧州各国で課題となるであろう。

---

(17) J. G. Merrills, *Development of International Law by the European Court of Human Rights* (Manchester University Press 1993), p. 80.
(18) 戸田五郎「欧州人権裁判所による欧州人権条約の解釈」『国際人権』11 号（2000年）16-20 頁参照。

第3部

欧州および日本における近年の動向

第8章
難民・移民の大規模移動と EU 法制の課題

◆ I　はじめに

　2016年末の時点で，迫害や紛争・暴力によって強制移動を強いられた人は，6560万人で過去最多となった。国別でみると，シリアでは，人口の約3分の2にあたる1200万人が国内避難民，難民，庇護申請者となっており，次いでコロンビア770万人，アフガニスタン470万人，イラク420万人，南スーダン330万人となり[1]，長期化する紛争，統治体制の麻痺等が影を落とす国々に，保護を求めて住み慣れた土地を逃れることを余儀なくされた人が多いことがわかる。難民発生国の上位3か国としては，シリア550万人，アフガニスタン250万人，南スーダン14万人であり，全難民の55％を占める[2]。国境を越え，他国に新たな活路を見出すべく逃れた，難民，庇護申請者，新たな生活拠点をもとめる移民がむかう先は，トルコが290万人，次いでパキスタン140万人，レバノン100万人，イラン97万9400人，ウガンダ94万800人となり，いずれも流出国の近隣諸国であり[3]，これらの国々では，当座の安全は確保されるかもしれないが，十分な生活条件が整うとは限らない。また，2016年，国際的保護や難民の地位を求めての新たな庇護申請は，200万件に上り，最も多いのがドイツ72万2400件，アメリカ26万2000件，イタリア12万3000件，トルコ7万8600件，フランス8万8400件と続く[4]。こうしてみると，世界の庇護申請者は欧州へ多く向かっていることがわかる。欧州連合（EU）全体での庇護申請の状況は，表1のとおりで，ドイツ，イタリア，フランス，ギリシャが上位を占める。

---

(1) See, UNHCR, *Global Trend 2016*, (2017) p. 6. パレスチナ難民を除く。
(2) See, *ibid.*, p. 3.
(3) See, *ibid.*, p. 3.
(4) See, *ibid.*, pp. 39-41.

◆第3部◆ 欧州および日本における近年の動向

表1：新規庇護申請者数2016年4月〜2017年3月　Eurostat（注5）を参照し川村作成。

	2016年4月〜2017年3月の新規庇護申請者数
EU28か国＋4か国	1,061,750
ベルギー	12,975
ブルガリア	16,175
チェコ	1,140
デンマーク	3,740
ドイツ	576,025
エストニア	195
アイルランド	2,300
ギリシャ	61,225
スペイン	19,380
フランス	80,245
クロアチア	2,040
イタリア	135,805
キプロス	3,320
ラトビア	470
リトアニア	475
ルクセンブルク	2,240
ハンガリー	22,465
マルタ	1,730
オランダ	17,345
オーストリア	30,060
ポーランド	8,420
ポルトガル	815
ルーマニア	2,265
スロベニア	965
スロバキア	140
フィンランド	4,145
スウェーデン	18,995
イギリス	36,650
アイスランド	1,190
リヒテンシュタイン	135
ノルウェー	3,520
スイス	22,230

◇第 8 章◇　難民・移民の大規模移動と EU 法制の課題

　地中海を船で渡り欧州をめざすシリア難民が急増，死者も出る過酷な状況の中，2015年9月に海岸に打ち上げられたシリア難民児童の遺体の写真が，各国に衝撃を与え，人道的見地から欧州での受け入れを歓迎する世論の高まりがプル要因ともなり，庇護を求める人の中には，より豊かな暮らしを求める人々も混在し，欧州への庇護申請者はあとを絶たない。2017年第一四半期の EU 全体の庇護申請者数は，16万4,500人である(5)。欧州の庇護申請手続は，個別案件の審査となっており，今次の大量流入に審査態勢および居住地等の受け入れ態勢が追いつかない状態が続いている。ドイツでは，2016年末の審査未処理件数が，58万7,300件に上る前年比40％の増加となっており最大規模である(6)。また，援助負担の問題，テロ等の治安，外交問題にも影響を与え，英国の EU 離脱問題では移民も争点となり EU 体制を揺るがせる問題にまで発展した。

　本章では，難民・移民に関連する EU 法制の特徴をおさえつつ，それらが今次の大規模移動に直面しどのような課題が生じているかを明らかにすることを目的とする。特に，EU 域内外のギャップ，EU 域内でのギャップに着目し，EU 統合に向けた政策が，難民・移民の大量流入に関連して，国家間の格差・対応の温度差，負担分担の回避等の連帯から逆行するとみられる動きによって露呈した，EU 法制の課題について考察を行うこととする。

◆ Ⅱ　EU の出入国管理政策の変遷

　欧州統合は，第二次世界大戦による欧州の荒廃と，冷戦の始まりの中で，欧州再興に向けた1950年の独仏の石炭・鉄鋼共同管理提案からはじまった。1952年に欧州石炭鉄鋼共同体（ECSC）が設立され，1958年に，欧州経済共同体（EEC），欧州原子力共同体（EURATOM）が設立され，1967年には，この3つの国際機関が統合され，欧州共同体（EC）が創設された。また，1949年には，欧州審議会（Council of Europe）が，人権，民主主義，法の支配の分野の基準を汎用する国際機関として設立されている。その間，欧州の植民地は，続々と独立を果たし，欧

---

(5) See, Eurostat, *Asylum quarterly report,* source: Statistic Explained（http://ec.europa.eu/eurostat/statisticsexplained/ as of 21 Jun 2017）.

(6) See, UNHCR, *op. cit.,* p. 45.

◆第3部◆　欧州および日本における近年の動向

州経済に影響を与えていたが，1989年の冷戦終結に伴う東西ドイツの統一などを受け，欧州の経済的，政治的統合の機運が高まり，また，そこに活路を見出して，1993年のEU条約（マーストリヒト条約）発効によりEUが発足した。そして，EUの出入国管理政策は，統合推進の手段として構想されてきたのである[7]。

　出入国管理は，国家主権が最も表出する分野といえるが，欧州は，域内の経済活動の円滑化のため，国境での検問を撤廃し，域内の人の移動の自由を確保することを優先させる政策に転換した。1985年シェンゲン協定は，第2条において，その目的として域内国境での検問廃止と人の自由移動の促進を規定している[8]。その他，対外国境管理，査証，第三国出身者の短期自由移動，滞在許可，庇護手続に関する法調整，警察・検察協力，シェンゲン情報システム等が規定されている。経済統合のために検問廃止を導入することには賛成していなかったイギリス，アイルランドは，同条約に批准していない。1990年採択のダブリン条約は，難民認定手続に関して，複数回申請や「たらいまわし」を排除すべく，庇護申請の審査責任国を定めることとしており，必ず一国においてのみ申請の機会が与えられることとなった。また，EU域内は，人の自由移動が可能となるため，各締約国が庇護に関する責任分担に資する措置をとる必要性から，庇護制度の調和を図るために，難民審査の各国共通の基準が必要となった。冷戦終結を機に，国連においては，「人権の普遍化・主流化」が提唱され，庇護制度にも人権規範を反映した基準を取り入れる潮流にあった。欧州においては，東西冷戦の政治体制を背景とした庇護政策の意義の喪失と，経済発展にむけた労働力確保の観点での移民政策が，「人の移動の自由」を基盤とした出入国管理政策の中に，庇護政策を編成する政策転換への影響を与えたと考えられる。マーストリヒト条約において，庇護政策は，第三の柱である政府間協力に位置づけられていたが，その後，1997年に改正されたEU条約（アムステルダム条約）では，庇護政策を第一の柱に移行し，ECの権限下で庇護政策の調和を図ることとなった。同条約第63条下では，難民の受け入れおよび認定手続の最低基準に見合った措置をとることを目指すことと

---

(7) 川村真理「難民・移民問題と国際秩序の揺らぎ――EUが直面する課題を中心に――」馬田啓一・小野田欣也・西孝編著『グローバル・エコノミーの論点――世界経済の変化を読む――』（文眞堂，2017年）38頁参照。
(8) シェンゲン協定は，アムステルダム条約によるEU条約改正の際，同条約の議定書に編入されEU法の一部となった。

◇第8章◇　難民・移民の大規模移動とEU法制の課題

なった。欧州共通庇護制度（CEAS）は，1999年のタンペレで開催された欧州理事会で提唱されたが，その後のEU法体系の中で発展していった。CEASにおいては，2001年の一時的保護に関する指令に続き制定された，2003年ダブリン規則，受入れ指令，2004年資格指令，2005年庇護手続指令等は，難民条約とは別に，国際的保護を必要とする人々の受け入れを定め，庇護申請手続，受け入れ態勢について，EU共通基準を設置することを定めている。2007年に改正されたEU条約（リスボン条約）第3条第2項では，「連合は，連合市民に域内境界のない，自由，安全及び正義の地域を提供する。そこにおいては国境管理，庇護，移住及び犯罪の防止と撲滅に関する適切な措置と相まって，人の自由移動を保証する」と規定する。また，第6条第1項は，2000年のEU基本権憲章が，基本条約と同一の法的価値を有するとし，EU基本権憲章に定める権利，自由および原則を承認している。同憲章第18条は，"the right to asylum" に関する規定となっている。EU運営条約第78条第2項では，欧州議会および理事会は，通常の立法手続に従って，CEASに関する措置を採択するとし，庇護に関する7項目を列挙している。こうして，CEASは，まさに欧州の「共通の」政策を加盟国に課すこととなった。2011年に新たな資格指令が採択され，2013年には改正受入れ指令，改正庇護手続指令，改正ダブリン規則，改正EURODAC規則が採択された[9]。このように，EUは，難民の国際的保護を単一の域内市場，欧州の高い人権基準，出入国管理政策とそれに連動した庇護法制度の中に位置付けてきた[10]。

◆ Ⅲ　高い人権基準と安全な第三国——EU域内外のギャップ——

EU資格指令（改正）（2011/95/EU）は，難民条約に係る難民認定および補完的保護の基準を定めている。さらに，難民又は補完的保護の資格を有する者の地位についても定められている。これらの基準は，難民条約の第1条(A)の難民の定義の解釈の潮流，欧州人権条約第3条を中心とした人権条約上のノン・ルフール

---

(9) See, Vincent Chetail, Philippe De Bruycker and Francesco Maiani, *Reforming the Common European Asylum System* (Nijhoff, 2016), pp. 3-38；岡部みどり編『人の国際移動とEU』（法律文化社，2015年），15-26頁。

(10) 川村・前掲注(7)38-39頁；中坂恵美子『難民問題と「連帯」——EUのダブリン・システムと地域保護プログラム』（東信堂，2010年）参照。

◆第3部◆　欧州および日本における近年の動向

マン原則の発展，人道法上の議論等を踏まえた規定ぶりとなっており，国際的保護の解釈の高い基準を示している。難民であるための資格の判断で重要な「迫害」行為について，第9条第1項(a)では，基本的人権，特に，欧州人権条約第15条第2項に基づき，いかなる逸脱もできない権利，即ち生命権，拷問禁止，奴隷の禁止といった基本的人権の重大な違反を構成するような，その性質又は反復によって十分重大なもの，同項(b)では，(a)と同様に個人に悪影響を及ぼす十分に重大な人権侵害を含む，様々な措置の累積でなければならないと規定している。同条第2項では，同条第1項の迫害行為が，とりわけ(a)から(f)までの形態をとりうるとして，(a)性的暴力を含む身体的又は精神的暴力行為，(b)法，行政，警察，および／又は司法的措置自体が差別的であること又は差別的な様式での履行，(c)不均衡若しくは差別的な訴追又は処罰，(d)不均衡又は差別的な処罰の結果をもたらす司法的救済の否定，(e)紛争における兵役拒否に対する訴追または処罰であって，兵役の遂行が，犯罪又は第12条第2項に定める除外条項の根拠の範囲内にあたる行為を含むことになる場合，(f)ジェンダー特有の又は子どもに特有の行為，を例示列挙している。また，第10条には，迫害理由の評価基準が示されている。第6条では，迫害主体として，(a)国家，(b)国家又は国の領域の相当な部分を支配している政党又は組織，(c)非国家主体（ただし，同条(a)，(b)の主体（国際機関を含む）が，第7条に定義する迫害若しくは重大な危害に対し保護を与えることができないか又は与えることを望まないことが立証できる場合）と定めている。また，補完的保護の資格を有する者の認定基準として重大な危害の有無が問題となるが，第15条では重大な危害として，(a)死刑又は死刑執行，(b)出身国における申請者への拷問，非人道的な又は品位を傷つける取扱い又は刑罰，(c)国際又は国内武力紛争の状況における，無差別暴力による文民の生命又は身体に対する重大かつ個別の脅威と規定している。第7章で国際的保護の内容として，ノン・ルフールマン，家族統合，在留許可，旅行証明書，雇用，教育，資格認定手続，社会福祉，医療，付き添いのない未成年者，住居，移動の自由，統合のための施設へのアクセス，帰還に関する規定がある。EU加盟国は，これらの基準を踏まえ各国法制に反映させて適用させることとなる。例えば，ドイツは，ドイツ基本法に庇護権を規定し，難民保護政策を積極的に取り組んできた。庇護の地位，難民の地位が付与された場合，社会保障や社会統合のための言語教育等も国家事業として取り組んでいる[11]。また，経済発展のための移民労働者の受け入れにも積極的で，

◇第 8 章◇　難民・移民の大規模移動と EU 法制の課題

難民も労働力確保の側面から受け入れ歓迎とする見方もあった[12]。しかし，近年の，難民・移民の大量流入で，庇護申請の遅滞や受け入れ態勢が追いつかないなどの問題があり，市民からの反発の声もあがるなどしている[13]。また，EU 域内でも，例えばハンガリーは，クロアチア，セルビアとの間にフェンスを建設するなど，大量の不正規移動者に対して厳しい姿勢で臨んでいる[14]。共通基準を有しつつ統合をはかりながらも，EU 各国の対応には差がある。ただし，EU 内では EU 司法裁判所，欧州人権条約の基準については欧州人権裁判所と各国司法救済以外の司法救済措置が設けられており，CEAS の解釈適用に関する監視機能が働くこととなる。

他方で，2013年の改正 EU 庇護手続指令[15]では，第35条で一次庇護国，第38条で安全な第三国を規定している。EU 加盟国ではない国が，国際的保護申請者にとって一次庇護国と見なされる場合，同国から EU 加盟国に入国して国際的保護申請を行っても，同申請は受理できないと考えることができる。また，EU 加盟国ではない国が，安全な第三国と見なされる場合，同国を経由して EU 加盟国に入国して国際的保護申請を行っても，同申請は受理できないと考えることができる[16]。このように，EU 域内に入る段階で，国際的保護手続にアクセスできないという基準をも定めていて，EU 域内の国境は撤廃する措置をとる一方で，EU 域外との「壁」は高くしている。一次庇護国とみなされる場合の保護の基準

---

(11) See, Asylum and refugee policy in Germany (http://www.bmi.bund.de/EN/Topics/Migration-Integration/Asylum-Refugee-Protection/Asylum-Refugee-Protection_Germany/asylum-refugee-policy-germany_node.html as of 24 July 2017).

(12) 藤巻秀樹「難民受け入れに積極姿勢のドイツ――人口減で多民族国家への道歩む」『エコノミスト』93巻45号（2015年）60－61頁参照。

(13) See, Michell Martin, Reuters, "Germany's AfD Picks Leaders for Election Drive, Seen Shifting Right," 23, April, 2017 (http://www.reuters.com/article/us-germany-election-afd-idUSKBN17P0DO as of 25, July, 2017).

(14) 在ハンガリー日本国大使館「ハンガリー概況」（2017年）10頁（http://www.hu.emb-japan.go.jp/files/000243643.pdf as of 25 July 2017）参照。

(15) Directive 2013/32/EU of the European Parliament and of the Council of 25 June 2013 on Coomon Procedures for Granting and Withdrawing International Protection (Recast).

(16) 2016年の改正提案（Com(2016)467 Final）では第36条で「…受理できないものとして却下する」としている。

が，EU加盟国と同じレベルの保護であるのか，その基準は明らかではない。また，「安全な第三国」の導入は，自国で難民審査を行わない，他国に責任を負わせる制度となりうるとの批判があり，他国の「安全」の基準の手続的保障まで踏み込めないため，EU基準の安全性の確証がない場合にも送還の執行の懸念がぬぐいきれない[17]。また，EUは，迫害，拷問，非人道的又は品位を傷つける取扱い又は刑罰，暴力のおそれ，武力紛争がない国を「安全な出身国」としてリストアップし，当該国国民の難民申請は「ファストトラック」にのせて迅速処理を行うこととしている。「安全な出身国」リストは各国によって作成されるが，「安全」としてEU共通のリストに入る国として，アルバニア，ボスニア・ヘルツェゴビナ，マケドニア，コソボ，モンテネグロ，セルビア，トルコがある[18]。これらの国の「安全」が例えば，ドイツの安全と同レベルかといえばそうとは言えないところもあり，「安全」の基準が問われる。EUは，「安全な第三国」と再入国協定といった出入国管理政策と経済連携，開発援助，平和構築等の政策を関連づけて対外政策をとりまとめてきた経緯がある[19]。2016年3月のEU・トルコ合意は，トルコからギリシャへの不正規移動者をトルコに送還するのと引き換えにトルコの難民の支援，トルコ人へのEUビザ緩和等を行うとしており，1年でギリシャへの不正規移動者数は減少したが[20]，ギリシャの厳しい状況もさることながら，現在のトルコへの送還の状況が，上述の基準をふくむ手続指令の基準および手続的保障ならびに人権条約等の基準を満たす状況にあるかどうかを憂慮する見方もある[21]。

---

(17) 戸田五郎「欧州庇護政策の現状と課題」『世界法年報』27号（2008年）17-42頁参照。

(18) See, European Commission, "An EU "Safe Countries of Origin" List" (https://ec.europa.eu/home-affairs/sites/homeaffairs/files/what-we-do/policies/european-agenda-migration/background-information/docs/2_eu_safe_countries_of_origin_en.pdf as of 17 July 2017)；委員会はこれらの国が「安全」とは言えない状況に陥った場合は，ただちにリストから削除することができる。

(19) 戸田・前掲注(17)参照；岡部みどり「EUによる広域地域形成とその限界――対外政策としての出入国管理」『日本EU学会年報』37号（2017年）49-68頁参照。

(20) See, European Commission, "EU-Turkey Statement One Year On," (http://ec.europa.eu/home-affairs/sites/homeaffairs/files/what-we-do/policies/european-agenda-migration/background-information/eu_turkey_statement_17032017_en.pdf as of 24 July 2017).

◇第 8 章◇　難民・移民の大規模移動と EU 法制の課題

　また，EU の「高い壁」との関連で，EU は，対外国境の管理体制を構築してきた。これは，シェンゲン体制による域内の国境管理撤廃に伴い，対外的な「壁」の強化が必要になったためであり，いわば必然であろう。近年，地中海から船で欧州に到着する人々が急増したことから，地中海での人命救助，捜索態勢の向上，密航船あっせん犯罪の壊滅をめざし，2016年，EU の対外国境，沿岸警備と管理を強化するため，それまでの組織を改組し，欧州国境沿岸警備隊（FRONTEX）が発足した[22]。

　2017年7月になっても，中東・アフリカ等から密航船で地中海を渡り，イタリア・ギリシャに到着する人々は後を絶たず，特に，アフリカ各国からリビアに移動し，リビアからイタリアに渡る混在移民の数は増加，多数の死者，行方不明者が出ている。地中海における，FRONTEX や海軍等の対応の問題，イタリアの受け入れ態勢の限界，中継地リビアにおける人権侵害，人身売買等様々な問題が噴出している。混在移民とは，庇護申請者のほかに，紛争や重大な人権侵害から逃れる者，付き添いのない子ども，経済的理由により欧州をめざす者等を指す。経由地の拠点となっているリビアでは，庇護制度が十分ではないばかりか，国内情勢が不安定で，行政，警察，又は司法機関も十分に機能していない[23]。EU は，リビアに対し，難民，庇護申請者，移民などへの保護と支援，自発的帰還および定住支援，収容施設の状況改善，リビア海軍および沿岸警備の能力強化および訓練，出入国管理等の支援を行っている[24]。また，国連難民高等弁務官事務所

---

[21] See, UNHCR, "UNHCR on EU-Turkey Deal: Asylum Safeguards Must Prevail in Implementation," (http://www.unhcr.org/news/press/2016/3/56ec533e9/unhcr-en-turkey-deal-asylum-safeguards-must-prevail-implementation.html, as of 10 September 2017); IRC, NRC, and Oxfam International, "The Reality of the EU-Turkey Statement," (2017), (https://data2.unhcr.org/eu/documents/download/54850, as of 10 September 2017).

[22] See, FRONTEX, "Legal Basis," (http://frontex.europa.eu/about-frontex/legal-basis/ as of 24 July 2017); European Parliament, "Management of External Borders," (http://www.europarl.europa.eu/atyourservice/en/displayFtu.html?ftuId=FTU_5.12.4.html as of 24 July 2017).

[23] See, Marie-Cecile Darme and Tahar Benattia, "Mixed Migration Trends in Libya: Changing Dynamics and Protection Challenges," (http://www.unhcr.org/publications/operations/595a02b44/mixed-migration-trends-libya-changing-dynamics-protection-challenges.html as of 22 July 2017).

(UNHCR) 等の国際機関もリビアへの支援強化を行っている(25)。これに加え，2017年8月2日，イタリアは，難民・移民をのせた密航船を阻止するため，イタリア海軍の船艇をリビア沖に派遣することにした。イタリアは，リビア領海内でイタリア海軍を展開し，難民・移民をリビアに戻すことを想定しているが，リビアは，主権の侵害だとしてこれに反発している(26)。

このように，EU の政策は，EU 域内の人権保障を高い基準に保ちつつ，難民・移民の受け入れ負担を域外諸国に要請する手法をとってきた。様々な支援策とともに人権規範を EU 域外国に広めることも期待されるが，EU 基準と同等のレベルの即時達成はみこめず，ここに国際的保護のギャップがみてとれる。

◆Ⅳ　シェンゲン・ダブリン体制と連帯・負担分担の揺らぎ
　　——EU 域内のギャップ——

先にふれたとおり，ダブリン体制では，一国においてのみ庇護申請の機会が与えられるが，審査責任国はダブリン規則に従って決定される。なお，シェンゲン圏内では，入国すれば第三国国民も国境審査なく，移動の自由が認められる。

しかし，近年の難民・移民の大規模移動の影響により，国境管理を再導入する国もあり，2017年7月25日現在，ドイツ，オーストリア，デンマーク，スウェーデン，ノルウェーが同年5月より6か月間，一時的に国境管理を行っている(27)。

また，ダブリン体制では，イタリアおよびギリシャに難民申請手続が集中し，

---

(24)　See, European External Action Service, "EU-Libya Relation, Factsheet," (2017) (https://eeas.europa.eu/headquarters/headquarters-homepage_en, as of 23 July 2017).

(25)　See, UNHCR, "As Refugee Journeys Get Perilous, UNHCR Seeks Safer Option," 18 July 2017 (http://www.refworld.org/docid/596f41424.html as of 22 July 2017).

(26)　See, Tara John, "Italy Has a Controversial New Plan to Stop Migrants Crossing the Mediterranean Sea," *TIME*, (03 August 2017) (http://time.com/4885415/italy-naval-mission-migrant-smuggling/ as of 14 August 2017).

(27)　See, "Member States' Notifications of the Temporary Reintroduction of Border Control at Internal Borders Pursuant to Article 25 et seq. of the Schengen Borders Code", (https://ec.europa.eu/home-affairs/sites/homeaffairs/files/what-we-do/policies/borders-and-visas/schengen/reintroduction-border-control/docs/ms_notifications_-_reintroduction_of_border_control_en.pdf as of 25 July 2017).

◇第8章◇　難民・移民の大規模移動と EU 法制の課題

両国に滞留する人々の受け入れ態勢が整わないため，生活環境が劣悪となり，問題となっている(28)。イタリアやギリシャにたどりついた人々は，こうした状況に耐え兼ね，他国へ移動し難民申請を行っても，ダブリン体制により最初の登録国へ送還されるが，この送還が非人道的取扱いにあたり条約違反となっている判例も存在し，間接的ルフールマンが問題となっている(29)。リーディングケースとなった，欧州人権裁判所の *M.S.S. v. Belgium and Greece*(30)では，アフガニスタン国籍の申立人が，ギリシャから EU 域内に入り，ベルギーで庇護申請をしたが，ダブリン規則により，ベルギーがギリシャに送還することが問われた。同裁判所は，ギリシャに対し，申立人の収容状況および生活状況について第3条違反とし，庇護手続における不備に関して第13条および第3条違反とした。ベルギーに対しては，申立人をギリシャに送還することは，第3条違反にあたるとし，実効的な救済の欠如に関して，第13条および第3条違反とした。

イタリアやギリシャの難民・移民の大量流入による過剰な負担に対し，2015年9月に，16万人の庇護希望者を EU 加盟国間で負担を分担することを目的とした「緊急リロケーションスキーム」が採択された。当該スキームの中で，イタリアから39,600人，ギリシャから66,400人の庇護希望者を，加盟国の人口，国内総生産（GDP），庇護申請件数，失業率等を考慮して算出した各国の割り当て人数に従って，2年間のうちに移動させることを要請している(31)。しかし，この「リロケーション」政策は十分に機能しているとはいえず，表2のとおり，リロケーションの当初の達成目標数にはほど遠い状況である(32)。スロバキアとハンガリーは，このリロケーションスキームの無効を求めて EU 司法裁判所に訴えたが，

---

(28) 八十田博人「地中海移民・難民対策をめぐるイタリア・EU 間の論争」『日本 EU 学会年報』37号（2017年）69-91頁参照。

(29) See, M.S.S. v. Belgium and Greece（no. 30696/09），21 Jan 2011; 大道寺隆也「欧州共通庇護体制形成をめぐる国際機関間関係——EU 内外の諸主体の交錯とその理論的含意」『日本 EU 学会年報』37号（2017年）134-153頁参照。

(30) M.S.S. v. Belgium and Greece（no. 30696/09），21, Jan 2011.

(31) See, Council decision (EU) 2015/1523 (14 September 2015); 2015/1601 (22 September 2015); European Commission, "European Solidarity: a Refugee Relocation System," (https://ec.europa.eu/home-affairs/sites/homeaffairs/files/what-we-do/policies/european-agenda-migration/background-information/does/2_eu_solidarity_a_refugee_relocation_system_en.pdf as of 23 July 2017).

◆第3部◆　欧州および日本における近年の動向

2017年9月に退けられた。ハンガリー・ポーランド・チェコの3か国は，割り当てられた難民受け入れ計画の履行を拒否，これに対し，欧州委員会は，違反手続に着手したが，3か国の対応が納得のいくものではなかったため，EU司法裁判所への提訴を決定した(33)。負担分担政策の実施が求められているものの，十分な履行確保ができないばかりか，この負担分担に反発する国，現行システムの下での庇護体制を維持することが難しい国もあり，EU加盟国間の「連帯」の精神に基づき築いてきた，他の国際機関にはないEUの統合システムそのものが，EU内の不満を生み出す1つの要因となっている(34)。こうした状況を受けて，EUは，ダブリン体制を含むCEASの見直しをすすめている(35)。

◆V　おわりに──統合と分断のはざまで──

欧州は，第二次世界大戦後の復興，非植民地化という課題を乗り越え，アメリカの覇権，ユーラシア大陸にひろがる社会主義体制の国家群と対峙しつつ，欧州の再生をはかる道として，欧州の価値，すなわち人権，民主主義，市場経済をよりどころとして，国際機構を通じた組織化を選択した。難民条約は，第二次世界大戦後の欧州における難民問題解決の国際協力の基盤として制定され，その後は，

---

(32) European Commission, "Relocation and Resettlement," (13 June 2017), (https://ec.europa.eu/home-affairs/sites/homeaffairs/files/what-we-do/policies/european-agenda-migration/20170613_factsheet_relocation_and_resettlement_en.pdf as of 23 July 2017).

(33) See, Slovak Republic and Hungary v. Council of the European Union, Joint Cases C-643/15 and C-647/15, 6 Sep 2017 (http://curia.europa.eu/juris/celex.jsf?celex=62015CJ0643&lang1=en&type=TXT&anche= as of 13 Mar 2019): European Commission, "Relocation : Commission Refers the Czech Republic, Hungary and Poland to the Count of Justice," 7 Dec 2017 (http://europa.eu/rapid/press-release_IP-17-5002_en.htm as of 13 Mar 2019).

(34) 岡部みどり「欧州移民・難民危機とEU統合の行く末に関する一考察」『国際問題』No. 662（2017年）17-24頁；中坂恵美子「難民等の受入れにおける負担および責任の分担」『国際法外交雑誌』第117巻第2号（2018年）105-134頁参照。

(35) See, European Parliament, "Legislative Train Schedule Towards a New Policy on Migration," (http://www.europarl.europa.eu/legislative-train/theme-towards-a-new-policy-on-migration/file-revision-of-the-dublin-regulation, as of 14 August 2017).

◇第8章◇　難民・移民の大規模移動とEU法制の課題

表2：2017年6月9日現在のリロケーション実施状況（計20,869名）

	イタリアから リロケーションした人数	ギリシャから リロケーションした人数
オーストリア	×	×
ベルギー	121	502
ブルガリア	×	47
クロアチア	18	36
キプロス	34	55
チェコ	×	12
エストニア	×	130
フィンランド	653	987
フランス	330	3,148
ドイツ	2,715	2,943
ハンガリー	×	×
アイルランド	×	459
ラトビア	27	290
リトアニア	17	290
ルクセンブルク	110	216
マルタ	47	90
オランダ	612	1,295
ポーランド	×	×
ポルトガル	299	1,075
ルーマニア	45	589
スロベニア	35	164
スロバキア	×	16
スペイン	144	742
スウェーデン	228	×
リヒテンシュタイン	×	10
ノルウェー	812	533
スイス	649	344
合計	6,896	13,973

出典：European Commission, "Relocation and Resettlement, 13 June 2017", を参照して川村が作成。

◆第3部◆　欧州および日本における近年の動向

冷戦下での民主主義体制への賛同，人権基準の発展，欧州における市場経済発展のための労働力の確保といった背景事情もあり，難民条約の拡大解釈による難民受け入れを強化してきた。冷戦後，欧州の価値を軸に，EU法制度が発展したが，EUの制度そのものが，より良い暮らしを求めて欧州での生活を希求する人々のプル要因ともなってきた[36]。こうした潮流の中，難民認定制度を利用して欧州への移住を企図する人々の増加の問題に対し，「安全な第三国」の概念の導入により，EU域内への入国を抑止する政策を展開，EUの「高い壁」を構築し，EU域外諸国へと負担を転嫁しているとの批判もある対外政策も展開されている[37]。ダブリン規則では，非正規の入国の場合，庇護審査責任を最初の受入国に担わせたため，EU域外国との国境をなす南欧，東欧諸国への負担が大きくなった。また，多様な宗教，人種，民族的な背景を持つ人が難民・移民として暮らすドイツ，フランス，イギリスといったEUのリーダー国において，「寛容」の精神と相反するようなテロ事件や移民排斥の動きやEUへの不満もみられる。イギリスがEUを離脱すればEU体制にも大きな影響を及ぼす。EUの様々な政策の決定は，「民主主義の赤字」と称される高度の官僚システムによってなされ，民意の反映といった問題も様々な政策で議論がなされていた。近年の難民・移民の大規模移動は，上述のEU法制の趣旨や運用面の特徴あるいは矛盾をより明らかにしているようにみえる。規範，政策上の統合・連帯も，国民の支持を得て，実質的に負担分担が機能しなければ足元から揺らぐことも示している。

　EUの共通庇護政策は，これほどの難民・移民の大規模な移動を想定しておらず，将来にむけて新たな法制度が望まれるところであるが，画期的な解決策が提示されているわけではなく，中長期にわたりEUは難しい対応を迫られることが見込まれる。

---

[36]　井上淳「EUへの難民大量流入の構造的要因——積極的対外政策と難民対策との間のトレード・オフ」『日本EU学会年報』第37号（2017年）115-133頁参照。

[37]　中坂・前掲注(10)；岡部・前掲注(19)参照。

第9章
日本の難民認定制度における保護対象と判断要素

◆ I　はじめに

　2017年，世界で移動を強いられる人が史上最多となっているところ，日本においても難民申請数が急増しており，2017年の申請数は19,629人となり，対前年比約80％増と大幅に増加し過去最高となっている。2017年に難民と認定された20人のうち，19人は1次審査での認定で，1名が不服申し立てでの認定であった。主な国籍は，エジプト5人，シリア5人，アフガニスタン2人となっている。人道配慮の在留許可45名のうち，本国情勢を踏まえて在留が認められた人は14人で，国籍別でみると，シリア4人，ミャンマー3人，イラク2人，コンゴ民主共和国2人となっている[1]。

　2017年の申請者の国籍は82か国にわたるが，上位5ヵ国（フィリピン，ベトナム，スリランカ，インドネシア，ネパール）だけで申請総数の約70％，上位10ヵ国だけで

表1：難民庇護状況（2010年~2017年）　　　　　　　　　　　（人）

	2010年	2011年	2012年	2013年	2014年	2015年	2016年	2017年
申請数	1,202	1,867	2,545	3,260	5,000	7,586	10,901	19,629
認定難民 a)	39	21	18	6	11	27	28	20
人道配慮の在留許可 b)	363	248	112	151	110	79	97	45
第三国定住 c)	27	18	0	18	23	19	18	29
a) + b) + c)	429	287	130	175	144	125	143	94

出典：法務省HP「平成29年における難民認定者数等について」，「我が国における難民庇護の状況等」（平成29年）を参照して川村作成。

---

(1)　法務省「平成29年における難民認定者数等について」（2017年）（http://www.moj.go.jp/content/001257501.pdf as of 02 Oct 2018）参照。

◆第3部◆　欧州および日本における近年の動向

同じく約90％を占めている（表2参照）。2017年の世界の強制移住者の場合，出身国上位5ヵ国（シリア，アフガニスタン，南スーダン，ミャンマー，ソマリア）で，68％を占めているが，日本では，これら5ヵ国のように大規模移動が生じている国からの申請は少数で，ミャンマーについては，ロヒンギャとよばれる人々以外の人からの申請が多いと思われる。東南アジア，南アジア地域の国籍を有する者からの申請が多いということが，日本の申請動向の1つの特徴である。

難民認定の一次審査の処理数は，2017年，11,373人で，そのうち，申請を取り下げた数が約14％を占め，その国籍は，フィリピン，ベトナム，トルコが多い。主な理由は，「本国への帰国」，「問題解決」，「難民ではない」等で自主帰国している。不認定者の主な国籍は，ベトナム2,296人，フィリピン1,794人，ネパール1,647人，インドネシア1,315人，トルコ675人などと申請上位国国籍の人が多くを占めており，不認定の理由は，知人，近隣住民，債権者，マフィア，商売相手等とのトラブルが約48％を占め，次に政治活動22％，宗教6％，本国の治安への不安5.3％，人種5％，親族間のトラブル5％，家族が難民認定申請4.5％，本邦での稼働希望は2.6％，健康上の問題や日本での長期滞在が1.2％，その他カースト，兵役忌避，LGBT等が0.6％であった。

2017年1〜9月の平均処理期間は，1次審査で約9.9月，不服申し立ての平均処理期間は約23.4月となっており，長期化している[2]。

難民認定申請者が急増する中にあって，私人等非国家主体に関連する申請の増加，地域紛争の激化および長期化，国際社会の動向などを踏まえ適切に対応するために，「第6次出入国管理政策懇談会（以下，政策懇）」の下に「難民認定制度に関する専門部会（以下，専門部会）」が設置され，2013年11月から2014年12月まで活発な議論がなされ，2014年12月，「難民認定制度の見直しの方向性に関する検討結果（報告）」が法務大臣に提出された[3]。また，同検討結果（報告）を踏ま

---

[2] 法務省，同上；「難民認定制度の適正化のための更なる運用の見直しについて」（2017年）（http://www.moj.go.jp/contnet/001244610.pdf as of 02 Oct 2018）；「正誤表」（2019年）（http://www.moj.go.jp/content/001288448.pdf as of 21 Mar 2019）参照。

[3] 法務省「難民認定制度の運用の見直しの概要――真の難民を迅速かつ確実に庇護するために（以下，見直しの概要）」（2015年）（http://www.moj.go.jp/content/001158326.pdf as of 02 Oct 2018）参照。

◇第 9 章◇　日本の難民認定制度における保護対象と判断要素

表 2：国籍別難民認定申請数の推移（2015年〜2017年）　　　（人）

	2015年		2016年		2017年	
1	ネパール	1,768	インドネシア	1,829	フィリピン	4,895
2	インドネシア	969	ネパール	1,451	ベトナム	3,116
3	トルコ	926	フィリピン	1,412	スリランカ	2,226
4	ミャンマー	808	トルコ	1,143	インドネシア	2,038
5	ベトナム	574	ベトナム	1,072	ネパール	1,451
6	スリランカ	469	スリランカ	938	トルコ	1,195
7	フィリピン	299	ミャンマー	650	ミャンマー	962
8	パキスタン	295	インド	470	カンボジア	772
9	バングラデシュ	244	カンボジア	318	インド	601
10	インド	229	パキスタン	289	パキスタン	469

出典：法務省 HP「平成29年における難民認定者数等について」を参照して川村作成。

え，2015年 9 月に公表された「第 5 次出入国管理基本計画（以下，基本計画）」において，「難民の適正かつ迅速な庇護の推進」が具体的施策の方針の 1 つとして掲げられた。

本章では，2015年 9 月以降の難民認定制度の運用の見直しに着目し，特に，難民認定制度における，保護対象および認定判断を考察し，日本における庇護の判断要素の動向および課題について論じることとする。

◆ II　難民認定制度の運用の見直し

基本計画の難民関連では，「適正かつ迅速な難民認定のための取組み等」の今後の方針として，①保護対象の明確化，②認定判断の明確化，③難民行政に係る体制・基盤の一層の強化，④制度濫用又は誤解に基づいた申請への方策について取り組むとしている。①について，1 ）「新しい形態の迫害」について保護を図るための仕組みの構築，2 ）国際的動向および国際人権規範を踏まえた「待避機会」としての在留を許可する対象の明確化の検討を方針として掲げ，②について，認定判断の明確化のための仕組みの構築，および認定・不認定事例の公表を拡充して制度の透明性向上を図るとしている。③について，出身国情報や国際情勢等

に関する情報収集・分析体制の充実強化，および国連難民高等弁務官事務所（UNHCR）等との連携による研修の充実・強化による専門的人材育成に取り組むこととしている。④については，1）難民に明らかに該当しない申立てについて，振分けを行い，申請者が十分主張を行う機会を確保しつつ，迅速処理，2）難民申請中の就労許可について一定の条件を設ける仕組みの検討，3）濫用的再申請の抑制策を法制度・運用面から検討を継続することとしている(4)。

このうち，③については，UNHCR の協力を得て，研修等の充実が図られている(5)。④の取組みについては，すでに見直しが図られており，ここで簡単に紹介しておきたい(6)。1）の振分けとは，難民認定申請案件を A 案件（難民である可能性が高いと思われる案件又は本国情勢等により人道上の配慮を要する可能性が高い案件），B 案件（難民条約上の迫害事由に明らかに該当しない事情を主張している案件。但し，人道配慮の必要性を検討する必要がある場合は D 案件とする），C 案件（再申請である場合に，正当な事由なく前回と同様の主張を繰り返している案件），D 案件（左記以外の案件）の 4 区分に振分け，B 案件および C 案件を迅速処理するものである。2018年上半期の振分け状況は，A 案件が0.2%，B 案件が28.8%，C 案件が3.5%，D 案件が67.5%となっている(7)。この制度の導入にあたっては，専門部会の提言において，欧州の「国際的保護の付与・撤回のための共通手続に関する2013年 6

---

(4) 法務省「第 5 次出入国管理基本計画」（2015年）44-46頁（http://www.moj.go.jp/content/001158418.pdf as of 02 Oct 2018）参照。

(5) 法務省「最近の出入国管理について」（2016年）14頁（http://www.moj.go.jp/content/001205451.pdf as of 21 Mar 2019）参照。

(6) この点について，2014年12月に提出された専門部会の「難民認定の見直しの方向性に関する検討結果（報告）」では，「第一義的には質の高い，公平な審査手続の確立が急務であり，質の向上のないままに濫用的申請を抑制するという名目で制度の導入が先行されるべきではなく，事前審査制度については，公正な審査手続の確立を前提とした上で，①国際的保護基準の客観的・専門的なレベルでの確立を踏まえて，明らかな濫用等の要件について客観化し，法文上明確化すること，②①で確立された要件に該当するかどうかの判断に当たっては，全件について面談を実施すること，③一次審査において事前審査によって通常の手続に移行しないケースに関する不服申し立ての在り方を明確に定めること等の意見が出され，審査の簡略化といった方法を安易にとるべきではないとの指摘があった。」としている。第 6 次出入国管理政策懇談会・難民認定制度に関する専門部会「難民認定制度の見直しの方向性に関する検討結果（報告）（以下，検討結果）」（2014年）16頁。（http://www.moj.go.jp/content/001130133.pdf as of 02 Oct 2018）

◇第9章◇　日本の難民認定制度における保護対象と判断要素

月26日付けの欧州議会・理事会指令」(EU手続指令)や執行委員会結論第30号(1983年)等が参照されている[8]。また、振分けの運用にあたり、外部の専門家が適正性を確認する仕組みを構築することとし、「難民認定制度運用の見直し状況検証のための有識者会議」が設置され、すべての手続を完了した難民認定申請案件から任意に抽出した案件を検証し、検証結果を公表している[9]。2)と3)については、2018年1月15日より一定の条件のもとで在留制限、就労制限をかけることおよび迅速処理の範囲を拡大するという運用見直しを実施している。在留制限については、条約外事由を申し立てる者(初回申請)および再申請者(難民該当性および人道配慮を要する可能性が高い申請者は除く)を対象としている。就労制限については、生計維持能力のあるもの、在留活動を行わなくなった後に申請した者(初回申請)、出国準備期間を付与された後に申請した者(初回申請)が対象である。迅速処理の範囲は、条約外事由を申し立てる申請のほか、再申請、在留活動を行わなくなった後の申請および出国準備期間を付与された後の申請である。この結果、2018年上半期は、前年同期の35％減の申請数となり、2010年以来8年ぶりの減少となった[10]。

　次に、本章の主眼となる①および②の運用見直しについて、「見直しの概要」をもとに概観したい。まず、①の1)の「新しい形態の迫害」の申立て等についての難民認定の判断要素について、難民審査参与員が法務大臣に提言をし、法務大臣がその後の難民審査の判断に用いるようにするための仕組みを構築するとしている[11]。「新しい形態の迫害」についての専門部会の提言として、「「条約法に関するウィーン条約」の「条約の解釈」に関する関連条文に基づき、難民条約の文脈によりかつその趣旨及び目的に照らして与えられる用語の通常の意味に従い、的確な条約解釈により保護を図っていくべきであり、例えば、ジェンダーに起因

---

(7) 法務省「難民認定制度の運用の更なる見直し後の状況について(以下、更なる見直し状況)」(2018年)(http://www.moj.go.jp/content/001268335.pdf as of 02 Oct 2018)参照。
(8) 専門部会・前掲注(6)15-16頁参照。
(9) 法務省「難民認定制度の運用の見直し状況に関する検証結果について(以下、検証結果)」(2017年)(http://www.moj.go.jp/content/001272565.pdf as of 02 Oct 2018)参照。
(10) 法務省・前掲注(7)参照。
(11) 法務省・前掲注(3)参照。

211

する迫害のおそれが認められるものなどが検討されるべきである」としている。この点に関する参考事項として、例えば女性器切除（Female Genital Mutilation (FGM)）などは、「特定の社会的集団」の解釈により、庇護対象とされることについて検討されるべきであること、また、「非国家主体」による迫害のおそれや、性的指向による迫害のおそれなどが積極的に検討されるべきものとしている[12]。

2）の「待避機会」としての在留許可については、人道配慮により在留許可を行った事案およびその判断ポイントについて公表するとしている[13]。専門部会からのこの点に関する提言としては、武力紛争による本国情勢の悪化による危険、拷問等禁止条約に規定する拷問の危険から逃れてきた者について、まず難民該当性判断を行い、難民該当性なしと考えられた場合でも、国際的保護の必要がある者について、国際人権法上の規範に照らしつつ、入管法体系の中で待避機会としての在留許可を付与するための新たな枠組みを設け、保護対象を明確化すべきであるとし、その際にEU資格指令で採用されている「補完的保護」における「重大な危害」に関する規定が参考となるとしている。また、この点に関する参考事項として、以下、4点の指摘があった。ⅰ）武力紛争被災民保護の判断要素として、本国の紛争状況、危害の現実的な危険性、本国への帰還困難性、統治機構による保護可能性、国内避難可能性が考えられる。ⅱ）国際人権法上の規範を基礎とする保護の対象範囲として、拷問等禁止条約、強制失踪条約、自由権規約に規定する「拷問及び残虐な取扱い、刑罰等の禁止」や子どもの権利条約に規定する「子どもの最善の利益」などを考慮すべきである。この点について、どのように保護の要件を規定するか、保護対象の判断に法務大臣の裁量を認める羈束的な判断にするか等の問題について、今後さらに検討が続けられるべきとの指摘があった。ⅲ）手続に関して、国際的保護も現行の難民認定手続の中で、単一手続で判断されるべきであり、不服審査手続においても、難民審査参与員の審査事項とすべきである。その一方で、単一手続で判断することは現実的に困難とし、必ずしも難民認定手続によることなく、難民審査参与員に諮問する場合も、適切な範囲に限定すべきとの意見もあった。ⅳ）待避機会としての在留許可が付与される者に対する保護の程度および支援内容について更なる議論が必要である[14]。この

---

(12) 専門部会・前掲注(6) 9 頁参照。

(13) 法務省・前掲注(3)参照。

ように，2）については，人権条約の規範を基礎とする保護に関して，専門部会の中でも意見が分かれる点もあり，既に行われている認定・不認定事例の公表に加え，人道配慮の在留許可事案と判断ポイントを公表し，後の議論につなげることとなっていると思われる。

　②の認定判断の明確化について，「見直しの概要」では，難民認定又は難民不認定の判断要素に関して，難民審査参与員が法務大臣に提言し，法務大臣がその後の難民審査の判断に用いるようにするための仕組みを構築するとしている。また，明確化にむけて，認定・不認定事案の公表を拡充し，判断ポイントを公表するとしている[15]。この点に関し，専門部会でも活発な議論がなされたものの，引き続き検討すべき課題であるとして基準に関する提言には至らなかった。提言として，「難民該当性に関する判断の規範的要素を，我が国でのこれまでの実務上の先例や裁判例を踏まえ，また，UNHCRが発行する諸文書，国際的な実務先例及び学術研究の成果なども参照しつつ，可能な限り一般化・明確化することを追求すべきである」としている。専門部会では，判断要素を明確化することは，制度の透明性向上の点で望ましいという点で意見の一致を見たが，認定基準の策定について意見が分かれた。日本において難民認定の基準は存在しておらず，基準となるものを客観的に確立すべきという意見，UNHCRの諸文書の内容において国際的基準とされるものを採用すべきという意見，UNHCRの諸文書は，基準というより留意点の列記であるため，これらを参照しつつ，判断の規範的要素を示すことになるとの意見，国際的に明文化された基準はないが，ある程度合意されている基準を日本の難民認定実務に取り入れるべきとする意見，基準と言う場合，認定・不認定の結論に至る明確かつ具体的である必要があるが，難民認定の性質上，基準策定には限界があるため，基準策定にはこだわらず，先例となり得る事例や類型性のある事例を公表すべきと言う意見，出身国情報の収集・分析の中で判断の規範的要素を抽出する等の様々な形での一般化・明確化に取り組むことが現実的とする意見がだされた[16]。UNHCRの諸文書や国際的な実務先例や

---

(14) 専門部会・前掲注(6) 9-10頁参照。
(15) 法務省・前掲注(3)参照。
(16) 専門部会・前掲注(6) 18-20頁；第16回難民認定制度に関する専門部会議事概要（http://www.moj.go.jp/content/001139331.pdf as of 02 Oct 2018）参照。

学術研究の成果の扱いを巡り意見対立があり，こうした国際文書を「踏まえ」て判断すべきという立場と，「参照」されるべきとする立場，「参照」する点についてかなり踏み込んだ印象があるといった立場に分かれた[17]。しかし，UNHCRの文書を参考にすることに関しては意見の一致をみている[18]。また，判断の透明性，客観性を高めるため，事案の公表には意見の一致が見られた[19]。別の論点にはなるが，専門部会において UNHCR との連携については，情報収集については同意があるものの，難民認定制度の在り方を議論する場に参加する権限を認めるべき，参与員人事に関与させるべき，個々の難民認定手続の事前又は事後に関与させるべきという意見について，これらは重大な憲法問題であって，協力関係の中で UNHCR の見解も聴取することは必要だが，国家の主権的な権限行使に加わることを認めることは問題であるという意見もあった[20]。日本の判例においては，ハンドブックの位置付けについては，条約法条約第32条の解釈の補足的手段にあたらないと判示しており[21]，国際法委員会による条約法条約第31条第3項(b)の「後の慣行」の解釈においては，UNHCR ハンドブックについては，これにあたらないが，重要な証拠となるとの見解が示されている[22]。こうした日本の難民認定の基準の明確化の議論の中において，難民条約第35条の UNHCRとの協力および非拘束的文書の国内法秩序への作用の在り方に関する議論の一端が現れている。認定判断の明確化について，意見の一致にいたった，難民認定・不認定事案および人道配慮の在留許可事案の先例性又は類型性のある事案の公表については，2015年より実施されている。

---

(17) 専門部会第18回難民認定制度に関する専門部会議事概要（http://www.moj.go.jp/content/001139333.pdf as of 02 Oct 2018) 参照。
(18) 専門部会第17回難民認定制度に関する専門部会議事概要（http://www.moj.go.jp/content/001139349.pdf as of 02 Oct 2018) 参照。
(19) 専門部会・前掲注(6)18-19頁参照。
(20) 専門部会・前掲注(17)参照。
(21) 東京高判平成12・9・20・平11年（行コ）103号参照。
(22) See, A/CN.4/660, p. 52; A/71/10, pp. 149, 151-153.

◇第9章◇　日本の難民認定制度における保護対象と判断要素

◆ Ⅲ　保護対象および認定の判断要素

　上述の方針により，2015年の事例の公表から，認定・不認定事案に判断ポイントの記載を拡充するとともに，人道配慮による在留許可を行った事例のうち，先例的又は類型的な事例の概要および判断ポイントを明らかにしている。ここでは，2015年9月の見直し以降の判断プロセスを明らかにするとともに，2016年および2017年の事例の判断ポイントに着目し，日本の保護対象および認定の判断要素を抽出し，課題を明らかにしたい。

◇1．難民該当性判断および人道配慮による在留許可の判断プロセス

　法務省は，2016年の難民と認定した事例等の公表において，難民該当性判断については，「申請者が申し立てる「迫害を受けるおそれがあるという十分に理由のある恐怖」に係る本人や関係者の供述や提出資料等の証拠をもとに，不自然，不合理な点がなく一貫性があるか否か，出身国等に係る客観的情報と整合するか否か等の観点から信憑性の評価を行った上でその内容が難民条約上の難民の定義に該当するか否かの難民該当性を判断しています[23]」としている。判断プロセスとしては，まず収集した証拠（供述を含む）のうち，「迫害を受けるおそれがあるという十分に理由のある恐怖」に関連する事実を抽出する。次に，それらに不自然，不合理な点がなく一貫性があるか，出身国等の客観的情報との整合性を検討して，信憑性の判断を行う。その後，事実の信憑性がある場合に，難民の定義に該当するか否かを判断するといった，事実認定と難民該当性判断の2段論法の判断プロセスを採用していることがわかる。難民認定プロセスにおいて，信憑性評価は中核的要素であるものの，日本において具体的かつ明確な指針が存在するわけではなく，唯一ここに示されているものがよりどころとなる。この難民該当性判断の方針は，UNHCRの「難民申請における立証責任と立証基準について」のパラグラフ11に示される「一貫性があり，自然かつ合理的であり，かつ，一般に知られた事実とも矛盾せず，したがって，信用できるかできないかを秤にかけ

---

[23]　法務省「難民と認定した事例等について」（2016年）（http://www.moj.go.jp/content/001221348.pdf as of 02 Oct 2018）。

◆第3部◆　欧州および日本における近年の動向

ると信用できる主張を申請者がした場合には，信憑性が認められる(24)」に一致する内容となっている。

　人道配慮による在留許可については，「武力紛争による本国情勢の悪化に起因する生命の危険から我が国にのがれてきたなど，難民条約上の難民に該当するとは認められないものの，国際的保護を必要とする者等については，人道上の観点から本邦での在留を配慮するものとして，個々の事案ごとに諸般の事情を勘案した上で，在留特別許可や在留資格変更許可を行うなど法制の運用を行っています(25)」としている。したがって，まず難民該当性判断を行い，不認定となったものの中で国際的保護を必要とする者か否かの判断に入るというプロセスとなっていることがわかる。専門部会では，人道配慮の在留許可と難民該当性判断を1つのプロセスの中で判断することについて反対意見も出されていたが，法務省の資料によれば，1つの流れで判断していく方針を示している。人道配慮の在留許可に関して，①紛争待避機会，②本国事情や家族状況等，③その他と3つに分類し，先例的な事例等を選別して公表している。

　しかしながら，公表されている判断プロセスに即して，どのようなアプローチをもって実務を行っているかについては示されていない。特に，立証の方法，内容，程度，範囲（書証および口証），信憑性評価，事実認定および評価は，判断において最重要事項であるが，公表はなく，難民調査官，参与員，法務大臣等難民認定プロセスに関わるすべての人が同様の手法で判断しうる運用指針を共有しているかどうかはうかがい知ることができない。難民認定は，他国において迫害を受けるおそれがあるという恐怖を有しているかを判断するという特殊な手続であり，インタビュー，通訳・翻訳，他国での状況の把握の程度一つにより判断が大きく異なりうる(26)。判断プロセスに関して，例えば，UNHCRはその指針を提示しているし(27)，国際難民法裁判官協会（IARLJ）も判断プロセスに関する指針

---

(24) UNHCR, "Note on Burden and Standard of Proof in Refugee Claims," (1998) para. 11

(25) 法務省・前掲注(23)。

(26) 全国難民弁護団連絡会議監修，渡邉彰悟・杉本大輔編『難民勝訴判決20選』（信山社，2015年）5-36頁；山本哲史「難民認定審査の多段階構造と各段階における判断の性質——「灰色の利益」論の位置づけと機能——」『国際法外交雑誌』112巻4号（2014年）53-77頁参照。

を提示している[28]。欧州において，オランダや英国は，審査官が同一アプローチをとる目的で，国内で指針を策定し，研修を行っているが，ベルギーでは，信憑性評価に関する指針等はなく，研修と決定書の定型書式の導入を行っているとのUNHCRの調査報告がでており，各国により対応が異なっている[29]。

2．保護対象および認定判断要素

(1) 難民認定

　出入国管理及び難民認定法（以下，入管法）上の難民の定義は，「難民の地位に関する条約第1条の規定又は難民の地位に関する議定書第1条の規定により難民条約の適用を受ける難民をいう」となっている。難民該当性判断は①人権，宗教，国籍，特定の社会的集団の構成員，政治的意見を理由として，②迫害を受けるおそれを有し，③本国の保護を受けることができないという3要素に基づき，これらに認定された事実をあてはめて行われている。日本の判例では迫害とは，「通常人において受忍し得ない苦痛をもたらす攻撃ないし圧迫であって，生命又は身体の自由の侵害又は抑圧[30]」と解される。

　2016年の難民認定事例は，10件公表されており，そのうち5件が政府による迫害の事例であり，政府および非国家主体の両方から迫害を受けるおそれがあるとする事例が2件，非国家主体による迫害事例が3件であった。非国家主体による迫害の事例のうち1件は，女性に対する暴力の事例である。2017年の難民事例は，11件公表されており，政府からの迫害が6件，5件が非国家主体による迫害の事例であった。

　2016年の事例のうち，政府による迫害は，①宗教を起因とする逮捕，拷問，②インターネット上での政治的意見の発信，③政府から敵視されている政党員であ

---

(27) See, UNHCR, *Beyond Proof Credibility Assessment in EU Asylum Systems* (2013).

(28) See, IARLJ, "A Structured Approach to the Decision Making Process in Refugee and Other International Protection Claims," (https://www.unhcr.org/jp/wp-content/uploads/sites/34/protect/Final_generic_IARLJ_guidanceand_chart.pdf as of 21 Mar 2019).

(29) See, UNHCR, *supra* note (27), pp. 216-235.

(30) 東京地判平元・7・5昭62(行ウ)88裁判所Web。

り，与党のメンバーから襲撃を受け，村の行政組織から出頭指示を受けたこと，④土地収用計画に対するインターネット上の反対意見による指名手配，⑤テレビ番組での政府批判を契機とした拷問の5つが迫害のおそれに関連する事実として認められ，宗教，政治的意見等の理由による迫害のおそれを有しているとして，難民該当性が認められた[31]。③の政党党員の活動については，本国情勢の客観的情報に照らし，党首のような指導的立場でなくとも一般党員や支持者も弾圧対象となっていることを確認している[32]。政府および非国家主体の両方から迫害をうけるおそれがあるとする2つの事例のうち1件は，少数民族の関連組織から脱走して来日し，本邦で民族支援組織の役職に就き活動しており，人種，政治的意見および特定の社会的集団の構成員であることから難民と認定された。もう1件は，少数民族の組織の主要メンバーとして活動していたところ，警察や多数派民族から暴行を受けたとする事例で，本国政府による効果的な保護は期待できないとして，人種および特定の社会的集団の構成員を理由として難民該当性を有しているとされた[33]。非国家主体による迫害事例3件のうち，1件は，当時の政権（前政権）に反対するデモへの参加，インターネット上での当時の政府批判により，前政権とつながりのある武装組織Aからの迫害を受けるおそれを主張する事例である。Aおよび前政権支持派の暴力に対して本国政府からの効果的な保護は期待できないとして，政治的意見を理由に難民と認定された[34]。もう1件は，本国公共事業責任者として稼働していたところ，過激派組織から迫害を受けるとの主張であり，本国の効果的保護は期待できないとし，政治的意見を理由に難民該当性が認められた[35]。最後は，女性に対する暴力の事例で，学生時代に過激派組織Aから暴行を受け，本国で大学講師として働いたことについてB教D派聖職者から批判されたことから，帰国し就労した場合，迫害を受けるおそれがあるとの主張であった。本国情勢に照らせば，教師等の女性は，人権侵害や暴力にさらされている状況であり，本国政府による効果的な保護は期待できな

---

(31) 法務省「難民と認定した事例及びその判断のポイント」（2016年）2-7頁（http://www.moj.go.jp/content/001221349.pdf as of 02 Oct 2018）参照。
(32) 同上，3頁参照。
(33) 同上，3-5頁参照。
(34) 同上，1頁参照。
(35) 同上，4-5頁参照。

◇第9章◇　日本の難民認定制度における保護対象と判断要素

いとして，特定の社会的集団の構成員であることを理由に難民と認定された[36]。

2017年の事例で，政府からの迫害については，①反政府軍関係者として本国政府から手配されていること，②反政府的人物として政府からみなされていること，③反政府組織を脱走し恩赦を求めたところ軍関係者から性的暴行を受けたこと，④少数民族団体幹部であること，⑤本国でテロ組織に指定されている宗教団体を母体とする政党幹部であること，⑥野党支持者としてデモに参加した際警察から暴行を受け出頭通知書を警察から受領したこと，これらが迫害に関連する事実であり，③は特定の社会的集団の構成員，それ以外は政治的意見を理由に難民該当性が認められた[37]。非国家主体からの迫害については，①コメンテーターとしてマスメディアで反政府組織批判をしたこと，②宗派Ａの過激派組織の入隊勧誘に応じなかったこと，③部族Ａ，宗派Ｂであることから部族Ｃ，宗派Ｄの反政府武装組織から銃撃を受けたこと，④Ａ国機関で働く父が反政府武装組織メンバーから脅迫を受け，自身も襲われたこと，⑤政党Ｂの活動家としてＢへの支持を呼びかける活動を行ったところ，治安当局に身柄拘束をうけ，釈放されたものの現在出頭命令が出ており，帰国すれば政党Ｃから迫害を受けるおそれがあること，これらが迫害に関連する事実として認められた。①から④について，これらの事実に基づき難民該当性の判断の際に判断要素とされているのが，「本国政府による効果的な保護を期待できるか否か」である。⑤については，UNHCR以外の国際連合の機関に難民として登録されていたが，難民条約第１条Ｄ項の後段の国際連合の機関の保護が終止した者として，難民該当性が認められている[38]。これら21件から，「新しい形態の迫害」とされる，非国家主体による迫害，特定の社会的集団の構成員としての女性に対する暴力といった事実から難民該当性が認められていることがわかり，専門部会の提言および基本計画の方針を踏襲した判断であると思われる。

次に，非国家主体による迫害に関する司法判断を確認してみると，平成19年２月２日東京地裁退去強制令書発付処分取消等請求・難民不認定処分無効確認請求

---

(36) 同上，6-7頁参照。
(37) 法務省「難民と認定した事例及びその判断のポイント」（2017年）1-7頁参照。
　　（http://www.moj.go.jp/content/001257502.pdf as of 02 Oct 2018）
(38) 同上。

◆第3部◆　欧州および日本における近年の動向

事件において，難民条約の規定は，その文言上，迫害の主体を国家機関に限定しておらず，重要な点は国家の保護の欠如であり，迫害対象者を効果的に保護することが期待できない状況がある場合は，「迫害のおそれ」は満たされるとしている。そして，「バングラデシュ政府が，チッタゴン丘陵地帯の治安維持に対して効果的な対策をとっているとはいい難い」「暴力対立を放置しているとみられてもやむを得ない状況にあるというべきである」とし，これらのことから「難民の資格要件としての「迫害のおそれ」は存在することになる」と判示した。また，国内逃避可能性を検討し，チッタゴン丘陵地帯に限らずバングラデシュ国内で襲撃を受けるおそれは存在するといわざるを得ず，同国政府から効果的な保護を受けられないことも変わりがないとしている[39]。関連して，平成28年7月13日名古屋高裁難民不認定処分取消請求控訴事件では，非国家主体による迫害の判断要素として，「政府が迫害を放置助長している場合のほか，迫害主体が公然かつ広範囲に迫害行為を繰り返し，政府がこれを制止し得ず，制止し得る確実な見込みもない場合も含まれる」としている。当該判決では，主張立証についてUNHCRハンドブックを引用し，「処分行政庁の側は，単に申請者側の主張立証を争えば足りるものではなく，積極的な主張立証が要請されているというべきである。」としている点も特徴として付言しておく[40]。また，平成28年9月7日名古屋高裁難民不認定処分取消請求控訴事件においても，非国家主体による迫害について，同様の判断要素が示されている[41]。平成28年7月28日の名古屋高裁難民不認定処分等取消請求控訴事件判決では，難民該当性判断の際に，政党員の指導的立場で活動し個別把握されていることが必要か，出身国情報を十分検討しているかといった点に加えて，難民該当性に関わる中核的事実の供述の信用性についての判断が特徴として挙げられる。判決では，被控訴人が，控訴人の供述に客観的裏付けがなく，合理的理由なく変遷していること，政府から個別的に迫害の対象とな

---

(39) 東京地判平19・2・2平17(行ウ)114平17(行ウ)115裁判所Web。

(40) 名古屋高判平28・7・13平27(行コ)71裁判所Web；小坂田裕子「UNHCRハンドブックを引用し，立証責任の分担と立証程度の緩和を認めた事例」『新・判例解説Watch』Vol. 21（2017年）293-296頁参照。

(41) 名古屋高判平28・9・7平28(行コ)2 2016WLJPCA09076002e；小坂田裕子「難民認定における迫害の主体と国籍国の保護」『平成29年度重要判例解説』（2018年）292-293頁参照。

◇第9章◇　日本の難民認定制度における保護対象と判断要素

るとは考えられないこと，控訴人の行動から迫害の切迫性に欠けると主張する点を踏まえたうえで，出身国情報，控訴人の個別事情等を鑑みて，複数の重要な事実について客観的裏付けがあり，中核的事実についての供述は具体的で一貫しており，客観的情勢とも整合しているとし，いくつかの点において客観的裏付けがないことは，やむを得ないところであり，供述の信用性を否定することは相当でないとした。また，控訴人が指導的立場になかったことは難民該当性を否定する根拠とならないこと，控訴人の行動は，迫害を受けている者の行動として不自然であるとまではいえないとした。これらの点は，先に示したUNHCRの立証基準に合致している。なお，立証責任については，原判決（名古屋地判平28・1・28平23（行ウ）109 2016WLJPA01286011）のとおりとした。即ち入管法第61条2の1の文理に加え，難民の認定処分が侵害処分ではなく，いわゆる受益処分であることをも勘案すると，立証責任は申請者側にあるべきとし，立証程度は，民事訴訟の例により，高度の蓋然性を要すると解するのが相当として，これを緩和すべき法的根拠は見当たらないとの立場をとっている[42]。以上のことから，非国家主体による迫害についての難民該当性判断については，行政判断，司法判断ともに本国の保護の状況に照らして検討するアプローチをとっている。しかし，迫害のおそれ，本国の保護の解釈や事実のあてはめ，立証および信憑性評価等では見解・アプローチの違いがみられる。UNHCRハンドブック等に依拠して解釈基準を明示すべきと主張する意見もある一方，難民という不確定概念に解釈基準を設け，難民該当性判断を行うことへの懸念の意見もある[43]。

(2) 難民不認定

2016年の不認定事例は27件公表されており，2017年の不認定事例は25件公表されている。これらは，類型別にまとめられており，2016年の事例は，①人種，②宗教，③特定の社会的集団の構成員（カースト），④政治的意見，⑤その他として

---

[42]　名古屋高判平28・7・28平28(行コ)19裁判所Web；中坂恵美子「難民該当性の判断において供述の信憑性を認めた事例」『新・判例解説Watch』Vol. 20（2017年）323－326頁参照。

[43]　全国難民弁護団連絡会議・前掲書注(26)；小畑郁「解説編　1 難民」「日本の国際法判例」研究会（第2期）「解説・日本の国際法判例(13)──2015(平成27)年──」『国際法外交雑誌』第117巻第4号（2019年）192-193頁参照。

◆第3部◆　欧州および日本における近年の動向

ⅰ）借金問題や遺産相続など主として財産上のトラブル，ⅱ）地域住民や交際相手等との間のトラブルや暴力事件，ⅲ）本国での生活苦や本邦内での稼働継続希望等個人的事情，ⅳ）ⅰ）からⅲ）以外で多く見受けられるものとして，本国で度々暴動が起こり，治安が悪く，仕事もあまりなく，安心して生活できないといった申立を取り上げている。2017年の不認定事例は，①人種，②宗教，③政治的意見，④その他としてⅰ）知人，近隣住民，マフィア等とのトラブル，ⅱ）本国の治安情勢に対する不安，ⅲ）親族間のトラブル，ⅳ）家族が難民認定申請していること，ⅴ）本邦での稼働希望，ⅵ）個人的事情（本邦での治療希望，本邦での在留長期化および親族の介護希望）ⅶ）カースト，ⅷ）兵役忌避，ⅸ）LGBTを理由に迫害を受けるおそれを申立てている事例を公表している[44]。

　次に，それぞれのカテゴリーで不認定とした判断ポイントをまとめてみたい。

　人種を理由とした事例での不認定理由は，a）本国で家族は問題なく生活し，出身国情報では申立人の民族の人権保障に本国政府が取り組んでいること，b）10年前に人々から差別的な言葉を浴びせられた，又は近隣住民から見下されたといった事情は，迫害とまでは認められないことの2つに大別される。本国の保護があるか否か，迫害にあたる烈度をもった危害か否かといった点が判断ポイントとなっていることがわかる[45]。

　宗教を理由とした事例での不認定理由は，本国政府が私人による違法行為を放置，助長するような特別な事情が認められないこと，出身国情報によれば本国政府は申立人が信仰する宗教の信者をめぐる状況改善に取り組んでいること，又は憲法により信教の自由が認められ，他人の宗教を妨害する行為が禁止されているといった点が判断ポイントとなっている[46]。

　特定の社会的集団の構成員（カースト）を理由とした事例での不認定理由は，本国情勢に係る客観的情報から，本国憲法がカースト等に基づく差別を禁止し，申立人は侮辱的な発言を受けたが暴行を受けておらず，差別の範疇に留まり迫害とは認められないこと，又は私人による違法行為を放置，助長するような特別な事情は認めらえないことを判断ポイントとしている[47]。ここでも，本国の保護

---

(44) 法務省・前掲注(31) 1-11頁参照；前掲注(37) 1-10頁参照。
(45) 前掲注(31) 1頁；前掲注(37) 1頁参照。
(46) 前掲注(31) 2頁；前掲注(37) 1-2頁参照。

◇第9章◇　日本の難民認定制度における保護対象と判断要素

があるか否か，迫害の烈度にあたる危害を受けるおそれがあるかといった点に着目して判断していることがわかる。

　政治的意見を理由とする事例での不認定理由は，a）違法行為を放置，助長するような特別な事情が認められないこと，b）容易に提出できる証拠を提出しないこと等迫害を受けるおそれを有している者の行動として不自然で信憑性が認められないこと，c）本国情勢が変化し迫害を受けるおそれは認められないこと，d）デモ行進に参加した程度で，迫害の対象となっているとは認められないことの4点にまとめることができる[48]。

　その他の中で，借金等財産上のトラブル，地域住民，親族，マフィア等とのトラブル，生活苦や稼働希望，個人的事情については，申立て内容をもって難民条約上の迫害事由に該当しないとして不認定としている。家族（両親）が難民申請をしているとの申立ては，両親が不認定であるため不認定となっている。本国治安情勢を理由とする申立てについては，一般情勢についての不安，不満に過ぎず，個別具体的迫害事情がないことにより不認定としている。兵役忌避については，出身国情報に照らして，兵役忌避者が不相当に過重な刑罰が科せられているとは認められないことから迫害を受けるおそれは認められないとして不認定となっている。LGBTについては，出身国情報によれば，同性婚の禁止規定が廃止となり，本国政府が私人による違法行為を放置，助長するような特別な事情があるとは認められないとして，不認定としている[49]。

　不認定の判断ポイントをまとめると，①本国政府が違法行為の放置，助長する特別の事情がない，②迫害にあたる烈度の危害を受けるおそれがあるとは認められない，③一般的情勢の不安不満のみで，申立人に対する個別具体的迫害事情がない，あるいは迫害対象としてみなされてはいない，④提出しうる証拠の提出がない，自ら本国政府機関で旅券更新をおこなっている等迫害を受けるものとして不自然で信憑性が認められない，⑤本国情勢の変化により現在は迫害を受けるおそれがないことの5点に集約できる。①について，司法判断では，先にふれたとおり，「効果的保護の欠如」は，法の制定，放置助長に加えて，迫害行為を実効

---

(47)　前掲注(31) 3 頁参照。
(48)　前掲注(31) 3-6 頁；前掲注(37) 2-5 頁参照。
(49)　前掲注(31) 6-11頁；前掲注(37) 5-10頁参照。

◆第3部◆　欧州および日本における近年の動向

的に制止しうるか否かも判断ポイントとなっているが，本国の「効果的保護の欠如」と不認定の判断ポイントの違法行為の放置，助長する特別の事情がないとの判断の区別について，一般的に治安やガバナンスがよくない場合，どの程度の状況を考慮するのか不明である。申立てに直接関係する出身国情報等の関連情報の入手は，国と主張内容によってかなり異なり，事実認定の判断手法のさらなる検討が必要である。また，申立人が本国政府の対応を客観的に立証することも容易ではなく，立証責任の分担の問題もある。②について，危害の程度がどの程度であれば迫害にあたるのかについて，日本の司法判断では，「通常人において受忍し得ない苦痛をもたらす攻撃ないし圧迫であって，生命又は身体の自由の侵害又は抑圧を意味するものと解するのが相当である[50]」との見解を示している。UNHCRのハンドブックによれば，難民該当性に係る5つの理由による生命又は自由に対する脅威は常に迫害に当たると推論されるが，その他の人権の重大な侵害も迫害を構成するとし，その他の危害を加える行為や脅威が迫害に当たるか否かは，各事案の状況によるとして，主観的な要素を含めて考える必要があり，個人の心理構造や各事案の状況の違いに応じ，解釈が多様なものに変わらざる得ないことを認めている。加えて，迫害に当たらない様々な措置や不利益となる事情等関連する様々な事情が合わさることにより「累積的な根拠」として迫害の十分に理由のある恐怖の主張を正当化するような心理状態をもたらし得るため，特定の地理的，歴史的，民族的背景等すべての事情の総合的考慮によるとしている[51]。人権の重大な侵害とはなにか，累積的な根拠はどの範囲のどの程度のことを指すのか，「十分に理由のある恐怖」に関連して申立人の主観的要素の検討等，迫害概念の再考の余地がある。③については，申立人が迫害対象としてみなされているか否かについて，政党の指導的立場でないことが難民該当性を否定することにならないことは先述の平成28年7月28日名古屋高裁判決で示されている。UNHCRハンドブックでは「通常は，難民の地位の認定を申請する者は，個人的に迫害を受けるおそれがあるという恐怖を有する十分な理由を示さなければならない」としている[52]。④について，UNHCRハンドブックでは，難民性の主たる要素は，申立人の主観的要素を含んでおり，第一に申立人の供述に対する評価

---

(50)　例えば，前掲注(30)。
(51)　UNHCR『難民認定基準ハンドブック（改訂版）』(2015年) paras. 51-53参照。

◇第 9 章◇　日本の難民認定制度における保護対象と判断要素

に重要性をおいており，信憑性の評価が不可欠であるとしている。申立人の恐怖が合理的か否かについて出身国情報やその他の物証等で補うことになるが，例えば旅券の所持，新たな旅券の発給をもって難民の地位と両立不能ではないとの指摘もある(53)。また，事実の立証に関して，「立証責任は原則として申請者の側にあるけれども，関連するすべての事実を確認し評価する義務は申請者と審査官の間で分担される」「難民認定申請者の特殊な状況による困難に鑑み，証拠による裏づけはあまり厳格に求めてられてはならない。しかしながら，このような証拠の欠如を容認する場合があり得るということは，裏づけのない供述が申請者の全体的な供述と矛盾するようなときであっても，これを真実であるとしてうけいれなければならないことを意味するわけではない(54)」としている。しかし，原則として，申立人は，真実を述べ，審査官に十分協力しなければならず，「利用可能な証拠により自らの供述を裏付けるとともに証拠が欠如していることについて納得し得る説明をするように努めなければならない(55)」としている。申立人の本国では，日本の司法行政と同等に司法行政が機能しているわけでもない場合もあり，また，一次審から代理人がつくわけでもなく，申立人すべてが，自らの事情を難民該当判断要素にそって理路整然と供述し証拠物をそろえる能力を有しているわけではないといった状況がある。しかしながら虚偽の文書，不所持のものを所持しているように供述し審査を故意に遅延させていることが明らかである場合等は認め得るものではない。信憑性評価による事実認定は難民認定の中核的要素であり，信憑性評価の考慮事項，優先順位，難民認定特有の配慮等について，検討が必要であろう。また，検証結果において，明らかに不適切・不適当と直ちに断定できる案件は見当たらないとしつつも，難民認定判断に至るプロセスにおいて，申立ての背景事情について掘り下げないまま，個人的事情に過ぎないとして明らかに難民該当性は認められないとしているケースがあるとして，出身国情報等の収集およびインタビューでの情報収集の工夫が必要との指摘がある(56)。
⑤について，申請から決定にいたるまで相当の年月を有している場合に，本国情

---

(52) 同上，para. 45；前掲注(42)参照。
(53) 同上，paras. 47-49参照。
(54) 同上，paras. 196-197参照。
(55) 同上，para. 205(ii) 参照．
(56) 法務省・前掲注(9)参照。

225

勢が変化することがある。その場合の判断はどの時点の状況においてなされるべきかについても議論があるが、公表された事例では、判断時点での状況に鑑みて、将来帰国すれば迫害をうけるおそれがあるか否かで判断していることがわかる(57)。

司法判断において、平成28年7月13日名古屋高裁判決では、まず、本邦に入国した当時の本国情勢を確認し、政府が迫害行為を制止し得ず、制止し得る確実な見込みがなかったと判断し、次に本件難民不認定処分がされた当時の本国情勢を確認し、この時点でも政府が迫害行為を制止し得ず、制止し得る確実な見込みもなかったとしている(58)。また、平成30年7月5日東京地裁判決では、前判決で難民不認定処分を取り消す判決がされ、同判決が確定したが、その後、法務大臣が、本国情勢の改善を理由に再不認定処分をし、再不認定処分の異議申立てについても棄却したため、再度の難民不認定処分するには、難民条約第1条Cの終止条項に該当することを要するが原告はそれに該当しないため、再不認定処分は違法であると主張し、再不認定処分の取消しおよび義務付けの訴えに係る請求が認容された(59)。

上述の考察から、難民該当性判断で問題となるのは、まず事実認定の判断であって、立証責任の所在、証拠収集、重要な事実の信憑性の評価がポイントとなる。次に、認定された事実に基づく難民該当性判断における「十分に理由のある恐怖」の判断である。

事実認定に関して、すでに確認してきたように、関連事実に係る証拠をもとに、不自然、不合理なく一貫性があるか、客観的情報との整合があるかを確認し信憑性評価を行うが、証拠が不十分で裏づけが不確実で疑いが残る場合の判断が問われ、行政判断と司法判断においても証拠の分析評価、判断が分かれることもある(60)。再び立証について検討してみよう。UNHCRハンドブックでは、「…立証責任は原則として申請者の側にあるけれども、関連するすべての事実を確認し評価する義務は申請者と審査官の間で分担される。…申請者の供述が信憑性を有す

---

(57) 法務省・前掲注(31)参照。
(58) 前掲注(40)参照。
(59) 東京地判平30・7・5平27(行ウ)524 2018WLJPCA07056002参照。
(60) 全国難民弁護団連絡会議・前掲書注(26)参照。

◇第9章◇　日本の難民認定制度における保護対象と判断要素

ると思われるときは，当該事実が存在しないとする十分な理由がない限り，申請者が供述する事実は存在するものとして扱われるべきである」「…難民がその事案のすべてを「立証」できることはまれであって，もしこれを要求するとすれば難民の大半は認定を受けることができないことになろう。それ故，申請者に「疑わしきは申請者の利益に」の原則（灰色の利益）を適用することが頻繁に必要になる」「しかしながら，「疑わしきは申請者の利益に」の原則（灰色の利益）は，すべての利用可能な資料が入手されて検討され，かつ，審査官が申請者の一般的信憑性について納得したときに限り与えられるべきものである。申請者の供述は一貫していて自然なものでなくてはならず，一般的に知られている事実に反するものであってはならない」としている[61]。日本の司法判断では，すでに確認したように，立証責任は申請者側にあり，立証の程度は高度の蓋然性を要し，これを緩和すべき法的根拠は見当たらないとしてきたが，UNHCRハンドブックを引用して，行政処分庁に積極的主張立証を求める判例も存在する[62]。裁判での国側の主張をみると次のとおりである。

「民事訴訟における証明とは，裁判官が事実の存否について確信を得た状態をいい，合理的な疑いをいれることができないほど高度の蓋然性があるものでなければならず，通常人ならだれでも疑いを指しはさまない程度に真実らしいとの確信を持ち得ることが必要であると解される。行政事件訴訟に関しては，行政事件訴訟法（以下「行訴法」という。）に定めがない事項については民事訴訟の例による（行訴法7条）から，民事訴訟における証明の程度は，特別の定めがない限り，行政事件訴訟における実体上の要件に該当する事実の証明の程度についても当然に当てはまる。」

「難民の認定については，難民条約や入管法令に立証の程度を緩和する旨の規定が存在しない以上，難民であることを基礎付ける事実の立証の程度は通常の民事訴訟における一般原則に従うべきであり，本件難民不認定処分の取消訴訟においては，申請者である原告において，自己が難民であることを基礎付ける事実の存在について，合理的な疑いをいれない程度の証明をしなければならないと解すべきである。[63]」

---

(61)　UNHCR・前掲注(51) paras.196, 203, 204参照。
(62)　前掲注(40)参照。

◆ 第3部 ◆　欧州および日本における近年の動向

「原告は，いわゆる灰色の利益論を主張するが，原告の主張が独自の法解釈に基づくもので到底現行法の解釈として採り得ないことは明らかである。原告の主張する難民認定手続の特殊性については，いずれも各事案において自由心証の枠内で当該裁判所が考慮すべきかどうか検討すれば足りるものであり，法解釈として難民認定の立証基準や立証責任を原告側に緩和すべき理由はない[64]。」

注解・判例出入国管理実務六法〔平成29年版〕では，第61条の2の1の解説で立証責任について次のように記している。「難民であることの立証責任は，申請者が負う。「その提出した資料に基づき」とはその意味で，申請者が，陳述をはじめ難民該当性を立証する証拠を提出すべきことを定めたものである。しかしながら，申請者の立証が十分でないからといって直ちに難民の認定をしないこととしたのでは適正な難民の認定が確保できないので，第61条の2の14（事実の調査）において規定するところに従い，申請者の陳述等の裏付け調査等を行い，また，必要があれば当事者に再度主張，弁明，新たな証拠の提出等の機会を与えることとなる。結局，申請者の立証が十分でないとして難民の認定をしないこととなるのは，十分に合理的な調査を尽くしても難民該当性が判然としないような場合である。[65]」

このように，日本は，灰色の利益論を現行法解釈として採用しないとのスタンスであるが，自由心証主義を採用しているとし，信憑性評価を全く考慮しないとはしていない。ただ，どの程度の考慮なのかが問われよう。また，立証責任の分担についても，関連事実の確認を国側でも行うこととしており，実務上も事実調査を行っているものの，情報入手が困難な場合も多く，どこまで詳細な裏付け調査を行えば十分に合理的調査といえるのかは課題であろう。

難民該当性判断のプロセスや評価の考慮要素は，日本の見解とUNHCRハンドブックの見解では共通している。日本の行政および司法判断においてもすべての証拠（供述を含む）に基づき判断しており，必ずしも物証，書証がなければならないとしておらず供述の信憑性からも判断している。しかし，UNHCRのいう，

---

(63)　名古屋地判平28・1・28平23(行ウ)109 2016WLJPCA01286011.
(64)　東京地判平16・2・19平12(行ウ)33裁判所web。
(65)　出入国管理法令研究会『注解判例出入国管理実務六法〔平成29年版〕』（日本加除出版，2016年）131頁。

◇第9章◇ 日本の難民認定制度における保護対象と判断要素

事実が存在しないとする十分な理由がない場合は，事実が存在するものとするスタンス，および審査官が信憑性に納得したときに限り，供述の一貫性，不自然でないこと，一般的事実との整合性による灰色の利益を考慮するスタンスは，日本における，合理的な疑いをいれることができないほど高度の蓋然性があるものでなければならず，通常人ならだれでも疑いを指しはさまない程度に真実らしいとの確信を持ち得ること，難民手続の特殊性は自由心証の枠内での考慮であること，および真偽不明な場合には難民不認定処分を行うこととするスタンスと比較すると，事実認定の結果が異なってくるものと思われる。日本の判例においても，原告の物証，供述に懸念があり信憑性がないとする被告（国）の主張に対し，供述の変遷等を認めつつも事実を否定するとまではいえないとして，被告の主張を覆し事実を認定しているものもあり[66]，信憑性評価が，上述のUNHCRハンドブックに言及されている評価方法に近いものもみられる。日本の申立ての中には，難民認定制度を誤解して明らかに難民とは無関係の申立ても少なくないが（明らかに難民でない，また，難民でないが人道配慮が必要な人とはいかなる人かが明らかでないという問題を孕んでいるものの），D案件に割り当てられる真偽の判断が難しい案件が割合としては最も多い。日本の行政および司法判断でUNHCRハンドブックは参照されているが，現行の国内法制度内に取り込むことのできる方法で参照していることが特徴として指摘できる。難民条約の趣旨目的は，人間の尊厳のための国際協力であり，同条約の履行確保のために国内法制度が運用されている。国内法上の手続の適正性が難民条約の実効性との両立に適ったものとなっているのか，今後も継続的に検討していくことが望まれる。

次に，「十分に理由のある恐怖」の判断について考察する。UNHCRハンドブックでは，「おそれがあるという十分に理由のある恐怖」とは主観的な要素と客観的な要素の双方を含んでいるとして，これら両方の要素が考慮されなければならないとしている。また，難民の定義が主観的要素に重点を置いていることから，信憑性評価が不可欠であること，申請者の人格評価が関連していることに加えて，客観的要素として，「申請者の供述は抽象的に捉えられることはできず，関連のある背景事情の文脈の下で考察されねばならない。…一般に，申請者の有する恐

---

[66] 例えば，東京地判平27・8・28平25(行ウ)237，平25(行ウ)462，平26(行ウ)285 2015WLJPCA08288008；前掲注(42)。

◆第3部◆　欧州および日本における近年の動向

怖は，その出身国での居住を継続すれば定義にあるような理由で申請者にとって耐えがたいような状況になったであろうこと，又は出身国に戻るならば同一の理由により耐えがたくなるであろうことを申請者が合理的な程度（to a reasonable degree）に示すことができれば，十分に根拠があるとみなされるべきである」としている[67]。難民該当性判断の際には，過去の事件ではなく将来おこりうるかもしれない仮定の状況についての判断となる。この点，本書第6章でもふれたように，人権条約の解釈の発展の影響を受けて，「真のリスク」の客観的評価に収斂していく傾向がみられる[68]。「恐怖」をいだくことのもっともらしさ（蓋然性）の評価にあたり，「リスク」が単なる憶測ではなく，現実に起こる可能性がどの程度あるかということを評価する手法がとられ，他のすべての事実とあわせて総合的に評価されている。「十分に理由のある」の評価基準を UNHCR ハンドブックでは「合理的な程度」としているが，「おそれがあるという十分な根拠」の程度として，現存のまたは予想されるリスク発生の可能性評価として確率で示すリスク評価もある[69]。日本の判決では，「「…迫害を受けるおそれがあるという十分に理由のある恐怖を有する」といえるためには，主観的に迫害を受けるおそれがあるという恐怖を有することについて，迫害を受ける恐れがあるという抽象的な可能性が存するといった事情があるだけでは足りず，迫害の恐怖を抱くような客観的事情が存在することが必要である[70]」としており，UNHCR ハンドブックと同様に主観的要素と客観的要素での判断であることを示している。また，リスクの可能性評価の判断を「確実な見込み」という基準で行った事例がある[71]。日本の場合は，事実認定段階における信憑性評価で事実と認定されれば，難民該当性判断の段階での「十分に理由のある恐怖」の評価について，「真のリスク」の可能性を再度詳細に検討するまでもなく難民該当性を認める事例もある[72]。

---

(67) UNHCR・前掲注(51) paras. 38, 40, 41, 42参照。
(68) 本書第6章参照。
(69) See, Andreas Zimmermann eds., *The 1951 Convention Relating to the Status of Refugees and its 1967 Protocol, A Commentary*（Oxford University Press, 2011）, pp. 341-342.
(70) 東京高判平20・10・30平20(行コ)120裁判所 Web。
(71) 前掲注(40)参照。
(72) 例えば，前掲注(42)参照。

「恐怖」の主観的要素の評価について，UNHCRハンドブックは申請者の人格評価に触れ，人の心理的反応は同一とは限らないとして，すべての状況からみて，心情が正当化される場合は十分に根拠があることになるとしている。この判断の際には，本国の状況，文化，人権，心理状態といった多方面からの考察が可能な専門性も要する(73)。日本の迫害に関する判断では，「通常人」の視点を組み入れている。日本の「通常人」の外国人の尊厳への感度や日本社会における価値判断が問われているようにも思われ，UNHCR，外交官や専門家等で共有された価値とのギャップが生じる場合もあろう。他方で，日本の現実とかけ離れた判断となることにも問題が生じると思われ，こうした点にも国家の裁量の中での評価が組み込まれているように思われる。

(3) 人道配慮による在留許可

難民認定手続において在留の許否についても判断しており，難民不認定となった場合も，手続の中で，人道配慮による在留の許否を判断している。その場合，在留資格未取得外国人は，入管法第61条の2の2第2項の在留特別許可，在留資格を有する外国人は同法第20条の在留資格変更に基づき判断される。いずれの判断も法務大臣の自由裁量である。これらの判断で考慮される事情は，同法第50条第1項第4号の在留特別許可判断の際に考慮すべき事情と同趣旨と解される。法務省は，在留特別許可に関するガイドラインの中で人道的配慮を考慮すべき積極的要素としている(74)。以下，公表された事例から判断のポイントについて考察する。

1) 紛争待避機会

2016年の事例は6件，2017年の事例は1件公表されている。2016年の事例のうち，1件は，スパイ容疑の具体的根拠が認められず供述に変遷があることから，申立ての信憑性が認められず難民不認定となったが，本国では武力勢力が支配地域を拡大するなど不安定な情勢であることから人道上の配慮から在留を認めてい

---

(73) UNHCR・前掲注(51)paras. 40, 41参照。
(74) 出入国管理法令研究会・前掲注(65)65-67, 111-112, 132-134頁参照。
(75) 法務省「人道配慮により在留許可を行った事例及びその判断のポイント」(2016年)
    1頁（http://www.moj.go.jp/content/001221348.pdf as of 02 Oct 2018）参照。

る(75)。本国での紛争状態であることから迫害のおそれを申し立てている事例が2件あるが，いずれも個別具体的な迫害事情が認められず難民不認定となっている。しかし本国での紛争の状況を鑑みて人道上の配慮から在留を認めている(76)。内戦が続いており兵役忌避を理由とした申立てについては，兵役忌避で処罰を受けること自体は迫害にあたらないとして難民不認定の後，本国の紛争等の情勢を鑑みて人道配慮の在留を許可している(77)。他の2件は，警察に拘束されたこと，小学生のときに侮辱的な発言を受けたことを理由とした申立てで，いずれも迫害をうけるおそれがあるとは認められず難民不認定となったが，本国情勢を鑑みて人道配慮の在留許可を受けている(78)。2017年の事例は，外国人民兵からの身柄拘束，連行，暴行を申し立てたが，金銭収奪目的の行為であったとして難民不認定となった。しかし本国と反政府勢力との戦闘が継続していることから，人道上の配慮による在留が認められた(79)。紛争からの待避機会について，EUは補完的保護を受ける資格を有する者が被る重大な危害として，資格指令第15条Cで「国際又は国内武力紛争の状況における無差別暴力による文民の生命又は身体に対する重大かつ個別の脅威」と規定している(80)。EU司法裁判所の *Elgafaji* 事件では，「個別の」とは，「無差別暴力の程度が，当該国又は地域の領域にいることで，文民が重大な脅威に直面するということが信じられる実質根拠が示されているレベルに達していると理解されるべきである」としている(81)。またEUの一時的保護指令では，避難民の大量流入状況における一時的保護の最低基準を規定しているが，第2条(c)で避難民の定義が規定されており，紛争等から逃れた

---

(76) 同上，1-2頁参照。
(77) 同上，2-3頁参照。
(78) 同上，3-4頁参照。
(79) 法務省「人道配慮により在留許可を行った事例及びその判断のポイント」(2017年) 1頁 (http://www.moj.go.jp/content/001257502.pdf as of 02 Oct 2018) 参照。
(80) See, Directive 2011/95/EU.
(81) See, Elgafaji v. Staatssecretaris van Justitie, C-465/07 17 Feb 2009.
(82) See, Council Directive 2001/55/EC.
(83) 1969 OAU Convention Governing the Specific Aspects of Refugee Problems in Africa.
(84) 1984 Cartagena Declaration on Refugees, Colloquium on the International Protection of Refugees in Central America, Mexico and Panama.

◇第9章◇　日本の難民認定制度における保護対象と判断要素

者が対象者であることが例示列挙されている(82)。アフリカ難民条約(83)およびカルタヘナ宣言(84)では，紛争状況から逃れた者も難民の定義に入り得る規定となっている。このように，紛争待避機会としての在留許可は広く認められているところである。しかし，長期におよぶ激しい戦闘状態の国からの逃れた者が難民となるか人道配慮の在留許可となるかの判断ポイントが問われるところである。これについては，先述の日本の事例の中では「個別具体的な迫害事情」があるか否かがポイントとなっている。平成30年3月20日のシリア難民不認定処分無効確認等請求事件においても，迫害を受けるとする個別具体的な客観的事情の有無が判断の重要な要素となっており，不認定処分は適法であり，有効であると判示されている(85)。EXCOMの補完的形態の保護に関する文書では，在留許可の受益者グループには国際的保護の必要性に基づく在留があり，難民条約の基準に該当しうる受益者と難民条約の基準を満たさない可能性のある受益者に区別しているが，この両方のカテゴリーに紛争状況および無差別な暴力が列挙されている(86)。UNHCRの「国際的保護に関するガイドラインNo.12武力紛争および暴力の発生する状況を背景とした難民申請」では，武力紛争下においても，生命，自由その他の重大な人権の侵害の脅威，累積的危害，差別的措置が当該者にとって耐え難い又は相当程度の不利益をもたらす場合が迫害の基準として適用され(87)，戦争犯罪，人道に対する罪といった国際人道法の重大な違反行為も迫害を構成しうるとしている。また，迫害に達するには性別，ジェンダー，意見，健康状態，感情および心理構造といった個別の事情にも依拠するとしている(88)。申立人が迫害のためシングルアウト又はターゲットにされる場合のほか，集団全体が迫害の危険にさらされる場合もあるが，あくまで，当該申請者の迫害をうけるおそれが，十分に理由があるかどうかで判断されるとしている(89)。難民該当性判断の際，

---

(85)　東京地判平30・3・20平27(行ウ)158, 163, 164, 165, 595. 裁判所Web。

(86)　See, EXCOM, "Complementary Formes of Protection; their Nature and Relationship to the International Refugee Protection Regime," EC/50/SC/CRP.18 (2000), paras. 8(b), 10.

(87)　See, UNHCR, Guidelines on International Protection No. 12: Claims for Refugee Status Related to Situations of Armed Conflict and Violence under Article 1A(2) of the 1951 Convention and/or 1967 Protocol Relating to the Status of Refugees and the Regional Refugee Definitions, "HCR/GIP/16/12, (2016) para. 11.

(88)　See, ibid., paras 11-15.

◆第3部◆　欧州および日本における近年の動向

個別的又は累積的な迫害に相当し得る状況として、コミュニティ全体が空爆等の攻撃による影響を受け危険な状態にある場合のほか、組織的な食料や医薬品の供給の拒絶、水道や電気の供給停止、財産の破壊、病院や学校の軍事化や閉鎖等にさらされる場合、極めて重要なインフラの破壊、治安の悪化、ガバナンスの崩壊、凄惨な貧困といった状況の長期化の影響等を列挙している。迫害をうけるおそれは、出身国での継続的な滞在が耐え難いとする状況を合理的な程度まで示された場合は、十分に理由のあるものとし、他の者以上に危害をうける危険性があるということを示す必要はない[90]としている。

2）本国事情や家族状況等

2016年の事例では7件、2017年の事例では4件がこのカテゴリーの範疇に入るものとして公表されている。

2016年の事例のうち4件は、過激派からの暴行、テロリスト集団から殺害されるおそれ、対立民族・宗派からの迫害を主張しており、難民不認定とされたが、本国情勢に係る客観的情報から帰国した場合危害をうける可能性を否定できないとして人道上の配慮から在留が認められた[91]。このうちの1件は、NGOのメンバーとして少数派A教の支援活動を理由に対立多数派B教関係者から脅迫を受けたと申立て、本国政府が放置、助長する特別な事情が認めらないとして難民不認定となったが、申立人がA教に支援をしていたことは認められ、帰国した場合支援を理由に危害が及ぶ可能性が否定できないことから、人道配慮による在留が認められた[92]。また、他民族他宗教の者同士の婚姻を理由とした申立てについて、本国情勢に係る客観的情報によれば、本国の法律はB教徒以外の男性とB教の女性の婚姻を抑制しようとしたものであるが、婚姻自体を禁止していないため難民不認定となったが、法律の内容や運用に人権上の懸念があり、国連等が上記の法律を厳しく批判しており、帰国した場合本国政府から何らかの不利益な取り扱いを受ける可能性が否定できないとして人道配慮による在留が認められた[93]。女性に対する暴力に関して、女性の割礼および強制結婚の申立てが1件

---

(89)　See, *ibid.*, para. 17.
(90)　See, *ibid.*, paras.18-23.
(91)　法務省・前掲注(75) 4－7頁参照。
(92)　同上、6頁参照。
(93)　同上、7頁参照。

◇第9章◇　日本の難民認定制度における保護対象と判断要素

公表されている。割礼は本国の刑法で犯罪とされており，有罪判決の事例もあり，本国政府が放置，助長するような特別な事情がないとして難民不認定となった。しかし，本国情勢に係る客観的情報によれば，本国一部地域で割礼が実施されており，帰国した場合何等かの不利益な取扱いを受ける可能性が否定できないとして人道配慮による在留が認められた[94]。さらに養父からの強姦の申立ての事例も紹介されており，本国では性的暴力を違法とする法律が制定され，放置，助長するような特別な事情が認められないとして難民不認定となったが，申立人は，養父母の他に頼る親族がおらず，就労の経験がなく，生計維持能力を有しておらず，帰国した場合養父母に頼らざるを得ず，養父から再び強姦の被害を受ける可能性が高いため，人道配慮による在留が認められた[95]。また他の1件は，夫が人道配慮の在留を認められており，家族統合の観点を考慮された事例である[96]。

　2017年の事例のうち1件は，本国で軍人らに強姦され，当該軍人の子を妊娠したことを申立て，強姦事件は偶発的な事件として難民不認定となったが，出身国情報によれば女性への差別や暴力が一般的で，男性家族のサポートを受けることができない女性の国内移住が現実的でないうえ，強姦の後，当該軍人の子を出産したという特有の事情の結果，さらなる人権侵害のおそれが否定できないことから，人道上の配慮で在留を認めている[97]。もう1件女性の事例が紹介されており，首長からの第三婦人としての婚姻の申し込みを断ったため殺害されるとの申立てについて，出身国情報によれば，本国政府が首長関係者による違法行為を放置助長する特別な事情があるとは認められないとして難民不認定となったが，一夫多妻制の婚姻が相当数行われていることが認められ，申立人には頼りになる親族がいないなどの事情から，首長から精神的抑圧を長期にわたり受ける可能性があるとして人道配慮による在留が認められた[98]。他の2件は，少数民族であることを理由とした申立てであり，迫害を受けるおそれは認められないとして難民不認定となったが，本国の戦闘状態を考慮して，人道配慮による在留が認められた[99]。

---

(94) 同上，7-8頁参照。
(95) 同上，8-9頁参照。
(96) 同上，6-7頁参照。
(97) 法務省・前掲注(79) 1-2頁参照。
(98) 同上，2-3頁参照。

◆第3部◆　欧州および日本における近年の動向

　まず，本国政府による保護について，難民認定事例については，「実効的保護の欠如」が判断ポイントとなっていた。難民不認定事例では，「本国政府が違法行為を放置，助長するような特別な事情があるとは認められないこと」が判断ポイントとなっており，人道配慮による在留許可の事例では，難民不認定の判断が下された後に，「危害又は何らかの不利益な取扱いを受ける可能性を否定できない」という点を判断ポイントとしている。公表されている情報が限られているため詳細は不明であるが，やはり事実認定において立証，信憑性評価が問われているように思われる。また難民該当性判断において「実効的保護」とはなにかという点および「十分に理由のある恐怖」とはどの程度のリスクがあり申立人が恐怖を感じているかという点をどのように判断するかに関わってくる。

　女性に対する暴力等について，法律で禁じられていること等を理由に放置助長はないが，出身国情報等に基づき，帰国した場合，現実に危害を受ける可能性について検討するとともに，本国において特に脆弱な立場におかれるかどうかといった点を検討している。UNHCRは，ジェンダーに関するガイドラインを作成しており(100)，各国，例えば，英国，オーストラリア，カナダなどもジェンダーガイドラインを作成している(101)。英国の *Shah* 事件は，夫からの暴力を理由とする庇護申請であり，すでに英国の在留許可を得ているが，難民該当性を争った事件である。当該判決の判断ポイントは，パキスタン憲法は女性差別を禁止しているが，刑事訴訟法において差別を認める規定があり，パキスタンではジェンダー差別は国家公認であり，既婚女性は夫の意思に従属し，差別的扱いがなされていることから，帰国すれば国家からの保護はなく，性的不品行に関する刑事訴

---

(99)　同上，2-3頁。
(100)　UNHCR, "Guidelines on International Protection: Gender-Related Persecution within the Context of Article 1A(2) of the 1951 Convention and/or its 1967 Protocol Relating to the Status of Refugees", HCR/GIP/02/01 (2002).
(101)　See, UK, "Asylum Gender Guidelines" (2000); Australia, "Guidelines on Gender Issues for Decision Makers" (1996); Canada, "Guideline4: Women Refugee Claimants Fearing Gender-Related Persecution (Update)" (2003); Center for Gender & Refugee Studies, University of California Hastings College of the Law, "Review of Gender, Child and LGBTI Asylum Guidelines and Case Law in Foreign Jurisdictions: A Resources for U.S. Attorneys," (2014); Andreas Zimmermann *op cit.*, paras. 470-475.

◇第 9 章◇　日本の難民認定制度における保護対象と判断要素

訟のリスクがあり，むち打ち又は石打ちの刑に処されるおそれがあり，国家の保護が欠如しており，パキスタン女性という特定の社会的集団の構成員としての迫害を受けるおそれを有する十分に理由のある恐怖があるとして，難民該当性が認められている(102)。この判決では，家庭内暴力や女性に対する暴力の蔓延といった人権侵害が発生しているという事実だけでは難民該当性につながらないとして，国家の保護の有無が難民該当性判断に影響を与えているとしている(103)。 *TD and AD* 事件は，人身取引に関連した事件であるが，難民該当性の判断ポイントとして，国内逃避可能性，帰国後の不当な過酷さ，再搾取に対する脆弱性（性的搾取のため人身取引されたアルバニア女性は，迫害のおそれがあり，家族とともにすごせず，支援もなく，合理的又は相対的にふつうの生活がおくれない等）が考慮された(104)。その結果，特定の社会的集団の構成員を理由とした迫害を受けるおそれを有するとして難民該当性が認められている(105)。暴力等をうけたすべての女性が難民該当性を有するというわけではなく，個別事情により本国においても特に脆弱な立場に追いやられ，本国の保護があるか否かが判断ポイントとなっている。日本の事例においても考慮すべき点は共通しているが，「特定の社会的集団の構成員」に関して検討が必要と思われる。

3）その他

その他のカテゴリーでは，2016年の事例は 2 件，2017年は 1 件の事例が公表されている。2016年の事例のうち 1 件は，民族および宗教による申立てが認められず難民不認定となったが，本国では十分な治療が受けられない可能性がある疾病に罹患しており，本邦での治療継続が不可欠であるために，人道配慮による在留が認められた。もう 1 件は，私人からの襲撃の申立てで難民不認定となったが，日本人と婚姻し実子をもうけており，婚姻の安定性，継続性が認められることから人道配慮による在留が許可されている。2017年の 1 件も難民不認定であったが

---

(102) See, House of Load, Islam (A.P.) v. Secretary of State for the Home Department, Regina v. Immigration Appeal Tribunal and Another Ex Parte Shah (A.P.) (Conjoined Appeals), 25 Mar 1999.
(103) See, *ibid*.
(104) See, Upper Tribunal, TD and AD (Trafficked women) (CG) v. Secretary of State for the Home Department, [2016] UIUT0092 (IAC), 23 Feb 2016.
(105) See, *ibid*.

日本人との婚姻関係の安定性・継続性が認められ，人道配慮による在留が許可された事例である(106)。入管法第50条第1項第4号に関する法務省の「在留特別許可に係るガイドライン」では，積極的に考慮すべき要素として，「その他人道的配慮を必要とするなど特別な事情があること」に加えて，「難病等により本邦での治療を必要としていること，又はこのような治療を要する親族を看護することが必要と認められる者であること」「日本人又は特別永住者と婚姻が法的に成立している場合」が挙げられている(107)。難民不認定後の判断においても，当該ガイドラインの要素が考慮されているように思われる。平成27年6月16日東京地裁判決では，難民認定に関連した事例ではないが，難病等により本邦での治療を必要とした在留が認められた。その際，ガイドラインの考慮に加えて，社会権規約第12条を援用し，人道的配慮の見地から在留許可の判断しているので，参考のため記しておく(108)。

◆ IV おわりに

　日本の事例における保護対象と判断要素を検討してきたが，「新しい形態の迫害」とされる，非国家主体による迫害，女性に対する暴力による迫害も保護対象として難民認定しているものがあり，また，人道配慮による在留許可については，紛争待避，女性に対する暴力，FGM，家庭内暴力，強制結婚，家族統合，疾病治療等を理由とする者を事案内容に応じて保護対象としていることが明らかになった。したがって，「新しい形態の迫害」については，条約難民として認められる場合と，人道配慮による在留許可の場合があることになる。前者は，迫害の烈度と個別具体性，信憑性，条約に定める迫害理由5要件が日本の難民の解釈にあてはまる場合であり，後者は，個別具体性と迫害理由5要件該当性に疑義があると判断されたが，危害の烈度と信憑性が認められる場合である。迫害の解釈，事実認定，信憑性評価等の違いから，他国やUNHCRの判断では条約難民や国

---

(106) 法務省・前掲注(75) 9-10頁；前掲注(79) 3-4頁参照。
(107) 法務省「在留特別許可に係るガイドライン」（平成18年10月，平成21年7月改訂）(http://www.moj.go.jp/content/000007321.pdf as of 25 Mar 2019) 参照。
(108) 東京地裁平27・6・16平26(行ウ)205・207・208裁判所Web。

◇第 9 章◇　日本の難民認定制度における保護対象と判断要素

際的保護の範囲が広いことが考察からもわかり，更なる議論が待たれるところである。しかし，これらを保護対象とする判断において，UNHCR のハンドブック等の文書，EXCOM の文書，人権条約の送還禁止に係る諸文書および EU や他国の動向(109)には直接言及していないものの，関連文書を参照しつつ，日本の国内法制度に取り込めると判断した点については反映しているように思われる。司法判断においては，UNHCR のハンドブック等を明示的に参照する事例もある(110)。非拘束的文書の参照について，「間接適用」概念が想起される。岩沢教授（当時）は「国内で裁判所や行政庁が国際法を国内法の解釈基準として参照し，国内法を国際法に適合するように解釈することを，国際法の間接適用と呼ぶことができる(111)」として，行政判断も射程となっていることを明示している。また，「間接適用においては，参照される国際人権文書の法的性格はそれほど問題とされない(112)」とも述べている。齋藤教授は，間接適用の概念を司法，行政，立法のみならずより広い射程で考察し，「非法」規範の使用・作用類型たる適用，援用，参照についても検討し，行為規範としての規範の当事者による自主的な「参照」による使用／作用類型の重要性を指摘している(113)。寺谷教授は，司法判断の考察から，効力のない解釈文書等の参照は，「解釈による明確化にとっての有用性」による(114)と指摘しており，明示的にではないにしても，行政が国際機関の非拘束的文書等を参照する意義にも通じると思われる。日本は条約の一般的受容方式をとっているが，こうした国際機関の非拘束的文書を参照した場合の効力

---

(109)　川村真理「外国における人権侵害とノン・ルフールマン原則 ── 難民法・人権法の適用範囲と実効性 ──」『杏林社会科学研究』第32巻第 3・4 合併号（2017年）1－24頁参照。（本書第 6 章参照）
(110)　前掲注(40)：立松美也子「難民をめぐる国際制度 ── UNHCR と難民条約 ──」『国際法外交雑誌』第117巻第 3 号（2018年）91－116頁参照。
(111)　小寺彰・岩沢雄司・森田章夫編『講義国際法』（有斐閣，2005年）108頁。
(112)　同上，109頁。
(113)　齋藤民徒「国際法と国際規範 ──「ソフト・ロー」をめぐる学際研究の現状と課題」『社会科学研究』54巻 5 号（2003年）41－80頁；「国際法の援用と参照 ──「国内適用」の再検討を通して」『高知短期大学社会科学論集』92号（2007年）145－163頁参照。
(114)　寺谷広司「「間接適用」論再考 ── 日本における国際人権法「適用」の一断面」坂元茂樹編『国際立法の最前線　藤田久一先生古稀記念』（有信堂高文社，2009年）198頁。

は，すでに考察してきたように，国内法によるものである。実体規定に関して，「新しい形態の迫害」の保護対象を難民の定義の解釈内に組み込むことについては，入管法第2条3の2の難民の定義に難民条約第1条と定められていることから，難民条約第1条の解釈適用に係るUNHCRハンドブック等の文書を参照するなどして入管法第61条の2に基づき難民認定の判断がなされるものと思われる。しかし，「迫害」や「十分に理由のある恐怖」の解釈でみたように，すべての判断に反映しているわけではない。難民認定手続に関して，難民条約には，手続に関する規定がなく各国の定めによることになる。判断プロセスについては，UNHCRハンドブック等の文書を参照していると思われるが，事実認定，立証責任の考察でみたように，国内法の手続に即して判断することを基本としている。難民認定手続の特殊性を踏まえ，日本の法制度内でいかに難民条約の趣旨目的に適った運用を行っていくかは引き続き多面的な検討が必要であるように思われる。人道配慮による在留許可については，人権条約の規範に係る文書等を参照しながら総合的に在留の許否を判断していると思われるが，入管制度の枠内で法務大臣の裁量において判断されている。他国においては，補完的保護として，拷問等禁止条約および自由権規約の規定を，国内法を通して適用することにより，在留を許可している国もある。こうした動向や国際的指針も参照しつつ，さらなる運用の検討が必要であるように思われる。現段階では行政判断に係る事例の公表を毎年行っているが，こうした国家実行の積み重ねがどのように作用していくのか，司法判断の今後の動向とあわせて，引き続き注目していきたい。

終　章
国連が志向する難民・移民の国際法制度

◆ I　はじめに

　様々な理由で自国を離れ，庇護申請をした人々の中で，難民の地位又はいわゆる補完的保護や人道配慮の在留許可といった国際的保護の地位を認められる人々は世界全体でも半数にも満たない。国連難民高等弁務官事務所（UNHCR）によれば，2017年，世界全体での難民手続処理の総数は，200万7,317人であったが，そのうち条約難民に認定された人は，48万3,953人，その他の庇護を得た人は24万8,511人，庇護を認められなかった人は，75万4,124人，その他終止となった人は52万729人，2017年末での未処理数は，309万898人である[1]。先進国における1次審査における処理状況は以下の表のとおりである。

表1：2017年庇護申請数（1次審査[2]）および処理件数

	日本	英国	ドイツ	スウェーデン	カナダ	米国	オーストラリア***	韓国
条約難民	19	7,469	121,914	12,710	12,798	15,665	7,323	121
その他庇護	45	1,086	134,370	11,952	-	-	-	318
庇護合計*	64	8,555	256,284	24,662	12,798	15,665	7,323	439
庇護なし	9,736	17,250	225,787	29,577	6,599	19,556	17,431	5,607
その他終止	1,612	5,400	82,110	6,735	4,003	23,763	-	1,200
処理数計	11,412	31,205	564,181	60,974	23,400	58,984	24,754	7,246
難民認定率	0.2%	28.9%	25.3%	23.4%	66.0%	44.5%	29.6%	2.0%
国際的保護率**	0.7%	33.2%	53.2%	45.5%	66.0%	44.5%	29.6%	7.3%
未処理数	18,331	32,734	62,766	26,364	48,174	307,555	34,968	9,571

出典：UNHCR Global Trends 2017を参照して川村が作成。
　＊条約難民およびその他の庇護の合計
　＊＊条約難民およびその他の庇護の合計を庇護の合計と庇護なしの合計で割ったもの
　＊＊＊オーストラリアは保護ビザ申請に係る数値

終　章

　この表からわかるとおり，庇護率で50％を上回るのは，ドイツ（53.2％）とカナダ（66.0％）だけであり，庇護が認められない人に加えて未処理件数が処理件数を上回っている国が多く，下回っているのは，ドイツ，スウェーデンのみである。認定手続が長期化すれば，庇護申請者として不安定な地位のまま受入国に留まることになる。庇護が認められなければ，基本的には退去強制命令により本国又はその他の安全な国への送還となるが，本国の一般情勢，例えばガバナンス，治安が悪い，貧困状況で生活が苦しい，仕事がなく生計を維持するのが困難等により帰国を嫌悪する送還忌避者が相当数にのぼり，例えば欧州連合（EU）では，退去強制命令を受けた人のうち40％しか送還にいたらない。送還できない理由として，本国政府が旅券発行を忌避・遅延する等により受け入れを回避する場合もあるため，EUでは送還受け入れのための二国間協定の締結等による送還促進のための措置もとっている[3]。国際法委員会でも「外国人の退去強制」について議論を重ねてきた[4]。送還忌避者は，受入国において，在留資格のないまま長期に不安定な状況で暮らすことになり，当事者のみならず受入国にとっても公の秩序維持のための対応に苦慮することとなる。このように，難民あるいは国際的保護の対象者として認められないが，本国の暮らしに嫌悪あるいは不安を覚え，国を離れ，帰国を忌避する人への対応が世界的に大きな問題となっている。難民の定義の解釈により適用範囲を広げる，難民条約の適用範囲にはあたらないが人権条約の解釈適用により補完的に保護する等の対応によってしても，世界全体で73万1270人であり，不認定となった人に比べても低く，世界全体の難民・移民問題の対応を考えるとき，難民認定制度のみでは対応し得ないことは明白である。上述の庇護を認められない人の中には，強制移動なのか自発的移動なのか，経済移民なのか本国の一般事情から危険が及ぶのをおそれた避難民なのか，簡単に区

---

(1)　See, UNHCR, *Global Trends, 2017* (2018).
(2)　英国・ドイツおよびスウェーデンは複数回申請を除く。日本は2019年3月に2017年の統計数を訂正したがUNHCR公表の数字のまま掲載した。日本の数値訂正は次の資料を参照のこと。法務省「正誤表」（平成31年3月）（http://www.moj.go.jp/content/001288448.pdf as of 21 Mar 2019）。
(3)　See, European Commission Migration and Home Affairs, "Return & Readmission," (https://ec.europa.eu/home-affairs/what-we-do/policies/irregular-migration-return-policy/return-readmission_en, as of 26 Sep 2018).
(4)　See, A/55/10, A/RES/55/52, A/RES/56/82, A/RES/59/41.

終　章

別できない場合も多く，庇護を受ける人々とともに移住してくる場合も多い。また，密出国等非正規ルートによる移住により入国してくる場合にも受入国の対応を難しくする場合がある。大量流入の場合は，なおさら受入国の対応を難しくする。移住を決意する理由は人それぞれであるが，途上国から先進国への移住を望む場合，その原因の根底には，圧倒的な世界的な格差，不平等が横たわっている。まさに，グローバル経済の負の影響への処方箋がないまま市場経済のグローバル化が進行したことが原因の1つであり，民主主義をグローバル化する中での不安定要素の増殖も国内情勢の悪化を引き起こす一因でもある。こうした原因への対応は，人道問題というよりも開発分野からのアプローチも必要である。また，難民でもなく，正規の在留資格を得て他国へ移住する人以外の人々の移住の流れが，各国の不安定要素となるため，出入国管理分野の国際協力も必要となる。これまでも，密出国の予防，定期出国計画，難民認定制度，難民流出の根本原因への対応，自発的帰還・定住・再定住といった恒久的解決の諸活動等の包括的計画は，インドシナ，中央アメリカをはじめとして，地域ごとになされてきたところである。このように，難民・移民の問題は，多面的な取組みが必要であり，1国では対応ができず国際協力での対応が求められる。本書第1章において，OCHAによる人道問題への対応の調整を考察したが，難民・移民問題に関わる多分野の多主体間のフォーラム形成による重層的規範による問題への対応はほかにもみられる。例えば，移住および開発に関するグローバルフォーラム（GFMD）[5]やグローバル移住グループ[6]において，グッドプラクティスの共有や，政策等の議論が重ねられてきた。そうした中，シリア難民の大量流出等，世界的な人類史上未曾有の移住問題を受けて，2016年，国連難民・移民サミットが開催され，「難民および移民に関するニューヨーク宣言（以下，ニューヨーク宣言）」が採択された。また，ニューヨーク宣言をもとに，2018年国連総会で難民に関するグローバルコンパクト（以下，難民グローバルコンパクト）および安全で秩序ある正規移住のためのグローバルコンパクト（移住グローバルコンパクト）が採択された[7]。以下，ニューヨーク宣言[8]，難民グローバルコンパクト[9]，移住グローバルコンパクト[10]を概観し，難民・移民問題に対応する国際法構造について検討することと

---

(5)　2007年設立。
(6)　2006年設立。

終　章

する。

◆ Ⅱ　ニューヨーク宣言およびグローバルコンパクト

◇ 1．ニューヨーク宣言

　ニューヨーク宣言は政治的宣言であり，本文と附属文書ⅠおよびⅡに分かれており，本文は，序論とコミットメントにわかれ，コミットメントに関しては，難民・移民共通，移民関連，難民関連の3つに分かれている。附属文書Ⅰは包括的難民対応枠組みに関しての文書であり，附属書Ⅱは移住グローバルコンパクトの要素がまとめられており，グローバルコンパクトの最終草案は，これら2つの附属文書をもとに議論を積み重ね策定されたものである。

　まず，ニューヨーク宣言の序論で確認されていることを概観する。序論では，国連憲章の目的および原則とともに，世界人権宣言およびコアの国際人権条約にふれ，付与された地位にかかわらずすべての難民および移民の人権を十分に保護すること，国際法，国際人権法および適用可能な場合には，難民法，人道法の尊重を確認している[11]。難民および移民の待遇は別個の法的枠組で統制されるものの，難民と移民は同じ普遍的人権および基本的自由を有しているとして[12]，人権アプローチの重視を示している。難民と移民は，共通の課題に直面し，大規模移動を含む同様の脆弱性を有していると指摘し，大規模移動は，すべての国境を越える政治的，経済的，社会的，開発的，人道的，人権的な派生的問題をはらんでおり，グローバルなアプローチとグローバルな解決が要求される，グローバルな現象であることを確認している。そして，連帯，責任分担，国際協力に言及

---

(7) 難民グローバルコンパクトは，2018年12月17日総会において，賛成181，反対2（ハンガリー・アメリカ），棄権3で採択された。See, A/RES/73/151, GA/12107.；移民グローバルコンパクトは，2018年12月19日総会において，賛成152，反対5（チェコ・ハンガリー・イスラエル・ポーランド・アメリカ），棄権12で採択された。See, A/RES/73/195, GA/12113.

(8) A/RES/71/1.

(9) A/73/12(Part Ⅱ).

(10) A/RES/73/195.

(11) See, A/RES/71/1, para. 5.

(12) See, *ibid.*, para. 6.

終 章

し，難民移民の大規模移動の根本原因に取り組むとし，貧困，不安定，周縁化および排除，発展および経済的機会の欠如等への取組みとともに，紛争の予防と平和的解決，人道，開発，平和構築活動の調整，法の支配の促進，人権保護を通した対応を挙げている[13]。また，持続可能な開発のための2030アジェンダと防災に関する文書に言及し，難民および移民問題との関連を確認している[14]。

コミットメントについて，まず，難民と移民共通に適用されるコミットメントとして，包括的アプローチの重要性に言及して，難民，移民に関わらずすべての人の人権尊重を確認している。また，国際法（国際人権法および国際難民法を含む）の適用可能な義務にみあった国境管理手続の実施，国際的な国境管理協力の強化が掲げられている。人権尊重に関連して，女性と子どもの脆弱性への対応，人種差別，外国人嫌いへの対応等についての言及がみられるが，特に，難民および移民の子どもの人権保護について，子どもの最善の利益を主として考慮すること，子どもの権利条約の義務の遵守が謳われている。そのほか，人身取引対策，人道と開発の連携の促進等が確認されている[15]。

移民に関するコミットメントでは，我々は，すべての移民の安全，尊厳，人権および基本的自由を保護するとし，国際法に従って，領事保護，援助，協力を通じることも含み，外国の移民コミュニティの権利，利益の保護と支援に関与するとしている。いかなる人も国を離れる権利および自国に戻る権利を有していると同時に，各国は，国家の国際義務に従って，領域内にだれを入国させるのかを決定する主権を有しており，帰国する国民を再入国させなければならず，国内法に従って，国籍の確認に続いて，不当に遅滞なく，適切に受け入れることを確保しなければならないとしている[16]。また，大規模移動を創り出すか悪化させる要因に取り組むため，SDGsの遵守のための措置をとるとしている[17]。一方で，移民は，受入国と出身国双方に対し，経済的，社会的に貢献することを確認している[18]。移民関連のコミットメントでは，移住のグローバルガバナンス強化を

---

(13) See, *ibid.*, paras. 6, 7-12.
(14) See, *ibid.*, paras. 16-18.
(15) See, *ibid.*, paras. 2240.
(16) See, *ibid.*, paras. 41, 42.
(17) See, *ibid.*, para. 43.
(18) See, *ibid.*, para. 46.

終　章

掲げ，難民として国際的保護の資格がなく，援助を必要としている脆弱な状況にある移民，特に，付き添いのない，家族と分離した子どもの待遇に関して，国際法に従って，拘束力のない指針原則および自発的なガイドラインの発展を検討するとしている[19]。また，SDGs に沿った移住を促進するため，国際法に従い，現存の二国間，地域，グローバルな協力およびパートナーシップメカニズムを基礎とするとしている[20]。さらに国連システム内の国際移住と開発問題の進展を認め，グローバルおよび地域の移住に関する対話の増加，コラボレーションの深まりを支援するとしており，出身国，中継国，目的地国および他の関連国間の国際協力を奨励し，NGO を含む市民社会の貢献にも言及している[21]。

難民に関するコミットメントでは，まず，武力紛争，迫害およびテロリズムを含む暴力は，難民の大規模移動を引き起こす要因であり，こうした危機的状況の根本原因に取組み，平和的手段で紛争の予防又は解決のために尽力するとし，紛争の平和的解決，紛争予防，予防外交，人権促進，グッドガバナンス，法の支配，実効的で説明責任があり包括的な制度等を列挙している[22]。次に，難民条約が国際難民保護制度の礎であることを確認し，国際難民法，国際人権法および国際人道法が難民保護強化の法的枠組みを提供するとし，庇護制度，庇護を求める権利，ノン・ルフールマン原則の尊重を掲げ，世界の難民の受け入れと支援のための負担と責任の，より公平な分担に言及している[23]。さらに，マルチステークホルダーアプローチによる，包括的難民対応，帰還および第三国定住を含む恒久的解決の促進，人道支援について言及している[24]。

附属文書Ⅰ「包括的難民対応枠組み (CRRF)」では，まず，国際協力の原則および負担と責任の分担に基づく包括的な難民対応を通じて，難民の保護と支援および受け入れ国と関係するコミュニティの支援をより良くすることができるとしている[25]。そして，4つの柱，即ち，①難民受け入れ，②人道支援，③受入国

---

(19)　See, *ibid.*, paras. 49, 52.
(20)　See., *ibid.*, para. 54.
(21)　See, *ibid.*, paras. 55, 58, 61.
(22)　See, *ibid.*, para. 64.
(23)　See, *ibid.*, paras. 65-68.
(24)　See, *ibid.*, paras. 69-87.
(25)　See, *ibid.*, Annex I para. 1.

への支援，④恒久的解決を挙げ，それぞれに取り組むべき指針を示している。①に関して，ニーズを把握して適切で安全かつ尊厳ある受け入れ状況を備えることとし，人身取引被害者，子どもの保護，家族統合および性的，ジェンダーに基づく暴力に言及している(26)。②に関して，マルチステークホルダーのパートナーシップを通した資源の提供，人道支援へのアクセスの提供等が挙げられている(27)。③に関して，国家，UNHCRおよび関連するパートナーによる共同，公平，迅速な，リスクおよび／又は影響評価の実施，適切な資源提供等に言及している(28)。④については，帰還，受け入れ国，第三国への言及があるが，帰還について特徴的なことは，出身国が，国際法の義務に従い，十分な人権尊重とともに，安全で尊厳のある人道的な様式で，国民を受け入れる義務を尊重することとし，必要な身分証明書，旅券の発給，帰還者の社会的経済的再統合の促進，財産の返還を可能にする措置の考慮を列挙している点である。受け入れ国については，自立促進への言及が特徴であり，第三国については，第三国定住の機会と医療救助，人道的入国プログラム，家族統合，および技能移住，労働，教育の機会を通じた難民受け入れの補完的措置の拡大に言及している点が特徴として指摘できる(29)。附属文書Ⅰの最後で，ニューヨーク宣言で示された包括的難民対応枠組みに基づき，2018年の国連総会における審議のために，UNHCRの年次報告書の中でグローバルコンパクトを提案するようUNHCRに要請している(30)。

　附属文書Ⅱ「移住グローバルコンパクトにむけて」では，グローバルコンパクトが，国際移住に関して，そのすべての面で加盟国間の原則，コミットメントおよび理解の範囲を提示し，グローバルガバナンスへの重要な貢献をなし，国際移住に関する調整を向上させるとし，移民および人の移動に関する包括的国際協力の枠組みを示すとしている。移住問題に関する政策およびイニシアチブは，現象の原因と結果を考慮する全体的アプローチ（Holistic approaches）を促進すべきで

---

(26)　See, *ibid.*, para. 5.
(27)　See, *ibid.*, para. 6, 7.
(28)　See, *ibid.*, para. 8.
(29)　See, *ibid.*, paras. 9-16.
(30)　See, *ibid.*, paras. 17-19; Randall Hansen, "The Comprehensive Refugee Response Framework: A Commentary," *Journal of Refugee Studies*, Vol. 31 No. 2 (2018) pp. 131-151.

あり，国際経済の不均衡，平和と安全がないことと結びついた，貧困および環境悪化，および人権尊重の欠如が，国際移住に影響するすべての要因であるとしている。グローバルコンパクトの内容として，安全で秩序だった正規移住の促進，持続可能な開発に対する移民の貢献，移民の人権保護，人身取引対策や人種差別への取組み，国境管理分野の国際協力等が列挙されている。附属文書Ⅱの最後で，2017年から開始する予定の政府間交渉プロセスを通じて，グローバルコンパクトを策定し，2018年の国際移住に関する政府間会議において採択する方針を示している[31]。

　以上，ニューヨーク宣言を概観したが，既存の国際法制度，政策等に立脚した内容で，1つ1つには特段目新しいものはない。しかし，難民条約に該当する難民と，難民とは認められないが援助を必要とする脆弱な立場に置かれる移民の双方に対し，その「脆弱性」への対応に着目し，国際社会の負担と責任の分担のための国際協力の指針を示したことには意義がある。全体に通底するのは，人権アプローチとSDGsに代表される開発政策に基礎をおき，マルチステークホルダーによる包括的な取組みを必要としていることである。難民と移民は別個の法枠組みでの対応としているのは，難民が庇護制度，難民法による保護があるのに対し（各国に保護のギャップはあるが），難民と認められない者は難民と同様に脆弱な立場にあっても，保護のための普遍的条約は存在しないため，妥当である。ただし，大規模移動の場合は特に，両者の別が困難な場合があること，包括的な対応が必要なこと，移住の原因への対応が必要であること，1国では対応ができないこと等から，両者に共通の対応の指針が示されている部分もある。負担と責任分担の国際協力のための包括的取組みとして，インドシナ包括的行動計画（CPA）等地域的イニシアチブに国際社会が支援するといった構図がこれまでもみられているが，そうした経験を踏まえた内容となっている[32]。

---

(31) See, A/RES/71/1 Annex II paras. 1-15.
(32) 負担および責任の分担に関して，中坂恵美子「難民等の受け入れにおける負担および責任の分担──諸理論とEUの試み──」『国際法外交雑誌』第117巻第2号（2018年）105-134頁；杉木明子『国際的難民保護と負担分担』（法律文化社 2018年）参照；See, James C. Hathaway ed., *Reconceiving International Refugee Law*, (Martinus Nijhoff Publishers, 1997).

終 章

◇ 2．難民グローバルコンパクト

　難民グローバルコンパクトは，予見可能かつ公平な負担分担と責任分担のための基礎を提供するためのものであり，①受入国のプレッシャーの緩和，②難民の自立の強化，③第三国での解決へのアクセスの拡張，④安全かつ尊厳ある帰国のため，出身国の状況への支援の4点を目的とするものである[33]。当該文書は，非拘束的文書であるが，難民および受入国との協力と連帯のための，国際共同体全体としての政治的意思と意欲を表明するものである。目的達成のための自発的な貢献を通じて運用可能となるが，こうした貢献は，国内の事情やキャパシティおよび開発のレベルを考慮し，国家の政策および優先課題を尊重し，各国家および関連するステークホルダーによって決定されるとしている[34]。当該文書は，非政治的なものであり，国連憲章の目的と原則に則っており，ノン・ルフールマン原則を中心とし，1951年難民条約および1967年議定書を核とする国際難民保護制度に基づいている。また，関連する国際人権文書，国際人道法，適用可能な他の国際文書，および人道，中立，公平，独立の人道原則を指針としている。国内法や政策および優先課題を考慮した，国内のオーナーシップおよびリーダーシップが実施を成功に導く鍵となるとしている[35]。

　難民グローバルコンパクトでは，ニューヨーク宣言に示されたCRRFの行動計画として，負担と責任分担および受け入れや解決に係る支援分野についてとりまとめがなされている。ここでは，その特徴を示している取組みとして，グローバル難民フォーラム（GRF），第三国定住，第三国への入国のための補完的経路についてとりあげる。

　GRFは，すべての国連加盟国の閣僚級会合で，関係するステークホルダーも出席する。フォーラムでは，グローバルコンパクトの目的に向けた具体的誓約および貢献を表明し，負担分担および責任分担が強化されうる機会，課題，方法を検討する。最初のフォーラムが2019年に開かれる予定であり，1又はそれ以上の国家とUNHCRによる共同開催となる予定である。2019年の第1回GRFにおいて，正式の誓約と貢献が挙げられることとなっており，それらは，財政，物資，

---

[33]　See, A.73/12(Part II), para. 3, 7.
[34]　See, *ibid.*, para. 4.
[35]　See, *ibid.*, para. 5.

終　章

技術支援，第三国定住，第三国に入国するための補完的経路等，異なる形態を含む。また，その後のフォーラムは4年後の2023年に開催され，そこで新たな誓約をするだけでなく，グローバルコンパクトの目的達成に向けた誓約の実施および進捗状況の評価のための機会を提供する。また，これを補完するものとして，「中間審査」の機会を提供するため，4年ごとに開催されるフォーラムの間の2年ごとにハイレベル会合を開催する。GRFおよびハイレベル会合での継続的な評価がグローバルコンパクトのフォローアップの主要な要素となっている[36]。評価に関する指標は，2019年の第1回GRFの前に各目的ごとに明らかにされることになっている[37]。また，GRF以外の仕組みとして①サポートプラットフォーム，②グローバルアカデミックネットワーク，③庇護キャパシティーサポートグループの創設がある。①は，難民受け入れ国，コミュニティの支援活性化に向けた取り組みである[38]。②は，グローバルコンパクトの目的に資する研究，訓練等の機会を促進するためのネットワークである[39]。③は，国家の要請により，適用可能な国際的，地域的および国内の法ならびに法律文書に従って，庇護システムの強化のため，関連する国家当局に，庇護システムのすべての面に関して，国家間のグッドプラクティスの共有等の支援を提供するために創設される[40]。

　第三国定住については，第三国定住先を増やすため，新興の第三国定住プログラムを定着させるための，UNHCRによる，3年戦略（2019-2021）がある[41]。第三国への入国に関する補完的経路とは，第三国定住に関する3年戦略に含まれるものである。家族再統合又は，グローバル難民スポンサーシップイニシアチブ（GRSI）を通じて促進されるコミュニティベースのプログラムを含む，正規の第三国定住に追加される民間又はコミュニティスポンサーシッププログラムの確立のため，関連するステークホルダーの支援とともに，国家からの貢献を求めるものである。

---

(36)　See, *ibid.*, paras. 17-19.
(37)　See, *ibid.*, paras. 102, 103.
(38)　See, *ibid.*, paras. 22-27.
(39)　See, *ibid.*, para. 43.
(40)　See, *ibid.*, paras. 61, 62.
(41)　See, *ibid.*, paras. 90-93.

他の補完的経路による貢献は，人道ビザ，人道回廊および他の人道入国プログラム，奨学金および留学生（女性および少女を含む）ビザの付与を通した難民の教育機会の提供，第三国で必要とされる技能を備えた難民を特定して労働者として受け入れる機会の提供を含む[42]。

難民グローバルコンパクトは，負担と責任分担を強化するため，GRFを立ち上げ，各国による誓約と貢献の表明とそれらのフォローアップと評価を行う仕組みを導入することとしている。法制度や活動自体は目新しいものはないが，GRFがどのように機能するのかが注目される[43]。

◇ 3．移住グローバルコンパクト

移住グローバルコンパクトは，国連憲章の目的と原則および世界人権宣言はじめ各種人権条約，国際組織犯罪防止条約および人身取引防止議定書ならびに移民密入国防止議定書，奴隷条約および奴隷制度廃止補足条約，気候変動枠組条約，砂漠化対処条約，パリ協定，ディーセントワークおよび外国人労働者に関連する国際労働機関ILO諸条約，持続可能な開発のための2030アジェンダ，アジスアベバアクションアジェンダ，仙台防災枠組，ニューアーバンアジェンダに基づいている。これは，移住に関するグローバルな対話と国際協力の歴史において画期的であり，上述の2030アジェンダとアジスアベバアクションアジェンダに根ざし，2013年の国際移住と開発に関するハイレベルダイアログの宣言により告知され，前移住に関する事務総長特別代表の先駆的取り組みに基づいて進められた[44]。

移住グローバルコンパクトは，非拘束的文書であり，いずれの国も単独で移住に取り組むことはできないこと，国家主権と国際法上の義務を支持することを認めつつ，移住に関連するすべてのアクター間の国際協力を促している。また，出身国，中継地国，目的地国における個人とコミュニティのリスクと課題に取り組む一方，国際移住の全体的なビジョンを提供し，包括的アプローチが移住の全体の

---

(42) See, *ibid.*, paras. 94-96.

(43) See, Volker Türk and Madeline Garlick, "From Burdens and Responsibilities to Opportunities: The Comprehensive Refugee Response Framework and a Global Compact on Refugees," *International Journal of Refugee Law*, Vol. 28 No. 4 (2016), pp. 656-678.

(44) See, A/RES/73/195, paras. 1, 2, 6.

終　章

利益を最適化するために必要とされているとしている[45]。

　移住グローバルコンパクトは，以下の横断的で相互依存的な指針原則に基づいている。①人間中心，②国際協力，③国家主権，④法の支配とデュープロセス，⑤持続可能な開発，⑥人権，⑦ジェンダーの視点，⑧子どもの視点，⑨政府全体アプローチ，⑩社会全体アプローチ[46]。さらに，以下のとおり，安全で秩序ある正規の移住のための23の目的を掲げている。1）根拠に基づく政策の基礎として，正確で細分化されたデータの収集と利用，2）人々に出身国を離れることを強いる不利な要因および構造的要因の最小化，3）移住のすべての段階での正確かつ時宜を得た情報提供，4）すべての移民が合法的身分証明と適切な書類の証明を所持することの確保，5）正規移住のための経路の利用可能性と適応性の強化，6）公平で倫理的な採用とディーセントワークを確保する保障条件の促進，7）移住の脆弱性への取組みとその軽減，8）救命および行方不明となった移民に関する調整された国際活動の確立，9）移民の密入国への国境を越えた対応の強化，10）国際移住の文脈における人身取引の予防，撲滅および根絶，11）統合され，安全かつ調整された方法での国境管理，12）適切な審査，評価および照会のための移住手続における正確性および予見可能性の強化，13）移民の収容を最終手段としてのみ使用し，代替案に向けて取り組むこと，14）移住サイクルを通じた領事保護，支援および協力強化，15）移民のための基本的サービスへのアクセスの提供，16）十分な包摂と社会的結合を現実化するための移民と社会の能力強化，17）すべての形態の差別撤廃および移住の認識を形成するための根拠に基づく公共の談話の促進，18）技術開発に投資し，技術，資格および能力の相互認識を促進すること，19）移民およびディアスポラがすべての国において持続可能な開発へ十分に貢献する状況の創設，20）送金のより迅速，安全かつ安価な振込の促進および移民の金融への包摂の促進，21）安全で尊厳ある帰国ならびに送還受け入れおよび持続可能な再統合の促進に協力すること，22）社会保障の資格と獲得給付の可搬性に関するメカニズムの確立，23）安全で秩序ある正規移住のための国際協力およびグローバルパートナーシップの強化[47]。

---

(45)　See, *ibid.*, paras. 7, 11.
(46)　See, *ibid.*, para. 15.
(47)　See, *ibid.*, para. 16.

終　章

　この中で，難民および難民とは認められないが本国情勢の影響により帰国を望まない人々の混合移住（mixed migration）がかかえる出入国管理の問題として，7）の脆弱性，11）の国境管理，12）の移住手続，21）の送還について，グローバルコンパクト内で言及されているコミットメントについてふれておきたい。まず，7）について，国際法の義務に従い，人権保護および支援により，脆弱な状況に直面している移民のニーズに対応するとしている。主たる考慮として，いかなる場合にも子どもの最善の利益を支持し，ジェンダー対応アプローチを適用するとしている[48]。11）について，二国間および地域協力の促進，国家，共同体および移民の安全確保，非正規移住の予防のほか，人々の安全で正規の越境移動を促進するため調整された方法で国境を管理することとしている。そのために，非差別原則の支持，プライバシーの権利の尊重および個人情報保護の一方，到着者の事前審査，旅客輸送業者による事前報告，情報およびコミュニケーションテクノロジーの使用を通じた，包括的かつ効率的な越境手続による，有効で統合された国境管理のための適切な構造およびメカニズムの確立等を掲げている[49]。12）について，国際法に従って，適切な照会手続へのアクセスを確認および促進する目的で，すべての移民の個別評価および適当かつ時宜を得た審査に関する実効的で人権に基づくメカニズムの開発および強化によって，移住手続の法的正確性と予見可能性を増大させるとしている。そのために，移住手続の透明性およびアクセスしやすさを増大させ，地域内および地域横断の，専門的な人権とトラウマ理解のためのトレーニングを第一対応者および政府職員向けに開発，実施することなどを掲げている[50]。21）について，二国間，地域および多数国間の協力枠組みおよび送還受け入れ協定を含む協定の策定および実施などを掲げている[51]。

　移住グローバルコンパクトでは，難民と移民の区別や移民の定義を明らかにして人的対象を限定するということをせず，国際的な移住全般での問題に対処するための国際協力を促進する文書としてとりまとめられている。特徴として3点指

---

[48]　See, *ibid.*, para. 23.
[49]　See, *ibid.*, para. 27.
[50]　See, *ibid.*, para. 28.
[51]　See, *ibid.*, para. 37.

摘したい。1点目は，国家主権と国際法に立脚しつつ，国家以外の主体の関与も促進する社会全体アプローチをとっていることである。2点目は，移住に関わる人権および開発分野のアプローチの強化である。3点目は，出入国管理分野の国際協力の強化が挙げられる。上述の23の目的にはそれぞれのコミットメントとそれらに関わる活動について列挙されているが，それらについての実施，フォローアップ，審査の新たな仕組みが考案されている。以下，その点について概観しておきたい。

実施にあたり，国連内にキャパシティビルディングメカニズムと移住に関する国連ネットワークを創設することとなっている。キャパシティビルディングメカニズムは，コネクションハブとスタートアップファンドおよびグローバルナレッジプラットフォームから成り，移住グローバルコンパクトの実施のための加盟国への支援を行うが，加盟国以外のステークホルダーも技術的，財政的および人的な貢献ができる[52]。移住に関する国連ネットワークは，移住グローバルコンパクト実施のための実効的かつ一貫性のあるシステムワイドな支援を確保することを目的としている。ネットワークの調整役と事務局はIOMが担い，ネットワークを利用して，2年に1度，総会に実施報告を行うことを事務総長に要請している[53]。

フォローアップと審査に関して，「国際移住と開発に関するハイレベルダイアログ」を「国際移住審査フォーラム（IMRF）」と改め，移住グローバルコンパクトのすべての措置の実施に関する進捗状況の共有と議論を行う第一義的な政府間のグローバルプラットフォームとすることになっている。IMRFは，2022年から4年ごとの開催予定である[54]。

◆ Ⅲ 国連が志向する難民・移民の国際法制度

上述のニューヨーク宣言，難民グローバルコンパクトおよび移住グローバルコンパクトを踏まえ，国連が志向している難民・移民問題の解決に向けた法制度の

---

(52) See, *ibid.*, para. 43.
(53) See, *ibid.*, paras. 45, 46.
(54) See, *ibid.*, paras. 49-54.

終　章

特徴を明らかにする。

◇１．難民・移民に関するグローバルガバナンス

　出入国管理は，主権が最も表出し，広範な国家の裁量による政策判断がなされてきた分野である。しかし，国連は，今日の国際移住問題にはいずれの国も単独でとりくめないとして，この問題は，国際協力が必要なグローバルイシューであると位置づけた。これまで普遍的な移住にまつわる諸問題全般にかかわる国際制度が存在していなかったところ，国連は，グローバルコンパクトに基づく移住のグローバルガバナンス強化を志向している。これまでの移住に関する国連の宣言および合意文書は，一般的，およびテーマ別のコミットメントをめぐる枠組みを提示していた。事務総長は，既存のコミットメントおよび原則を履行するため，グルーバルコンパクトが，地方，国家，地域およびグローバルレベルでの諸活動を包含して構造化するアプローチを最も補完しうる(55)と評しているように，２つのグローバルコンパクトは，移住に関連する分野横断的および地方からグローバルまでの垂直的な活動を調整する，国連主導のガバナンス推進のための初めての文書ということができよう。その法制度の特徴として，①基盤となる国際法を堅持し，新たな条約等の制定は志向していないこと，②非拘束的文書により調整の指針および枠組みを提示していること，③多主体・多分野フォーラムにおける履行確保システムの導入をめざしていることの３点が挙げられる。また，国連は移住に関して，山本教授が提示された「複合的グローバル・ガバナンス」を志向していると思われる(56)。以下，上述の３つの特徴について，これまでの考察を踏まえて，まとめることとする。

　グローバルコンパクトの基盤となる国際法として，国連憲章の目的および原則，一般国際法，人権法，難民法，人道法に加え，気候変動枠組条約等の環境条約や人身取引を含む国際組織犯罪等の関連する他の分野の条約が列挙されているとともに，SDGsをはじめ，開発，防災等の非拘束的文書が列挙されている。しかし，

---

(55) Report of the Secretary-General, "Making migration work for all," A/72/643, para. 56.
(56) 山本吉宣『国際レジームとガバナンス』(有斐閣，2008年) 168-184頁；中山裕美『難民問題のグローバル・ガバナンス』(東信堂，2014年) 参照。

終　章

グローバルコンパクト策定において，これらの文書の法枠組みを統合又は変容する意図はなく，新たな条約を制定するに至らなかった。また，国家主権の尊重は堅持され，国家の国際義務に従いつつも，だれを入国させるかは国家の権利であることにも変わりはないことも明記されている。

グローバルコンパクトが非拘束的文書である意義として，移住に関係する国家および国家以外のすべてのアクター間の国際協力に対する指針および枠組みを提示しうることが挙げられる。加えて，非拘束的文書の形態をとることで条約締結よりは合意をとりつけやすく，国際社会全体の政治的意思を確認し発信することにより，連帯強化への礎を示すことができる点が指摘できる。しかしながら，実際，グローバルコンパクトの実施は，国家のオーナーシップ，リーダーシップに依拠するものであり，国内情勢，国内法，政策等によって各国の実施状況にギャップが生じ，また国に実施の意思がなければ，機能しない。非拘束的文書は，民主的コントロールなく採択されるため，国内の民意が十分に反映されておらず，グローバルコンパクトのコミットメントを国内法制定や政策等にどの程度反映させられるかについても各国事情により様々である。民意が反映されないグローバルガバナンスを拙速かつ強力に推し進めても，実効性の確保は難しい。一方，市民社会や企業も巻き込んだ多主体間の活動の指針を提示していることから，国家よりも民間が先んじて取組み，国家政策に反映させていくといった側面もなくはない。非拘束的文書による緩やかな調整枠組みを実効的なものにするために，次にふれる履行確保システムが関わってくる。

難民グローバルコンパクトでは，GRFにおける，誓約の実施や進捗状況の評価ができるシステムを導入すること，また，庇護キャパシティサポートグループにおいて，国家の要請に応じてグッドプラクティスの提供等の支援を行うことなどを想定している。庇護制度に関しては，これまでも，難民条約第35条に基づき，締約国がUNHCRに協力する義務があり，またUNHCRも国家の要請により各国の情報をもとにグッドプラクティスの情報提供等の支援をしてきた。難民グローバルコンパクトでは，従来の枠組みの中でさらに，情報交換や対話の活性化を通じた庇護システム強化をめざしている。移住グローバルコンパクトにおいても，フォーラム形式，およびフォローアップや審査の仕組みが導入されることとなっている。難民・移民分野へのこうしたシステムの導入は，新たな取組みであるが，他の分野においてフォーラム形式の取組みはすでに実績があることから，

当該分野への導入は国連加盟国にとって受け入れやすいものであったのではないかと思料される。

◇ 2．包括的アプローチ

　政策面における特徴として，移住に関連する多分野・多主体間の活動の包括的アプローチが挙げられる。また，その政策を下支えしているのが人権に基づくアプローチであり，政府全体，社会全体の取組みを提唱する全体アプローチの考え方である。これらのアプローチを通じて，グローバルコンパクトにおいて取組み強化をめざす点として，①負担分担・責任分担，②出身国・中継地国・受入国・第三国との協力，③出入国管理の国際協力，④移住と開発の関連性，⑤脆弱性への対応である。①については，例えば，難民条約前文においても，「難民に対する庇護の付与が特定の国にとって不当に重い負担となる可能性のあること並びに国際的な広がり及び国際的な性格を有すると国際連合が認める問題についての満足すべき解決は国際協力なしには得ることができないことを考慮し」とあるように，国際社会の長年の課題であり続けている。EUのように同質性の比較的高い国家間の負担分担制度でも十分に機能していない[57]。フォーラム形式での履行確保システムを導入しても，EUの実績をみれば，機能しないのではないかとの懸念は払しょくしえない。しかし，グローバルコンパクトでは，難民問題の恒久的解決枠組みに，移住に関連する様々な取組みを関連付けていくことで，負担を軽減させるようなことを想定しているように思料される。②について，出身国に帰還できる状況をつくりだせるような，平和構築，開発支援の国際協力強化も対応の範囲としている。受入国については，受入国も開発途上国である場合が多く，受け入れ条件を整えるための支援および難民の自立支援が注目されている。さらに，本国へ帰還できない，又はそれを望まない状況が長期間続く事例が多く，第三国定住での対応の強化も求められている。国家による第三国定住政策以外に，民間を通じた受け入れ，留学や雇用といった在留資格での受け入れ等の推進も含め，第三国定住先の増加を提唱している点が，グローバルコンパクトの1つの特徴である。ただし，自発的帰還が可能な状況まで本国情勢を改善することは容易ではなく，第三国定住希望者数も限られるため，受け入れ国の支援と難民の自立

---

(57)　本書第8章参照；中坂・前掲注(32)参照。

支援が緊急かつ中心的な課題となろう。③について，正規移住のための手続や事前審査等のシステムの導入における国際協力，また，退去強制手続における，受入国と本国政府との送還受け入れ協定等の締結による送還の促進は，今日の出入国管理の大きな課題である。本国への出国を嫌悪し，また本国も自国民の送還受け入れを回避しようとする現象，および収容等の行政措置は日本でも問題となっている。本国の状況改善と連動した国際協力が必要であるが，送還先政府との外交交渉の在り方が問われることとなる。ノン・ルフールマン原則の厳守，行政措置と人権のバランスについても課題である。④もグローバルコンパクトの中心的なテーマである。今日の大規模な移住は，冒頭にも述べたが，グローバル経済の負の側面である格差拡大の影響が大きく，インターネット等の情報技術の発展の影響もあり，よりよい生活を求めた移住は今後も増加し続けるであろう。その状況を変えるには，やはり途上国の開発は欠かせず，移住をSDGsの取組みと連動させる試みは妥当であろう。事務総長報告では，持続可能な開発のための2030アジェンダとのリンクを強調し，「グローバルコンパクトは，国内および国家間の不平等を削減するための大きな後押しの一部として，「計画的かつよく管理された移住政策」をとおして，秩序だった，安全で，正規で責任ある移住および移動を助長するため，SDGsのゴール10に掲げられている要請への鍵となる[58]」としている。⑤については，特に，子どもとジェンダーについての言及が多くみられ，子どもの最善の利益を主たる考慮事項とすべきであると，あらゆる面で強調されているが特徴の1つであり，子どもの権利条約の解釈の発展がグローバルコンパクトにおいても反映されていると思われる。

◇ 3．課　題

　包括的アプローチによる難民問題の解決には，負担および責任分担による国際協力が不可欠だが，インドシナや中南米の成功例はいずれも地域の関係国やアメリカ等の主要ドナー国が重要な政治課題として積極的関与したという背景がある[59]。2018年9月に，アメリカは，国連パレスチナ難民救済事業機関（UNRWA）への援助を行わないことを表明し，同年12月の国連総会において，難民グローバ

---

(58)　See, A/72/643, para. 20.
(59)　杉木・前掲注(32) 9-69頁参照。

ルコンパクトおよび移住グローバルコンパクトに反対票を投じた(60)。EU内では，イギリスがEU離脱を表明，EU各国国内では，難民・移民の受け入れをめぐり対立を招き，EU内での負担分担，連帯も統制がとれず，ノン・ルフールマン原則をはじめ，人権規範の適用の正当性も危ぶまれる事態が散見される。ハンガリーは，難民グローバルコンパクトおよび移住グローバルコンパクトに反対票を投じ，移住グローバルコンパクトについては，EU加盟国から反対や棄権にまわる国もあった(61)。こうした現象に対し国連は，十分に対応できているとはいえない。現在の国際情勢の中で，グローバルコンパクトによって国際社会全体の活動の調整が可能なのか，どのように資金や難民や移民の受け入れ枠を確保するのか，国連の存在意義，正当性を揺るがしかねない難しい現状に，有効な打開策は見いだせていない。

◆ Ⅳ　おわりに

　未曾有の難民・移民問題に対し，国連は，新たな条約や保護対象のカテゴリーをつくるのではなく，移住全般の課題の中に難民・移民を位置づけ，国連主導のグローバルガバナンスを構想してきた。国連は，非拘束的文書による多分野，多主体間の諸活動の調整の指針や枠組みを提示しているが，人権と国家主権のバランスはあらゆる面で問われることとなる。難民問題は，国民国家の社会システムの問題から生じうるが，今日の難民・移民問題は，グローバル経済，民主主義の恩恵から取り残された状況から生じているともいえる。グローバルコンパクトの取組みには，難民・移民問題の主たる原因の1つである，富の偏在や不平等の改善につなげることができるかといった，より大きな視点の問題も関連しており，各国家および関係するすべてのアクターがそうしたグローバルな視点をもちつつ，この取り組みを自国の立法や政策に反映できるかが鍵となる。また，考察してきたように，重層的な法構造のもとでの取組みを国連が適切に調整しうるのか，ア

---

(60) See, "The United States Is Ending All Funding for the UN's Palestinian Refugee Agency, the US State Department Says." BBC News 1 September 2018, (https://www.bbc.com/news/world-us-canada-45377336 as of 14 Oct 2018); GA/12107.

(61) See, GA/12107, GA/12113.

終　章

カウンタビリティーを果たし得るのかといった，ガバナンスの正当性が問われている。モノ・カネのグローバルな移動に対応する経済活動の規制のための「国際的調和」に関する実践的課題として，中川教授は，フォーラム，「密室」での交渉，米欧主導の正統性を掲げ，理論的には国際法と国内法，ハードローとソフトロー，多様な主体の関与について指摘しているが，難民グローバルコンパクトおよび移住グローバルコンパクトの課題と共通点があるように思われる[(62)]。

　Wall は，難民条約とは別に，難民の国際的保護と恒久的解決に向けた責任分担のためのメカニズム構築のため，新たな条約として，環境法において発展してきた枠組条約の履行確保の手法にならって「難民責任分担枠組み条約」の提案を行っていた。その内容は，気候変動枠組条約で用いられている「共通だが差異ある責任」の原則を難民の責任分担の原則とし，履行確保については，締約国会議，補助機関の創設，各国の貢献の指標を提示すること，非締約国，国際機関，NGO 等の参加，議論のためのフォーラムを採用すること等であった[(63)]。考察してきたように，難民グローバルコンパクトおよび移住グローバルコンパクトは，条約ではないが，Wall の提案で列挙された要素と類似の形態での取組みを志向していることがわかる。しかし，人の移動の場合は，気候変動と異なり，移動後に移り住んだその地で「尊厳ある生活」を営むため，複雑で多様な課題が付随してくる。世界人権宣言第 1 条は，「すべての人間は生まれながらにして自由であり，かつ尊厳及び権利において平等である」と規定し，事務総長は，移住がそれを成し得る 1 つの手段だとしているが[(64)]，現実には，だれもが移住によって実現できる状況ではない。国連で採択された非拘束的文書等による諸活動の統合・調整が正当性を有し，かつ実効的であるのか，多くの課題を孕んでいる。国家の意思，民意を反映させて各国家が政策決定をしなければ，画期的構想も現実性がないままとなってしまう。また，多様な関連分野を包摂し，多主体間での取組みを包含する包括的アプローチが有効に機能するのかについても懸念がある。グローバルな視点で移住問題に取り組む必要性の共有はできても，国家併存の国際

---

(62) 中川淳司『経済規制の国際的調和』（有斐閣，2008 年）366-393 頁参照。

(63) See, Patrick Wall, "A New Link in the Chain: Could a Framework Convention for Refugee Responsibility Sharing Fulfil the Promise of the 1967 Protocol?," *International Journal of Refugee Law*, Vol. 29 No. 2 (2017), pp. 201-237.

(64) See, A/72/643, para. 88.

終　章

社会の法構造はかわらない。すべての人の人権尊重と国家による安全，国益の確保の観点とをいかに両立させるのか，フォーラムを通じた対話や調整，指針・枠組みが有効に機能するのか，この取組みは緒についたばかりであり，さらなる検討が必要である。

初出・原題一覧

＊既に発表した論考については基本的に初出のまま掲載している。

序　章　難民問題と国際法制度の重層性（書き下ろし）

◆ 第1部：非拘束的文書による保護活動の統合・調整

第1章　国連人道問題調整事務所の機能と組織化 ── 統合・調整機能とその正当性 ──

　初出：「国連人道問題調整事務所の機能と組織化 ── 統合・調整機能とその正当性 ──」坂元茂樹・薬師寺公夫編著『普遍的国際社会への法の挑戦 芹田健太郎先生古稀記念』（信山社，2013年）565-602頁（次の論文の一部を組み込んで加筆修正を行った。「国連の人道活動におけるアカウンタビリティー ── 法の支配と人権に基づく新たな取組み ──」馬田啓一・小野田欣也・西孝編著『国際関係の論点 ── グローバル・ガバナンスの視点から ──』（文眞堂，2015年）102-112頁

第2章　国連難民高等弁務官事務所の国際的保護機能の変容

　初出：「国連難民高等弁務官事務所の国際的保護機能の変容」『杏林社会科学研究』第29巻第3号（2013年）57-80頁

第3章　災害サイクルに関連する国際法規範の新展開

　初出：「災害サイクルに関連する国際法規範の新展開」『杏林社会科学研究』第31巻第4号（2016年）1-18頁

◆ 第2部：人権法の解釈適用による保護範囲の拡張

第4章　拷問等禁止条約第3条における送還禁止基準

　初出：「拷問等禁止条約第3条における送還禁止基準」『杏林社会科学研究』第21巻第1号（2005年）36-56頁

第5章　アメリカの「対テロ戦争」と拷問禁止規範

　初出：「アメリカの「対テロ戦争」と拷問禁止規範」『杏林社会科学研究』第22巻第3号（2006年）64-88頁

第6章　外国における人権侵害とノン・ルフールマン原則 ── 難民法・人権法の適用範囲と実効性 ──

　初出：「外国における人権侵害とノン・ルフールマン原則 ── 難民法・人権法の適用範囲と実効性 ──」『杏林社会科学研究』第32巻第3，4合併号（2017年）1-24頁

初出・原題一覧

判例紹介　初出:「退去強制における送還先の違法」『ジュリスト平成28年重要判例解説』（有斐閣，2017年）300-301頁

第7章　出入国管理における家族統合と子どもの最善の利益——庇護申請に関連する事案を中心に——（書き下ろし）

判例紹介　初出:「付き添いのない未成年者の収容・退去強制と家族再統合——ミィエカ対ベルギー事件」『国際人権』18号（2007年）144-146頁

◆ 第3部：欧州および日本における近年の動向

第8章　難民・移民の大規模移動とEU法制の課題

　初出:「難民・移民の大規模移動とEU法制の課題」『杏林社会科学研究』第33巻第1号（2017年）1-16頁

第9章　日本の難民認定制度における保護対象と判断要素（書き下ろし）

終　章　国連が志向する難民・移民の国際法制度　（書き下ろし）

事項索引

◆ あ 行 ◆

アカウンタビリティー …………………37, 38
アジア防災センター …………………………84
アフリカ難民条約 …………………3, 59, 70
安全で秩序ある正規移住のためのグローバル
　コンパクト（移住グローバルコンパクト）
　………………………………………243, 251
安全な出身国 ………………………………200
安全な第三国 …………………………154, 199
域外適用 ………………………………125, 158
一応の(prima facie)適格 ……………………60
一時的保護 …………………………………232
逸脱不可能（性） ………………116, 143, 145
移　民 …………………………………………4
インスペクションパネル ……………………50
「疑わしきは申請者の利益に」の原則（灰色
　の利益） ……………………………………227
erga omnes ………………………………117
NGO …………………………………………46
欧州共通庇護制度（CEAS） ………………197
欧州国境沿岸警備隊（FRONTEX） ………201
欧州審議会（Council of Europe） ………195
欧州人権裁判所 ………………156, 159, 203
欧州人権条約 …………………………159, 177
欧州連合（EU） ……………………………195
　――EU 運営条約 …………………………197
　――EU 基本権憲章 ………………………197
　――EU 資格指令（改正） ………141, 197
　――EU 司法裁判所 ………………………203
　――EU 条約（マーストリヒト条約）…196
　――　（アムステルダム条約）…………196
　――　（リスボン条約）…………………197
　――EU 庇護手続指令 ……………154, 199
オンサイトオペレーション調整センター
　（OSOCC）…………………………………32, 33

◆ か 行 ◆

外交的（領域外）庇護 ………………………7
外交的保証 …………………………………129
蓋然性 ………………………110, 227, 230
家族統合 ……………………………………168

仮保全措置 ……………………………107, 147
カルタヘナ宣言 ……………………………3, 59
間接適用 ……………………………………239
間接的ルフールマン …………153, 155, 203
機関間常設委員会（IASC）………18, 25, 26, 27
機構の規則 …………………………………43
規約人権委員会 ……………………………131
強行規範 …………………69, 117, 143, 145
共存の法 ………………………………………10
共通人道基金（CHFs）………………………25
協力の法 ………………………………………10
緊急援助調整官（ERC）…………………18, 21
緊急対応基金（ERFs）………………………25
緊急リロケーションスキーム ……………203
グアンタナモ ……………………122, 132, 133
クラスター ……………………………………31
グローバル行政法 …………………………52
グローバル難民フォーラム（GRF）………249
恒久的解決 ……………………………………8
拷　問 ………………………………………104
拷問及びその他の残虐な，非人道的な又は品
　位を傷つける取り扱い又は刑罰を禁止する
　条約（拷問等禁止条約）………97, 116, 142
拷問禁止委員会 ………………………98, 115
国際移住審査フォーラム（IMRF）………254
国際慣習法 ……………………………69, 163
国際緊急援助隊（JDR）……………………45
国際捜索救助諮問グループ（INSARAG）
　…………………………………………32, 33
国際的保護 ……………………4, 57, 73, 198
国際避難民機関（IRO）………………………4
国際復興支援プラットフォーム（IRP）……86
国際法委員会（ILC）……………29, 43, 44, 83, 139
国際法協会（ILA）…………………………38
国際防災の10年（IDNDR）…………………84
国内避難民 …………………………………61
国連改革 …………………………………9, 18, 54
国連開発計画（UNDP）……………………23
国連憲章 ……………………………………39
国連災害救援調整官事務所（UNDRO）……18
国連災害評価調整チーム（UNDAC）…32, 33
国連人道問題調整事務所（OCHA）

265

事項索引

………………………………16, 20, 21, 23
国連事務局 ………………………………20, 39
国連事務総長 ………………………………9, 18, 20
国連事務総長特別代表（SRSG）………………22
国連難民高等弁務官事務所（UNHCR）…8, 57
　　──UNHCR 規程 ………………………57
　　──UNHCR マンデート難民 ……………3
国連ハイチ安定化ミッション（MINUSTAH）
　………………………………………………34
国連防災戦略事務局（UNISDR）………………80
子どもの権利条約 …………………………174
子どもの最善の利益 ………………170, 175, 176

◆ さ 行 ◆

災害軽減・救援活動への情報通信資源の供与に
　関する条約（タンペレ条約）………………83
災害対応法 …………………………………83
在留特別許可に係るガイドライン…………238
参　照 ………………………………………239
恣意性 ………………………………172, 173
シェンゲン協定 ……………………………196
持続可能な開発目標（SDGs）………………89
執行委員会（EXCOM）………………………64
　　──結論 ………………………………65
実効性 ………………………………………137
自由権規約 …………………………144, 171
自由心証 ……………………………………228
周　旋 ………………………………………60
十分に理由のある恐怖 ……………………229
条約法条約 …………………………………137
女性に対する暴力 ………………218, 234, 236
人権理事会 …………………………………75, 77
人道調整官（HC）……………………………21
人道配慮による在留許可 …………………231
人道問題局（DHA）…………………………18
真のリスク …………………………144, 145, 147
信憑性 ………………………………………226
政治的ミッション …………………………22
政治犯不引渡原則 …………………………70
性的搾取および虐待 ………………………51
世界銀行 ……………………………………50
世界人権宣言 ………………………………7
船員たる難民に関する協定 ………………58
仙台防災枠組2015—2030 ……………………87

◆ た 行 ◆

第5次出入国管理基本計画 ………………209

対テロ戦争 …………………………………115
大量流入 ……………………………………72, 157
第6次出入国管理政策懇談会 ………………208
ダブリン規則 ………………………………202
ダブリン条約 ………………………………196
中央緊急回転基金（CERF）………………18, 24
中央緊急対応基金（CERF）…………………24
駐在調整官（RC）……………………………23
テロリスト …………………………………120
テロリズム …………………………………120
統合的アピールプロセス（CAP）…………18, 24
特定の社会的集団の構成員 ………………237

◆ な 行 ◆

難民 …………………………………3, 6, 139, 198
　　──および移民に関するニューヨーク宣言
　　………………………………………243, 244
　　──に関するグローバルコンパクト（難民
　　グローバルコンパクト）………………243, 249
難民条約 ……………………………8, 73, 74, 138
難民審査参与員 ……………………………211, 213
難民認定 ……………………………………217
難民認定基準ハンドブック …………………67
難民認定制度に関する専門部会（専門部会）
　…………………………………208, 212, 213
難民不認定 …………………………………221
難民保護への課題 …………………………9
人間安全保障信託基金 ……………………25
人間安全保障ユニット ……………………25
ノン・ルフールマン原則 ………68, 137, 139

◆ は 行 ◆

迫　害 ………………………………140, 198
パシフィックソリューション ………………156
パリ協定 ……………………………………91
犯罪人引渡 …………………………………69
庇　護 ………………………………………7, 66
庇護申請者 …………………………………71
非国家主体 …………………………………218, 219
兵庫行動枠組2005-2015（HFA）……………85
比例性 ………………………………101, 140, 172
不正規移送 …………………………………126
普遍的管轄権 ………………………………118
紛争待避機会 ………………………………231
米州人権委員会 ……………………………122
平和維持活動 ………………………………22
包括的アプローチ …………………………257

包括的な人道対応 …………………………61
包括的難民対応枠組み（CRRF）…………246
防　災 ……………………………………84
補完的保護 ………………8, 156, 198, 232
保護する責任 ……………………………63

◆ ま　行 ◆

ミレニアム開発目標（MDGs）……………89
無国籍者の地位に関する条約 ……………58
無国籍の削減に関する条約 ………………59

◆ や　行 ◆

友好関係宣言 ………………………………5
jus cogens ………………………117, 118

予見可能性 ………………………………108
横浜戦略 …………………………………84

◆ ら　行 ◆

立憲主義 …………………………………52
立証責任 ……………………………227, 228
領域内庇護 …………………………………7
領域内庇護宣言 …………………………7, 70
リリーフウェブ …………………………24
レジリエンス …………………………88, 89

◆ わ　行 ◆

ワルシャワ国際メカニズム ………………92

判例索引

＊記載の年月日は，判例については判決日，個人通報事例については見解の採択日である。

◆ 国際判例 ◆

◆ 国際司法裁判所
LaGrand（Germany v. United States of America），2001・6・27 ……………107

◆ 旧ユーゴスラビア刑事裁判所
Prosecutor v. Auto Furundžija, 1998・12・10 ……………………………………117

◆ 欧州人権裁判所
Soering v. The United Kingdom, 1989・7・7 ………………………………145, 164
Gül v. Switzerland, 1996・2・19 …………179
Chahal v. United Kingdom, 1996・11・15 ………………………………………111
Boultif v. Switzerland, 2001・8・2 ……178
Sen v. The Netherlands, 2001・12・21 …180
Mamatkulov and Abdurasulovic v. Turkey, 2003・2・6 ……………………………107
Tuquab-Tekle and Others v. The Netherlands, 2005・12・1 ……………179, 180
Mubilanzila Mayeka and Kaniki Mitunga v. Belgium, 2006・10・12 ………180, 183
Üner v. The Netherlands, 2006・10・18 …181
M.S.S. v. Belgium and Greece, 2011・1・21 ……………………………………156, 203
Popov v. France, 2012・1・19 …………181
Hirsi Jamaa and Others v. Italy, 2012・2・23 ………………………………158, 159

◆ EU 司法裁判所
Elgafaji v. Staatssecretaris van Justitie, 2009・2・17 ……………………………232
Slovak Republic and Hungary v. Council of the European Union, 2017・9・6 …203, 204

◆ 個人通報事例 ◆

◆ 規約人権委員会
Kindler v. Canada, 1993・7・30 ……146, 164
Canepa v. Canada, 1997・4・3 ………171, 172
ARJ v. Australia, 1997・7・28 …………147
Winata v. Australia, 2001・7・26 ………172
Judge v. Canada, 2002・8・5 …………146, 165
C v. Australia, 2002・10・28 ……………147

Bakhtiyari v. Australia, 2003・10・29 ……172
Alzery v. Sweden, 2006・10・25 ……………………………………129, 131, 147
X v. Sweden, 2011・11・1 ………………147
Warda Osman Jasin v. Denmark, 2015・7・22 …………………………………155
D.T. and her son A.A. v. Canada, 2016・7・15 …………………………………173

◆ 拷問禁止委員会
Balabou Mutombo v. Switzerland, 1994・4・27 …………………106, 108, 109, 111
Tahir Hussain Khan v. Canada, 1994・11・18 …………………………………107, 111
Ismail Alan v. Switzerland, 1996・5・8 …110
Mrs. Pauline Muzonzo Paku Kisoki v. Sweden, 1996・5・8 …………………103
Seid Mortesa Aemei v. Switzerland, 1997・5・29 …………………………………99, 100
E.A. v. Switzerland, 1997・11・10 …108, 110
G.R.B. v. Sweden, 1997・11・10 …104, 105, 108
X, Y and Z v. Sweden, 1998・5・6 …108, 109
Avedes Hamayak Korban v. Sweden, 1998・11・16 ………………………………106
Sadiq Shek Elmi v. Australia, 1999・5・25 ……………………………………………105
M.B.B. v. Sweden, 1999・6・21 ………101
V.X.N. and H.N. v. Sweden, 2000・9・2 ……………………………………………102, 103
T.P.S. v. Canada, 2000・9・4 …………111
H.M.H.I. v. Australia, 2002・5・1 …………105
Mr. Ahmed Hussein Mustafa Kamil Agiza v. Sweden, 2005・5・24 ………………………………102, 128, 129, 144, 147

◆ 子どもの権利委員会
I.A.M v. Denmark, 2018・1・25 …………177

◆ 外国判例 ◆

◆ カナダ
Suresh v. Canada（Minister of Citizenship and Immigration），2002・1・11 ………101

◆ 英国
Islam（A.P.）v. Secretary of State for the

Home Department, Regina v. Immigration Appeal Tribunal and Another Ex Parte Shah（A.P.）(Conjoined Appeals), 1999・3・25 ……………………………236
TD and AD (Trafficked Women)（CG）v. Secretary of State for the Home Department, 2016・2・23 ………………………237

◆ 米国
Sale v. Haitian Center Council, Inc., 1993・6・21 ……………………………128, 158
Rasul v. Bush, 2004・6・28 …………133
Hamdi v. Rumsfeld, 2004・6・28 ………133
Hamdan v. Rumsfeld, 2006・6・29 ………134

◆ 国内判例 ◆
広島地裁 2005（平17）・6・30 ……………164
東京地裁 2007（平19）・2・2 ………219, 220
東京地裁 2015（平27）・6・16 ……………238
大阪高裁 2015（平27）・11・27 ………153, 161
名古屋高裁 2016（平28）・7・13 ……220, 226
名古屋高裁 2016（平28）・7・28 ……220, 221
名古屋高裁 2016（平28）・9・7 ……………220
東京地裁 2018（平30）・3・20 ……………233
東京地裁 2018（平30）・7・5 ………………226

〈著者紹介〉

川村 真理（かわむら まり）

1987年	神戸女学院大学卒業，日本通運株式会社入社
1997年	神戸大学大学院国際協力研究科博士前期課程入学
1999年	神戸大学大学院国際協力研究科博士前期課程修了，博士後期課程進学
2003年	神戸大学大学院国際協力研究科博士後期課程修了，博士（法学）取得
2003年－2004年	ジュネーブ国際問題高等研究所研究員
2004年－2005年	名古屋大学大学院国際開発研究科非常勤講師
2005年－2008年	杏林大学総合政策学部講師
2005年－2007年	和洋女子大学人文学部非常勤講師
2007年－	杏林大学大学院国際協力研究科兼務（現在に至る）
2008年－2018年	杏林大学総合政策学部准教授
2012年－2013年	青山学院大学大学院国際政治経済学研究科非常勤講師
2013年－2015年	東京女子大学大学院人間科学研究科非常勤講師
2015年	東京女子大学現代教養学部非常勤講師
2015年－	法務省難民審査参与員（現在に至る）
2018年－2019年	お茶の水女子大学文教育学部非常勤講師
2018年－	杏林大学総合政策学部教授（現在に至る）

〈主要著作〉

『難民の国際的保護』（現代人文社，2003年，POD版，2017年）

「国連人道問題調整事務所の機能と組織化 —— 統合・調整機能とその正当性 ——」坂元茂樹＝薬師寺公夫編『普遍的国際社会への法の挑戦 芹田健太郎先生古稀記念』（信山社，2013年）

「難民・移民問題と国際秩序の揺らぎ —— EUが直面する課題を中心に ——」馬田啓一ほか編『グローバル・エコノミーの論点 —— 世界経済の変化を読む ——』（文眞堂，2017年）

難民問題と国際法制度の動態

2019（令和元）年9月30日　第1版第1刷発行

著　者　　川　村　真　理
発行者　　今井　貴　稲葉文子
発行所　　株式会社　信山社

〒113-0033　東京都文京区本郷6-2-9-102
Tel 03-3818-1019　Fax 03-3818-0344
info@shinzansha.co.jp
笠間才木支店　〒309-1611　茨城県笠間市笠間515-3
笠間来栖支店　〒309-1625　茨城県笠間市来栖2345-1
出版契約 2019-6835-5-01010 Printed in Japan

©川村真理, 2019　印刷・製本／亜細亜印刷・牧製本
ISBN978-4-7972-6835-5 C3332　分類329.100-a008 国際法・国際人権法
P288　¥6300E　329.100-a017　012-030-010

JCOPY　〈（社）出版者著作権管理機構　委託出版物〉
本書の無断複写は著作権法上での例外を除き禁じられています。複写される場合は，そのつど事前に，（社）出版者著作権管理機構（電話 03-5244-5088，FAX03-5244-5089，e-mail info@jcopy.or.jp）の許諾を得てください。

国際人権 30号（2019年報）　国際人権法学会 編

国際人権法　芹田健太郎

人権条約の解釈と適用　坂元茂樹

国際人権法（第2版）— 国際基準のダイナミズムと国内法との協調
　　申　惠丰

国際法の人権化　阿部浩己

難民勝訴判決20選—行政判断と司法判断の比較分析
　　全国難民弁護団連絡会議監修／渡邉彰悟＝杉本大輔編集代表

ブリッジブック国際人権法（第2版）
　　芹田健太郎・薬師寺公夫・坂元茂樹

ヨーロッパ人権裁判所の判例Ⅰ
　　戸波江二・北村泰三・建石真公子・小畑郁・江島晶子 編

ヨーロッパ人権裁判所の判例Ⅱ
　　小畑郁・江島晶子・北村泰三・建石真公子・戸波江二 編

ヨーロッパ地域人権法の憲法秩序化　小畑　郁

憲法学の可能性　棟居快行

現代フランス憲法理論　山元　一

憲法と国際規律　齊藤正彰

国際法研究　岩沢雄司・中谷和弘 責任編集

ＥＵ法研究　中西優美子 責任編集

ＥＵとは何か（第3版）　中村民雄

――― 信山社 ―――